KB205304

아우구스티누스의 교회론

세움북스는 기독교 가치관으로 교회와 성도를 건강하게 세우는 바른 책을 만들어 갑니다.

세 움
클래식
1 0

아우구스티누스의 교회론

정통의 계승과 전통의 혁신으로 세워진 참 교회론

초판 1쇄 인쇄 2022년 6월 20일
초판 1쇄 발행 2022년 6월 25일

지은이 | 홍용훈
펴낸이 | 강인구

펴낸곳 | 세움북스
등 록 | 제2014-000144호
주 소 | 서울특별시 서대문구 연희로 160 3층 연희회관 302호
전 화 | 02-3144-3500
팩 스 | 02-6008-5712
이메일 | cdgn@daum.net

교 정 | 최필승
디자인 | 참디자인

ISBN 979-11-91715-42-2 (03230)

세 움
클래식
1 0

아우구스티누스의 교회론

홍용훈 지음

정통의 계승과 전통의 혁신으로 세워진
참 교회론

세움북스

그러나 내가 나 된 것은 하나님의 은혜로 된 것이니 내게 주신 그의 은
혜가 헛되지 아니하여 내가 모든 사도보다 더 많이 수고하였으나 내가
한 것이 아니요 오직 나와 함께 하신 하나님의 은혜로라 _고전 15:10

목회자가 되기 위해 총신대학교 신학과에 입학한 이후로 필자의 고민은
늘 '교회'였습니다. 그래서 교회를 위한 신학을 하고자 마음먹었고 교
회를 건강하게 세우기 위해 어떻게 하면 좋을까 끊임없이 성찰하고 고
민하며 연구했습니다. 그렇게 총신대학교 신학대학원을 졸업하고 목회
현장에서 10년간 부교역자 생활을 하면서 나름 벽에 부딪히게 되었습
니다. 그래서 선택한 곳이 총신대학교 일반대학원이었습니다. 석사 ·
박사 과정의 학업을 통하여 다양한 시대의 교회 역사를 배우며 교회
를 통찰하는 지식을 얻었으며, 특별히 필자의 고민에 해답을 줄 수 있
는 한 신학자에 대해 좀 더 깊이 있게 배우고 알면서 길을 찾게 되었습
니다. 그는 오늘날 정통의 신학자요, 교회의 신학자로 알려진 아우구스
티누스였습니다. 특별히 필자가 대학원 수업을 시작하던 2010년을 전
후로 본 필자가 속한 대한예수교장로회(합동) 교단은 외부적으로는 각종

이단으로부터 정통 교회를 지키기 위한 싸움이 진행 중이었고, 내부적으로는 2013년 부산에서 개최된 제10차 World Council of Churches(이하 WCC로 칭함) 총회를 기점으로 교회 연합에 대한 논의가 활발해지고 있었습니다. 그런 상황에서의 한국 교회 지형 속에서 교회 연합에 대한 옳고 그름, 또는 교회 연합의 당위성과 필연성에 대해 논의하기 전에 선행적으로 어떤 교회가 참 교회인가에 대한 연구가 필요하다고 여겨졌습니다. WCC를 비롯한 일부 교단들의 의해 주장되는 교회 일치에 대한 요구와 필요성이 대두되는 오늘의 시점에서 과연 어떻게 행동하는 것이 바른 것인지에 대한 연구가 필요하다 여겨졌습니다. 그래서 일치의 신학자이자 초대 교회 이후 정통 교회론을 세운 아우구스티누스의 교회론 연구를 통해 석사 논문에서는 교회 일치에 대한 문제를 연구했고, 박사 논문은 이를 발전시켜 오늘날의 혼돈스러운 종교 지형 속에서 어떻게 하면 정통 교회를 세워갈 수 있을지 그 원리를 아우구스티누스를 통해 찾았습니다. 그렇게 3년 6개월의 연구를 통해 본 논문을 세상에 내놓은 것입니다.

그리고 이 책은 필자가 총신대학교 일반대학원에서의 연구 결과로 총신대학교 일반대학원에 2018년 6월 철학 박사학위(Ph.D) 청구 논문으로 제출한 "정통의 계승과 전통의 혁신으로써 아우구스티누스의 교회론"(Augustine's ecclesiology as the inheritance of orthodox and the innovation of tradition, and its modern application)을 책으로 출간한 것입니다.

사실 필자가 총신대학교 신학과에 입학한 이후 12년 6개월이라고 하는 긴 학문의 여정 끝에 내놓은 결실이기에 이 논문으로 한국 교회에 기여하고 싶은 마음을 갖고 있었지만, 여러 형편상 책으로 출간하지 못하다가 이번에 세움북스의 강인구 대표님과 직원들에 의해 세움 클래식 시리즈로 출간하게 되었습니다. 따라서 이 책은 논문의 형태를 유지하였습니다. 그러면서도 일반 독자를 위해 가독성을 높이는 교정의 작업을 통해 보다 편안하게 책이 말하고자 하는 것을 나눌 수 있게 되었습니다.

필자는 본 책을 통해 참교회가 무엇인지 어떤 교회가 초대 교회의 정통을 계승한 참교회인지에 대하여 논하고자 했습니다. 이러한 연구를 통해 참교회에 대한 본질적 개념과 그 정립의 과정을 알아보고 오늘날 한국 교회에 중요한 적용점을 제시했습니다. 이러한 연구가 중요한 이유는 명확한 교회론의 원리와 그 기준이 없으면, 각종 이단들이 난립하고 다양한 형태의 실험적 교회의 모습이 등장함으로 인해 교회에 혼란을 야기할 수 있기 때문입니다.

그동안 교회의 본질적 측면에 대해서 성경에 근거한 조직신학적, 성경신학적 접근 방식의 연구는 많이 있었습니다. 그럼에도 오늘날 한국 교회와 같이 교회론적인 혼돈이 일어나고 있는 시점에서, 성경이 가르치고 있는 참교회의 조직신학적 개념과 성경신학적 개념의 참교회에 대한 정의가 어떻게 교회 안에서 정통의 역사로 정착되었는지에 관한 연구를 통해 참교회의 역사적 기준을 세워가는 것이 필요하다 여겨졌습니다.

그러한 이유로 필자는 교회 역사를 살피던 가운데 수많은 이단들과의 투쟁 속에서 참교회론을 세웠고 적용시켰습니다. 또한 성경적인 초대 교회를 계승하여 정통 교회의 참교회론을 세웠던 아우구스티누스(Augustinus, 354-430)를 통해 오늘과 같은 한국 교회의 정황 속에서 아우구스티누스의 교회론과 그 교회론을 세우는 원리를 제시하고자 했던 것입니다. 이것이 중요한 이유는 브라운의 말대로 그는 후기 로마 시대에 라틴 신학의 정통에서 경직된 신학자로서의 모습을 드러내기보다는 북아프리카교회라고 하는 지역 교회를 배경으로 목회했던 교회의 신학자[1]였기 때문입니다. 아우구스티누스의 교회론 연구를 통해 참교회의 기준과 그 적용을 연구하고 제시하여 한국 교회의 많은 목회자와 신학생들이 그 기준을 잃지 않고 참교회를 세워나가는 많은 유익이 우리에게 있으리라고 생각합니다.

이 책이 세상에 나오기까지 모든 것은 주의 은혜였습니다. "내가 나 된 것은 하나님의 은혜로 된 것"(고전 15:10)이라고 했던 바울의 고백처럼, 지금까지 지내 온 모든 것이 주님의 크신 은혜임을 고백합니다.

머리말을 준비하며 총신대학에 입학하면서부터 지금까지의 과정이 주마등처럼 지나갔습니다. 참으로 힘든 여정이었지만 주님이 함께하시기에 감당할 수 있었습니다. 또한 내 인생의 동반자로 주님께서 짝지어 주셔서 지난 24년간 고와 낙을 같이하면서 항상 눈물로 기도하고, 돕는 배필로서 넘치도록 저의 많은 부족한 부분을 채워주었으며, 아이들을 신앙 안에서 잘 양육하여 준 아내 이혜정에게 무한한 감사를 드립니다. 지난 시간 동안 교회 사역과 학업에 열중하느라 아버지로서 역할을 잘 감당하지 못함에도 기쁘게 순종하며 교회에서나 학교에서 모든 사람의 기쁨이 되면서 잘 자라고 있는 유빈이와 현빈이에게도 감사의 마음과 기쁨을 함께 나누고 싶습니다. 누구보다도 늘 자식을 위해 눈물로 기도

---

1   P. R. L. Brown, *Augustine of Hippo : A Biography* (Berkeley and Los Angeles: University of California, 2000), 441–473.

하며 후원해 주시는 어머니, 아들에게 학업에 대한 비전을 주셨으나 끝내 이 순간을 보지 못하고 먼저 소천하신 아버지의 사랑에 아무리 감사해도 부족할 따름입니다. 더불어 목회에 바빠 잘 돌아보지 못하는 사위를 위해 늘 배려해 주시는 장인, 장모님께도 깊은 감사를 드립니다.

또한 이 논문이 나오기까지 지도해주신 교수님들께 감사를 드립니다. 논문을 준비하면서부터 구상과 작성의 전 과정에 함께해 주시며, 최종 논문이 나오기까지 저녁 늦은 시간임에도 불구하고 양지 연구실에서 함께 고민하면서 명철한 논리와 아이디어로 꼼꼼하고 세심하게 지도해주신 박영실 지도 교수님께 먼저 감사를 드립니다. 또한 논문의 시작 부분부터 논문으로써 훌륭한 완성도를 가질 수 있도록 시간을 내어 전체적인 구도와 내용적 부분에 보완할 수 있도록 조언해주시며 일일이 지도해주신 라은성 교수님, 프로포절 단계에서부터 조언을 아끼지 않으시고 매 수업 시간마다 좋은 조언들을 통해 학문적 역량을 키우는 데 많은 도움을 주시면서 사랑과 격려를 아끼지 않으셨던 정원래 교수님, 온유함과 학문적 날카로움으로 지도해주신 김용국 교수님, 명쾌한 논리와 조언으로 좋은 논문이 탄생될 수 있도록 지도와 격려를 아끼지 않으신 조현진 교수님 등 모든 교수님께 감사를 드립니다. 더불어 이 논문이 책으로 발간되는 과정에서 책을 세세히 읽어보는 수고를 마다하지 않고 기쁘게 추천사를 헌정해 주신 총신대학교의 박영실 교수님과 침례신학대학교의 김용국 교수님, 총신대학교의 정원래 교수님, 주안신학대학원 대학교의 구자용 교수님, 총신대학교의 함영주 교수님 그리고 성실교회를 담임하시는 김영복 목사님과 재현고등학교 교목으로 사역하시는 주현철 목사님에게 감사를 전합니다.

무엇보다도 졸고의 가치를 알아봐 주시고 좋게 평가하여 세움 클래식의 시리즈로 출판되도록 출판을 맡아주신 세움북스 강인구 대표님과 직원들, 보다 가독성 높여 독자들에게 가까이 가도록 교정에 참여해주신 최필승 목사님께도 감사의 인사를 전합니다.

　　여기까지 부족한 종과 그 가정을 인도하신 살아계신 하나님께 온전한 감사와 존귀와 영광을 올려드립니다.

2022년 3월 31일

성북교회 목양실에서 홍용훈 목사

Recommendation
추천사

하나의 주제를 정하고 연구를 해나가는 과정은 마치 집을 건축하는 것과 같다. 먼저는 전체적인 구조가 잘 짜여야 하고, 세밀한 부분들에까지 정교한 작업이 이루어져야 한다. 그 과정에서 중요한 것은 연구를 진행해 나가는 방법과 범위를 적절하게 잡는 것이다. 한 가지를 더한다면 연구자 스스로가 그 일을 즐겁게 해나가야 한다는 것이다. 그래야만 책을 읽는 독자도 그 즐거움에 함께 참여할 수 있다.

홍용훈 박사의 『아우구스티누스의 교회론』은 딱 보면 제목이 좀 딱딱하고 재미가 없는 학술서로 보이지만, 그런데 웬걸, 책을 읽으면서 재미(!?)에 빠진다. 특히 교회사 속에 감추어진 흥미로운 사건들을 눈앞에서 보는 듯하다. 아우구스티누스의 교회론이라는 하나의 이론이 탄탄하게 세워질 수 있었던 그 과정이 무엇이었는지, 그 과정에서 어떤 시대적 배경과 그로부터의 영향이 있었는지를 지루하지 않게 서술해 주고 있다. 모든 역사가 그렇듯 교회사에도 이렇게 흥미진진한 이해관계의 얽힘과 그 속의 갈등, 교리적 논쟁, 양보하지 않음, 고집 등등, 그리고 그 속에 정치가 스며들어 있음을 알게 된다. 이 책은 그런 과정을 통해 성립된 아우구스티누스의 교회론의 역사와 그 핵심이 무엇인지를 여실히 보여주고 있다.

또 한 가지 중요한 것은 아우구스티누스의 교회론이 오늘 우리의 삶의 자리에 연결되고 있다는 사실이다. '과연 교회란 무엇인가?'라는 우리의 현실에서 비롯된 고민을 홍용훈 박사는 고대의 먼 곳에서 가지고 와 해결해 보려는 지혜로운 시도를 할 뿐 아니라, 적절한 성공도 거두고 있다. 이 책은 학술서로 집필된 결과물이지만, 잘 다듬어진 필체로 소개가 되어 누구나 어렵지 않게 접근할 수 있다. 그러므로 교회사 전공자는 물론이거니와 단순히 교회사의 한 부분을 흥미롭게 맛보고 싶은 사람에게 꼭 읽어 볼 것을 추천하는 바이다.

구자용 교수 _ 주안대학원대학교, 구약학

홍용훈 목사의 총신대학교 일반대학원 박사학위(Ph. D) 취득을 위해 제출했던 논문을 책으로 엮어낸 쾌거를 마음 깊이 축하해 마지않는다. 본래 박사학위 청구 논문은 본래 "정통의 계승과 전통의 혁신으로서 아우구스티누스의 교회론과 그 현대적 적용"이라는 제목인데, 출판을 위해 "아우구스티누스의 교회론"이라고 명명한 것으로 보인다.

저자는 작금의 한국 교회를 교회 연합과 일치가 필요한 교회론적 혼돈의 시대로 분석하면서, 이에 대한 개혁주의적이면서 역사신학적 입장에서 참된 교회의 모습을 찾고자 심혈을 기울였다. 사실 목회자로서 한 교회를 담임하면서 박사학위를 취득했다는 사실 하나만으로도 홍 목사의 학문에 대한 열정과 끈기가 충분히 입증되었다고 본다. 물론 그가 섬기는 성북교회의 아낌없는 지원과 기도가 뒷받침되었을 것이고, 가족들의 보이지 않는 협조가 있었으리라 사료된다.

그가 부목사로서 성실교회를 함께 섬긴 경험이 있기에, 누구보다 홍 목사의 주님 사랑하는 마음과 교회에 대한 헌신, 탁월한 리더십을 믿어 의심치 않는다. 부디 그의 피땀 어린 노력의 결실인 이 책이 한국 교회의 나아갈 길을 밝히는 등불로 자리매김하기를 간절히 기대한다. 또한 홍 목사가 하나님 나라와 한국 교회를 위해 귀하게 쓰임받는 종이 되기를 간절히 소망한다. Soli Deo Gloria!

김영복 목사 _ 성실장로교회 담임

코로나19 팬데믹(pandemic)이 가지고 온 큰 변화 중의 하나는 교회와 예배에 대한 개념이다. 현장 예배가 중단되면서 성도들에게 새로운 형태의 예배와 교회가 소개되었다. 회중교회, 감독교회, 장로교회 등과 같이 정치 체제에 따른 구분이 아니라, 야외에서 모이는 교회, 인터넷으로 모이는 교회, 고정된 예배당을 거부하고 일정한 장소를 빌려서 모이는 교회와 같은 새로운 형태의 교회를 말한다. 이에 따라 가정에서 영상으로 예배드리고 교회에 출석하지 않으려는 사

람들도 나타났다. 이러한 현상은 성경적인 예배와 교회에 관하여 다시 살펴보아야 할 당위를 제공한다.

본서는 성경적인 교회의 본질을 위대한 교부 아우구스티누스에게서 발견할 수 있다고 주장한다. 교회를 그리스도의 몸, 성령의 친교, 어머니 교회로 설명한 아우구스티누스의 교회론을 기초로 교회의 참된 본질이 무엇인지를 분석한다. 다양한 형태의 교회들이 표출되는 현대 사회에서 교회의 본질과 그것을 지킬 방안을 찾아보려는 목회자와 신학도들에게 본서는 적지 않은 도움이 될 것이다.

김용국 교수 _ 한국 침례신학대학교 신학과, 역사신학

홍용훈 목사님의 『아우구스티누스의 교회론』은 신학도와 평신도, 모두에게 일독을 권할 만한 책이다. 이 책이 다음과 같은 매우 유익한 특징들을 담고 있기 때문이다.

첫째, 이 책이 아우구스티누스의 신학을 다루고 있기 때문이다. 2천 년의 기독교 신학은 아우구스티누스 신학에 각주를 다는 것에 지나지 않는다는 말이 있을 정도로 아우구스티누스는 매우 중요한 신학자이다. 아우구스티누스에 이르러서야 사도 바울의 은혜 중심의 기독교가 제대로 조명되었고, 종교개혁자들은 자신들의 '진리의 회복' 과업의 성취가 아우구스티누스 신학과의 일치라고 가늠할 정도로, 아우구스티누스는 정통 교회의 가늠자로 간주되었다.

둘째, 이 책이 아우구스티누스 신학의 핵심 교리를 잘 다루고 있기 때문이다. 사실 아우구스티누스의 신학은 매우 방대하다고 할 수 있다. 교회의 역사, 특히 중세와 종교개혁 시기는 아우구스티누스의 구원론과 교회론의 숨바꼭질이라 할 정도다. 따라서 그의 교회론은 구원론과 더불어서 그의 신학의 핵심 교리이다.

셋째, 이 책이 교회론에 관한 책이기 때문이다. 매우 복잡해 보이는 "한국 교회의 문제는 교회론인 것이다!" 아우구스티누스의 교회론은 그의 힘겨운 목회적 경쟁 상대였던 도나투스파의 교회론적 논쟁을 통하여 더욱 정교하게 다듬어진 것이다. 이 도나투스 논쟁이라는 틀을 가지고 비교연구의 형식을 빌어서 아우구스티누스 교회론을 역사적으로, 실천적으로, 그리고 신학적으로 소상하면

서도 매우 효과적으로 소개하고 있는 것이다.

넷째, 이 책이 이론 신학과 실제 목회의 통합이라는 구도에서 이뤄졌기 때문이다. 아우구스티누스는 회심 이후에 복잡한 교회의 한복판에 들어가는 것에 대한 어떤 본능적 두려움이 있었던 것 같다. 하지만 하나님의 생각은 그의 생각과 달랐고, 남이 그를 띠 띠우고 그가 원치 않는 곳으로 데려갔던 것이다. 사실 아우구스티누스는 천재였다. 그러나 천재라고 다 일하는 것은 아닌 것이다. 하나님의 제단에 드려진 재능이 풍성한 소출을 낳은 법이다. 신학자이면서 동시에 목회자로서 치열하게 살아가는 필자의 수고의 산물인 이 책이 우리에게 유익할 것이라 믿어진다.

다섯째, "정통의 계승과 전통의 혁신"이라는 해석이 뛰어나기 때문이다. 도나투스 논쟁은 누가 북아프리카 교회의 전통을 진정으로 계승했느냐의 싸움이었다. 북아프리카 교회의 토착화 세력으로 자임했던 도나투스파들은 자신들이 진정 북아프리카 교회론의 시조인 키프리아누스의 교회론을 계승했다고 자부했을 것이다. 하지만 히포의 아우구스티누스는 키프리아누스의 신학적 강조점을 계승하면서도 거기에 갇히지 않고 그것을 재해석함으로써, 자칫 비교적 열세로 보일 수 있는 자신의 위상을 단번에 뒤집을 수 있었다. 필자는 아우구스티누스의 그 묘수를 "정통의 계승과 전통의 혁신"이라고 본 것이다.

끝으로, 이 책이 오늘날의 교회에 유익한 제안을 담고 있기 때문일 것이다. 사실 아우구스티누스(354-430)는 오래전의 사람이다. 박물관에나 가야 만날 법한 고대의 인물에게서 지금도 해당 되는 보편적인 기준을 찾아서 현대 교회에 적용할 것을 제안한 필자의 수고는 매우 건설적이라 아니할 수 없다. 매우 유익한 것이다.

박영실 교수 _ 총신대학교 신학대학원, 역사신학

홍용훈 박사의 아우구스티누스의 교회론에 관한 깊은 연구는 현재의 개신교 신학의 연약한 부분에 대한 검토이고 또한 교회론을 어떻게 발전시켜야 하는가 하는 질문에 대한 유익한 참고가 될 만하다. 홍용훈 박사에 따르면, 아우구스티누스가 자신 이전 시대에 전개된 다양한 교회론에 대한 깊은 성찰을 통해 자신

의 시대에 적절한 교회론을 발전시켰다. 동시에 아우구스티누스는 이러한 성찰을 통해 교회의 본질이 무엇인지를 잘 드러낸다. 아우구스티누스는 교회의 본질을 근거로 '교회의 보편성'과 '교회의 하나 됨'에 대한 주장을 펼친다.

이러한 아우구스티누스의 교회론을 홍용훈 박사는 '정통에 대한 계승'과 '전통의 혁신'이라는 논제로 잘 설명하고 있다. 동시에 현대의 교회론이 정통에 대한 계승에서 전통을 거절하는 방법이나, 전통의 관점에서 정통을 오용하는 태도에 주의를 촉구한다. 따라서 홍용훈 박사의 저서는 초대 교회의 교회론에 대한 탐구이지만 오늘날 교회의 본질에 대한 성찰과 이해에 매우 유익하다.

정원래 교수 _ 총신대학교 신학대학원, 역사신학

30년이 넘는 시절 동안 홍 목사는 "가장 친한 벗은 어디냐?"라고 묻는 질문에 동일하게 "교회지."라며 가장 먼저 부교역자 생활을 시작했다. 그리고 가장 이른 나이에 담임 목회를 시작했으며, 가장 먼저 교회에 와서 가장 늦게 또 다른 교회인 가정으로 발걸음을 옮겨왔다. 그리고 또한 동일하게 교회의 역사를 사랑하여 학부 시절부터 아우구스티누스를 탐독했고, 교회의 역사와 한국 교회를 비교하면서 모든 역사의 주인이신 하나님의 손길이 여전히 한국 교회를 붙잡고 계시고, 한국 교회를 통한 개혁만이 악하고 음란한 시대에 유일한 하나님의 소망임을, 그분의 마음이 이곳에 머물기를 간절히 소망하는 마음으로 연구하고 본서를 집필하는 모습을 보고, 지음(知音)의 마음으로 추천의 글을 올린다.

복음화율이 3.8%라는 선교지인 공립 학교에서 몸담아 다음 세대를 가르치면서 더더욱 종말론적인 관점에서 교회와 세상의 두 도성 이론을 설파한 아우구스티누스의 가르침이 절실하게 다가오는 요즘이다. 하나님의 나라가 모든 그리스도의 몸 된 교회와 학교와 일터와 가정과 심령 가운데 충만히 임재하여, 교회의 본질이 온전히 회복되고, 교회가 건강하게 세워지는 부흥이 임하기를 간절히 사모하는 목회자 혹은 신학생들에게 이 연구와 도서가 좋은 지도와 대본이 될 줄로 확신하며 기쁨으로 추천하는 바이다.

주현철 목사 _ 서울 재현고등학교 교목

오늘날 한국 교회의 중요한 시대적 과제는 어떻게 건강한 교회를 세우는가에 있다. 우리 주변에 교회는 많지만 성경적으로 건강한 교회는 그리 많지 않은 것 같다. 최근 여러 모습으로 등장하고 있는 이단은 제외하고라도 소위 정통 교회라고 고백하는 교회들 가운데 성경적으로 건강한 교회가 과연 얼마나 될지 의문스럽다. 그런데 건강한 교회를 세우기 위해서는 건강한 교회가 무엇인지에 대한 역사적 정의와 모형이 필요하다. 이 점에서 홍용훈 박사의 저서는 개혁주의 교회론의 역사적 기초가 무엇이며 진정으로 건강한 교회의 표지가 무엇인지를 독자들에게 명확히 보여주고 있다.

이 책은 정통을 계승하고 전통을 혁신했던 아우구스티누스의 교회론이 무엇이었는지를 규명하는 것이 일차적인 저술의 목적이다. 이를 위해 아우구스티누스가 기독교 역사 속에서 여러 신학적인 논쟁의 과정을 통해 어떻게 교회론을 견고하게 세워갔는지를 예리한 분석을 통해 우리에게 보여주고 있다. 그리고 저자는 여기에서 그치지 않고 오늘날 현대 교회가 하나의 거룩하고 보편적이며 사도적인 교회를 어떻게 하면 계승 발전시킬 수 있을지에 대한 중요한 통찰을 제공해 주고 있다. 특히 본서는 교회 연합이라는 명제를 앞세워 무분별하게 이루어지고 있는 교회 연합 운동과 여기저기에서 난립하고 있는 이단 사상을 비판하고 극복할 수 있는 일종의 역사적 기준을 제시하고 있다는 데 큰 의의를 둘 수 있다.

본서의 저자인 홍용훈 박사는 역사신학자로서 학문적 탁월함을 갖추었을 뿐 아니라 목회자로서 교회를 사랑하는 마음이 가득한 목사이다. 이러한 저자의 학문적, 목회적 여정은 아우구스티누스의 교회론을 이론적으로만 정립하는 데 그치지 않고 오히려 오늘날의 교회를 건강하게 세우는 데 필요한 중요한 역사적 단서들을 제시하고 있기에 그 가치가 더욱 크다고 하겠다. 그러므로 주님의 몸 된 교회를 사랑하고 정통을 계승한 건강한 교회를 세워가기 원하는 모든 사람에게 이 책을 적극적으로 추천한다.

함영주 교수 _ 총신대학교 기독교교육과

Contents

차례

01

/

서론

Augustine's Ecclesiology

01
서론

본서의 연구 동기

교회 연합에 대한 필요성이 증대되고 있는 한국 교회의 지형 속에서 교회 연합에 대해 옳고 그름 또는 교회 연합의 당위성과 필연성에 대해 논의하기 전에 선행적으로 어떤 교회가 참 교회인가에 대한 논의가 필요하다고 여겨진다. 교회 일치에 관한 요구와 필요성이 대두되는 오늘의 시점에서 어떻게 행동하는 것이 바른 것인지에 관한 연구가 필요하다.

필자는 형식 논리에 매몰되어 본질적인 차이점을 간과한 채 진행되는 오늘날의 교회 연합과 일치의 논의가 오히려 교회의 본질을 해치는 것은 아닌지를 고민하면서 참 교회는 무엇인지, 어떤 교회가 초대 교회의 정통을 계승한 참 교회인지 관심을 가지게 되었다. 이러한 본질적 규명이 중요한 이유는 최근에 각종 이단이 난립하고 있으며 다양한 형태의 실험적 교회의 모습이 등장하고 있으므로 인하여 교회는 혼란에 빠질 수 있기에 어떤 교회를 세워 가야 하는지에 대한 답이 절실히 요청되기 때문이다.

그동안 교회의 본질적 측면에 대하여 성경에 근거하여 조직신학적인 측면에서 그리고 성경신학적 측면에서 접근하는 연구는 많이 있었다. 그럼에도 오늘날 같이 교회론적인 혼돈이 일어나고 있는 시점에서 성경이 가르치고 있는 참 교회의 조직신학적 개념과 성경신학적 개념으로서 참 교회에 대한 정의가 어떻게 교회 안에서 정통의 역사로 정착되어 갔는지에 대한 연구를 통해 참 교회의 역사적 기준을 세워가는 것이 필요하다. 그러한 이유로 교회 역사를 살피던 가운데 필자는 수많은 이단과의 투쟁 속에서 참 교회론을 세웠고 적용한 한 인물에 주목하였다. 그는 교회사의 맥락 속에서 성경적인 초대 교회를 계승하여 정통 교회의 참 교회론을 세웠던 아우구스티누스(Augustinus Hipponensis)이다.

오늘과 같은 한국 교회의 정황 속에서 아우구스티누스의 교회론이 중요한 이유는 브라운(Peter Robert Lamont Brown)의 말대로 그는 후기 로마 시대에 라틴신학의 정통에서 경직된 신학자로서의 모습을 드러내기보다는 북아프리카 교회라고 하는 지역 교회를 배경으로 목회했던 교회의 신학자[1]이기 때문이다. 아우구스티누스는 참 교회를 세우기 위해 무엇이 옳고 그른지를 먼저 성경에서 답을 찾고 잘못된 길을 가는 자들에게 바른길을 제시하며 참 교회로 인도하고자 하였던 신학자이자 목회자였다. 그렇게 신학자이자 목회자로서 정통 교회론을 세운 아우구스티누스의 교회론 연구를 통해 참 교회의 기준과 그 적용을 찾고자 한다.

필자는 아우구스티누스의 정통 교회론 정립에 관한 연구 중에 매우 중요한 사실을 발견하였는데, 로마가톨릭교회도 1962년부터 1965년까지 개최된 제2차 바티칸 공의회(Concilium Oecumenicum Vaticanum

---

1 P. R. L. Brown, *Augustine of Hippo : A Biography* (Berkeley and Los Angeles: University of California, 2000), 441-473.

Secundum)를 통해 아우구스티누스의 가시적 · 불가시적 교회론을 수용하였다.[2]

로마가톨릭교회가 아우구스티누스의 교회론을 수용했다는 것은 매우 중대한 의미가 있다. 왜냐하면 모두가 주지하듯 칼뱅(Jean Calvin)은 아우구스티누스의 은총신학을 개혁신학의 중요한 토대로 삼았다. 그리고 교회론에 있어서 아우구스티누스의 교회론을 기초로 하여 견고한 개혁신학을 세워 갔다.[3] 이러한 흐름에 반대하여 로마가톨릭교회는 키프리아누스(Thaschus Caecilius Cyprianus) 감독주의 교회론을 중심으로 하여 교회론을 더욱 공고하게 세워 갔다. 그랬던 로마가톨릭교회가 종교개혁자들이 교회론의 근간으로 삼았던 아우구스티누스의 교회론을 수용하였다. 이미 종교개혁을 통해 서로 함께할 수 없어 분리된 신 · 구교 모두 한 신학자를 자신들의 신학적 중요 근거로 삼고 있다는 것은 모두가 정통의 뿌리로서 아우구스티누스를 인정한다는 것을 의미하며, 그의 교회론은 신 · 구교가 모두 인정하는 정통 교회의 참 교회론임을 나타낸다. 따라서 아우구스티누스가 어떻게 정통 교회의 참 교회론을 정립하

---

2 제2차 바티칸 공의회 문서 『교회에 관한 교의 헌장』, 제1장 8항.
  "유일한 중개자이신 그리스도께서는 믿음과 바람과 사랑의 공동체인 당신의 거룩한 교회를 이 땅 위에 가시적인 구조로 세우시고 끊임없이 지탱하여 주시며,[9] 교회를 통하여 모든 사람에게 진리와 은총을 널리 베푸신다. 교계 조직으로 이루어진 단체인 동시에 그리스도의 신비체, 가시적 집단인 동시에 영적인 공동체, 지상의 교회인 동시에 천상의 보화로 가득 찬 이 교회는 두 개가 아니라 인간적 요소와 신적 요소로 합성된 하나의 복합체를 이룬다고 보아야 한다.[10] 그러기에 훌륭한 유비로 교회는 강생하신 말씀의 신비에 비겨지는 것이다. 하느님의 말씀께서 받아들이신 본성도 구원의 생명체로서 말씀과 떨어질 수 없도록 결합되어 말씀에 봉사하듯이, 다르지 않은 모양으로 교회의 사회적 조직도 교회에 생명을 주시는 그리스도의 성령께 봉사하여 그 몸을 자라게 한다."
3 J. van Oort, "John Calvin and the Church Father," in *The Reception of the Church Fathers in the West: From the Carolingians to the Maurists*, (ed.) I. Backus(New York: E. J. Brill, 1997), vol. 2, 661.

였는지를 연구하는 것이 이 책의 논의에서 매우 중요한 토대가 된다.

또한 그의 교회론을 어떻게 현대적으로 적용할 수 있는지를 연구하였다. 아우구스티누스를 통해 어떻게 기독교의 정통 신학자로서 온전한 교회론을 세웠는지를 살펴보고 그 기준을 찾을 수 있다면, 우리는 오늘날 교회 현장 속에서 끊임없이 도전해 오는 이단들과 분파주의자들 그리고 바르지 않으면서도 바른 진리인 양 진리를 왜곡하는 세력에 응전하며 참 교회를 세워 갈 수 있을 것이다.

아우구스티누스는 4세기 말 도나투스파(Donatist)의 확산을 저지하고 도나투스파 신자들을 참 교회로 인도하기 위하여 그들과 논쟁을 벌였다. 그리고 그러한 논쟁을 통해 아우구스티누스는 은총의 수단으로서 교회와 세례에 관한 사상을 정립하였다.[4] 그는 도나투스파와의 논쟁 가운데 은총의 수단으로 교회를 강조하여 교회론을 확립해 갔다. 그러므로 이 논의를 통해서 오늘날 난립하는 다양한 형태의 교회를 분석하는 기준점을 세울 수 있다.

이 논의를 통해 오늘날 우리가 기준 삼아야 할 초대 교회의 정통을 계승 발전시킨 아우구스티누스의 교회론을 계승한 개혁주의적 참 교회에 대한 이해를 제시함으로 오늘날 개혁교회가 가져야 할 참 교회관을 어떻게 세워 가야 할지 해답을 찾으려고 하였다.

---

[4] 한편 그는 이후 펠라기우스와의 논쟁을 통해 은총론 및 예정론을 확립하게 된다. 문제는 그러한 그의 신학적 결과물을 중세의 교회는 그의 의도와는 무관하게도 은총의 수단으로서 교회를 절대화하는 근거로 삼아 자신들의 기득권을 강화하는 데 사용하였다.

본서의 연구 목적

이 책의 목적은 초대 교회 시대의 정통신학을 계승한 아우구스티누스의 교회론을 연구하여 그의 교회론이 무엇인지를 규명하는 것이다.

오늘날의 교회는 "나는 하나의, 거룩하고, 보편적이며, 사도적인 교회를 믿습니다"[5]라는 니케아-콘스탄티노플 신조(Symbolum Nicaeno-Constatinopolitanum)에 기초한 교회론을 신앙으로 고백하고 있다.

현존하는 교회들이 "하나의, 거룩하고, 보편적이며, 사도적인 교회"[6]를 교회의 기준으로 삼는다면, 정통으로서 교회, 참 교회, 성경이 가르치는 교회 개념에 대한 첫 적용이 바로 초대 교회이다. 그리고 정통으로서 참 교회이자 성경이 가르치는 교회로서 초대 교회는 수많은 분파주의자들의 도전과 응전을 거치면서 하나의, 거룩하고, 보편적이며, 사도적인 교회를 견고하게 세워 갔음을 교회 역사를 통해 발견할 수 있다. 따라서 참 교회를 이해하는 첫출발은 바로 초대 교회가 어떻게 교회를 세워 갔는지 그 노력의 결과물로서 참 교회에 대한 올바른 이해에서부터 시작한다.

과거 아우구스티누스와 도나투스의 논쟁을 살펴보면 당시 정통 신학자인 키프리아누스의 교회론을 아우구스티누스와 도나투스파 모두 자신의 정당성을 주장하기 위한 근거로 삼았다.

또한 교회사적인 맥락에서 정통 신학자로 여겨지는 키프리아누스의

5　Philip Schaff, *The Creeds of Christendom*, Vol. I (Michigan : Baker Books, 1998), 29.
　　"In one holy catholic and apostolic Church"
6　Schaff, *The Creeds of Christendom*, 29.

감독주의 교회론을 구교가 채택하여 교회론의 근거로 삼고 있으며, 개혁주의자들은 아우구스티누스의 교회론을 근거로 개혁교회의 교회론을 세워 갔다. 그러므로 이 논의를 통해 정통 교회론으로서 아우구스티누스의 교회론이 무엇인지 명확히 규명하고자 한다.

둘째, 아우구스티누스가 어떻게 정통 교회론을 세워 갔는지를 연구함으로써 개혁주의적 관점에서 참 교회가 무엇인지 기준을 세우는 것이다.

필자는 키프리아누스의 전통을 계승하면서도 북아프리카 교회의 전통을 혁신하면서 보편적 교회론을 발전시켜 나간 아우구스티누스의 교회론을 고찰하여 참 교회의 본질적 교회론을 규명하고 그 기준을 세우고자 한다. 그래서 사도신경을 통해 고백한 거룩한 공교회(Catholic Church) 개념이 로마가톨릭교회의 사제주의에 따른 교회, 자신들의 전통에 따른 교회가 아니라 성경에 근거한 교회이고 이 교회가 바로 종교개혁가들이 추구했던 참 교회이며 오늘날 개혁교회가 지향하고 있는 참 교회임을 밝히고자 한다.

셋째, 이 논의를 통해 세워진 참 교회의 기준을 놓고 한국 교회에서 일어나고 있는 교회론적 혼돈 속에서 정통 교회가 무엇인지 말하고자 한다.

이는 아우구스티누스 교회론의 현대적 적용으로, 형식 논리에 매몰되어 다양한 교파들이 가지는 교회론적 다양성을 무시하고 몇 가지의 조건을 충족만 한다면 하나 될 수 있다는 무분별한 교회 일치가 아니라 성경적이고 정통적인 교회 연합과 일치에 관하여 말하고자 한다. 이러한 과정을 통해 성경과 초대 교회의 고백과 일치하는 올바른 교회론의 기준은 무엇인지를 규명하고자 한다.

특별히 현재 한국 교회의 상황은 각종 이단의 난립에 직면하고 있고, 다양한 실험적 교회론이 대두되면서 참 교회에 대한 의구심이 증폭되며 교회론의 혼란이 야기되고 있다. 또한 종교에 대한 새로운 이해를 통해 종교다원주의가 신학계의 주요한 쟁점이 되고 있으며 그러한 신학에 근거하여 진리를 외면한 채 형식 논리만을 가지고 외형적 일치를 추구하는 일치 운동이 일어나고 있다.

이에 개혁교회는 참 교회의 이해를 통해 교회의 기준을 찾아야 할 필요와 의무가 있다. 그래서 정통신학을 계승하는 참 교회에 대한 고민과 답을 제시하고자 한다.

본서의 연구 방법

이 책은 초대 교회 교부들의 원전과 그에 대한 저명한 역사 신학자들의 연구 결과들을 분석하고 비교 연구하는 것에서 시작한다.

초기 기독교 공동체 가운데 특별히 북아프리카 지역 교회 속에서 참 교회를 세우기 위해 치열하게 벌였던 도나투스파 논쟁(Donatist controversy)을 중심으로 교회의 본질과 정통이라는 관점에서 교회를 이해하는 기준을 논의하였다. 이를 위해 아우구스티누스의 저작과 당시 참 교회라는 주제를 놓고 논쟁하였던 도나투스파 신학자들의 저작, 그리고 그 배경이 되었던 초기 기독교 공동체 가운데 라틴 신학자들의 저작을 비교 대조하여 결론을 이끌어 내는 문헌 대조 연구를 중심으로 논의를 진행하고자 한다.

아우구스티누스가 그의 신학을 어떻게 정통의 기준으로 우뚝 서게 하였는지 그 배경을 살펴보되 그의 신학이 있기까지 북아프리카 교회의 배경과 전통에 대해, 그리고 북아프리카 교회의 정통 라틴 신학자들에 대해서 자세히 살펴보려고 한다.

본서의 연구 범위 및 구성

이 논의에서 초대 기독교 공동체 신학의 발전 과정에 나타난 교회론의 개념들을 찾고자 한다. 따라서 초대 교회 시기 북아프리카 교회의 정통 신학자였던 터툴리아누스(Quintus Septimius Florens Tertullianus)와 키프리아누스의 신학 및 그들의 교회론을 연구하고 당시 등장했던 다양한 분파들도 살펴보고자 한다.

그리고 아우구스티누스의 교회론이 정립되는 과정에서 도나투스파와의 논쟁에 관하여 그리고 그의 교회론에 관한 내용을 연구하고, 그가 어떤 교회를 세웠는지 그 의미가 무엇인지에 대해 살펴보고자 한다. 이를 통해 정통 교회가 무엇인지 밝혀 보고자 한다. 그러한 연구를 통해 현재 그리고 다가오는 시대에 계속 도전해 오는 이단과 비기독교적인 사상들과 맞설 정통 교회에 대한 온전한 기준을 정립하고자 한다. 이를 위해 개인의 이해와 가상의 추론에 근거하지 않고 철저하게 성경과 기독교 공동체의 저작들에 따라 연구할 것이며, 이에 대한 현대적 이해를 첨부하고자 한다. 이러한 과정을 통해 참 교회에 대한 개념을 정립하고

자 한다.

아우구스티누스가 교회론을 정립하는 과정을 고찰하여 참 교회에 대한 기준을 규명하고, 그것의 현대적 적용에 있어서 다음과 같이 살펴볼 것이다.

첫째, 2장에서 아우구스티누스의 신학적 배경이 무엇인지를 살펴볼 것이다.

여기서는 아우구스티누스의 신학을 정통의 연속성과 북아프리카 전통의 불연속이라는 관점에서 보아야 함을 전제로 하고 있다. 필자는 그간 아우구스티누스에 관한 연구에 있어서 그가 정통신학을 세울 수 있었던 것은 그가 그 시대적 배경과 한계를 넘어서는 특별한 신학적 관점을 견지했기 때문임을 알았다. 그의 이러한 신학적 관점은 이후 모든 교회 시대에서도 동일하게 인정되고 수용되었다. 따라서 북아프리카의 신앙적 신학적 자양분 속에서 자라난 아우구스티누스가 모든 세대에 인정받을 만한 신학적 독창성과 시각을 가질 수 있었던 이유가 무엇인지 고찰하고자 한다.

또한 아우구스티누스가 정통 교회론을 정립할 수 있도록 만든 학문적 자양분은 어떤 것이 있었는지 살펴볼 것이다. 그의 목회 현장이자 신학적 정립의 장이었던 북아프리카와 그 속에 세워진 라틴신학의 장으로서 북아프리카 교회를 살펴보려고 한다. 그래서 2장 "북아프리카의 본래적 배경"과 "박해와 분파화"에서 분파화한 북아프리카 교회론을 통해 북아프리카 교회가 분파화할 수밖에 없었던 북아프리카의 사회적 배경을 살펴볼 것이다. 그리고 신학적 관점에서도 북아프리카 교회에 일어난 박해와 북아프리카 교회의 분파화를 살펴볼 것이다.

북아프리카라는 배경에서 도나투스파의 발생과 탁월한 통합 신학으로서 아우구스티누스의 신학 정립은 결국 라틴신학의 정통을 어떻게 계승하였느냐에 따라 갈라졌다고 볼 수 있다. 그러므로 먼저 북아프리카의 배경이 무엇인지를 W. H. C. 프렌드(William Hugh Clifford Frend)의 *The Donatist Church*와 A. H. M. 존스(Arnold Hugh Martin Jones)의 논문 *Were Ancient Heresies National or Social Movements in Disguise?*, 모린 A. 틸리이(Maureen A. Tilley)의 논문 *The Use of Scripture in Christian North Africa: An Examination of Donatist hermeneutics*을 기초로 살펴보고자 한다.

둘째, 2장 "아우구스티누스 이전의 라틴 교회론"에서 북아프리카 교회의 신학적 배경으로 정통신학의 기준이 되었던 터툴리아누스와 키프리아누스의 신학을 살펴볼 것이다. 물론 터툴리아누스는 교회론 확립에 있어 큰 기여점을 찾기 어려우나 그의 신학을 통해 라틴신학의 배경을 이해할 수 있다.

또한 키프리아누스는 노바티아누스파(Novatianist)와의 논쟁을 통해 초대 교회의 교회론 형성에 매우 큰 공헌을 하였기에 그의 신학, 특별히 그의 교회론을 살펴볼 것이다. 그러기 위해서 먼저 터툴리아누스와 키프리아누스의 교회론의 배경이 된 당시 북아프리카 교회의 박해와 분파화를 살펴볼 것이다. 그리고 박해 속에서 세워진 터툴리아누스의 신학과 노바티아누스(Novatianus)와 가톨릭교회와의 관계 속에서 정통신학의 토대를 놓은 키프리아누스의 교회론을 살펴볼 것이다.

아우구스티누스와 도나투스파 사이에 치열하게 벌어진 참 교회에 대한 논쟁은 북아프리카의 정통 신학자이자 순교자로 유명한 키프리아누스의 교회론이 북아프리카 교회의 전통과 만나 촉발되었다. 따라서 정통 라틴 신학에서 키프리아누스의 교회론이 중요한 위치를 차지한다고 볼 수 있다. 이에 북아프리카 교회의 배경이 된 박해에 대해 에른스트 다스만(Ernst Dassmann)의 *Kirchengeschichte*와 아우구스티누스 이전의 북아프리카 교회의 신학적 전통을 세운 터툴리아누스의 *Apologeticum*, *De Pudicitia*, *De Poenitentia*, *De Baptismo*와 키프리아누스의 원전인 *Episcopi Epistularium*, *De Ecclesiae Catholicae Unitate*를 중심으로 그들의 신학과 교회론을 살펴볼 것이다.

셋째, 3장에서 도나투스파와 도나투스 논쟁 그리고 도나투스파가 북아프리카에 유행할 수 있도록 기틀을 닦은 도나투스파의 신학자들과 교회론을 살펴볼 것이다. 북아프리카 교회와 아우구스티누스의 교회론을 논의할 때는 그와 깊은 연관을 가진 도나투스파와 도나투스 논쟁에 대한 깊이 있는 탐구가 필요하다. 왜냐하면 아우구스티누스는 많은 논증을 통해 그의 신학을 완성해 갔기 때문이다. 이는 정통적인 기독교 신앙을 보호하려는 노력의 결과였다.[7] 따라서 정통신학으로서의 그의 교회론을 연구에서 도나투스 논쟁에 관한 탐구는 필수적이다. 아우구스티누스는 도나투스파와 일치를 위한 논쟁을 벌이면서 다음과 같은 교회론적 관점을 견지하였다.

한 하나님과 한 주님이 있듯이 단 하나의 교회, 하나의 양 떼, 빛이 해로부터 분리되지 않듯이, 가지는 나무로부터 분리될 수 없듯이 모든 신자가 태어나는 한 명의 어머니가 있으며, 이 어머니를 떠나서는 구원

---

7 김영도, "도나투스주의 논쟁에 나타난 어거스틴의 은총의 수단(교회) 이해," 「신학과 목회」, 제24집 (영남신학대학교, 2005.11), 53.

이 없다.[8]

그러면서도 그는 교회의 하나 됨을 이루기 위해 보다 더 근본적인 교회론을 도출해 냈다. 따라서 그러한 과정을 통해 정통 교회론으로 확립된 그의 교회론을 명확하게 이해하기 위하여 도나투스파 및 도나투스파 논쟁을 살펴보려고 한다. 특별히 도나투스파의 시작과 진행 과정 그리고 그들의 교회론에 대하여 심도 있는 연구를 할 것이다. 키프리아누스의 정통 교회론을 계승한 자들 가운데 아우구스티누스는 올바른 성경 해석에 근거하여 보편 교회론으로 신학의 진보를 이루어 갔지만, 도나투스파는 키프리아누스의 교회론을 근거로 자신들의 분파적 경향을 강화하여 결국 분파주의로 전락하게 되었다고 할 수 있다.

한 신학자의 사상을 보편 교회와 분파 교회가 둘 다 자신들의 정당성을 논하는 근거로 삼았다는 사실은 이후에 우리가 살펴볼 아우구스티누스의 신학을 어떻게 이해할 것이냐의 측면에서 우리에게 시사하는 바가 매우 크다고 할 수 있다. 그러므로 어떻게 그러한 일들이 일어났는지 규명하는 것이 무엇보다 중요한 일이다. 따라서 도나투스파의 발원과 성장 그리고 그들의 신학적 토대를 굳건히 하였던 대표 신학자들을 통해 그들의 신학을 살펴볼 것이다.

이를 위해 프렌드의 *The Donatist Church*, J. A. 코르코란(John Anthony Corcoran)의 *Augustus Contra Donatistas*와 G. G. 윌리스(Geoffrey Grimshaw Willis)의 *Saint Augustine and the Donatist Controversy*, 제랄드 보너(Gerald Bonner)의 *St. Augustine of Hippo : Life and Controversies*

---

8 Cyprian, *De Ecclesiae Unitate*, 5. 7.

와 프레데릭 W. 딜리스톤(Frederick William Dillistone)의 논문 "*he Anti-Donatist Writings*, 프렌드의 논문 *Donatus 'paene totam Africam decepit'. How?*, 틸리이의 논문 *The Use of Scripture in Christian North Africa: An Examination of Donatist hermeneutics, Sustaining Donatist Self-Idendity : From the Church of the Martyrs to the Collecta of the Desert*, 요하네스 반 오르트(Johannes van Oort)의 *John Calvin and the Church Father*를 참조하였다. 원전으로 옵타투스(Saint Optatus)의 *De Schismate Donatistarum*, 유세비우스(Eusebius)의 *Historia Ecclesiastica, Vita Constantini* 아우구스티누스의 *Contra Cresconium, Ad Catholicos Epistola, Epistulae, Contra Epistolam Parmeniani, Contra Litteras Petiliani*, 겐나디우스(Gennadius)의 *De Scriptoribus Ecclesiasticis*, 티코니우스(Tyconius)의 *Liber Regularum, Passio Donati, Acta Martyrum Saturnini* 등의 글을 통해 논쟁의 내용들과 그 이유에 대하여 자세히 살펴보고자 한다.

넷째, 4장과 5장에서 아우구스티누스의 교회론이 무엇이고 어떻게 그의 교회론이 세워졌는지, 그리고 그가 세운 교회론이 어떤 이유에서 정통 교회론이라 할 수 있게 되었는지 깊이 연구를 할 것이다.

초대 교회의 정통 신학자인 키프리아누스의 관점을 어떻게 이해하고 있느냐의 문제도 되겠지만 사실 어떻게 계승하였느냐에 대한 관점이 더 크게 작용한다고 할 수 있다. 다시 말해, 키프리아누스의 신학을 어떻게 이해했느냐 하는 해석의 문제가 아니라 어떻게 적용하여 발전시켰느냐 하는 계승의 문제로 볼 수 있다. 정통의 계승과 전통의 계승 사이에 있는 연속과 불연속의 관점을 제대로 이해하지 못하고 자신들의 정당성을 설파하기 위하여 가장 정통한 교부의 사상을 가져다 사용하였기 때문이다.

로마가톨릭교회는 오늘에 이르러서야 아우구스티누스의 가시적이고 불가시적인 교회론을 인정하였다. 그전까지는 로마가톨릭 교회의 수위권을 보장하고 그들의 기득권을 주장하기 위하여 키프리아누스의 감독주의 교회 개념을 고수하였다. 이를 근거로 로마가톨릭교회만이 참 교회이고 다른 교회는 분파이며 참 교회가 아니라고 주장하였다. 이것은 정통을 계승한 참 교회의 성립이라기보다는 자신들의 기득권을 위해 키프리아누스의 신학을 가져다가 외형만을 받아들인 전통의 계승이라고 할 수 있다. 왜냐하면 내면에 담긴 진정한 뜻을 외면한 채 표면적인 내용만을 가져다가 자신들의 이득을 위해 사용한 도나투스파들과 같은 모양을 취하고 있기 때문이다. 정확한 이해에 근거하여 무엇이 바른지에 대한 결론이 아니라 자기들의 주장을 관찰하기 위해 유리한 해석을 근거로 자신들의 정당성을 주장하는 독선적 이해에 불과하다. 그러므로 우리는 올바른 성경 해석에 근거하여 초대 교회로부터 계승된 정통신학에 따라 든든하게 세워진 참 교회에 대한 이해가 필요하다. 달리 말해, 정통신학을 계승하여 개혁주의적 관점에서 세워 가는 참 교회를 위한 신학이 필요하다.

그러므로 이 책에서 과연 무엇이 정통이고 무엇이 이단인지, 그리고 무엇이 참 교회이고 무엇이 잘못된 교회인지 판단 할 수 있는 기준에 관하여 살펴보려고 한다. 더불어 아우구스티누스의 교회론이 어떻게 정통신학을 뛰어넘었는지를 엄숙주의 교회론과 관용주의 교회론의 관점에서, 성례의 효력에 있어 인효론(人效論, *Ex Opere Operantis*)과 사효론(事效論, *Ex Opere Operato*)의 관점에서 키프리아누스의 신학과 아우구스티누스의 신학 사이의 차이점을 비교 분석할 것이다. 이를 통해 초대 교회의 역사에서 특별한 의미를 지닌 아우구스티누스가 정립한 신학과 교회론에 비추어 정통 교회는 어떤 기준에 의해 세워졌는지 살펴볼 것이다. 과연 아우구스티누스가 어떻게 정통을 계승하는 참 교회론을 세웠는지, 그의 교회론이 과연 정통을 계승하고 전통을 혁신하여 세운 것인지 살펴볼 것이다.

이 연구를 위해 S. J. 그라보프스키 (Stanislaus J. Grabowski)의 *The Church : An Introduction to the Theology of St. Augustine,* 에릭 G. 제이(Eric George Jay)의 *The Church,* 세르주 렁셀(Serge Lancel)의 *St. Augustine,* 로버트 오스틴 마르쿠스(Robert Austin Markus)의 *Saeculum: History and Society in the Theology of St Augustine,* 발터 시모니스(Walter Simonis)의 *Ecclesia visibilis et invisibilis* 등을 비롯한 아우구스티누스에 관한 주요 저작들과 함께 원전으로서 터툴리아누스의 *De Pudicitia, De Poenitentia* 등의 저작과 키프리아누스의 *De Ecclesiae Catholicae Unitate,* 옵타투스의 *De Schismate Donatistarum,* 티코니우스의 *Liber Regularum,* 아우구스티누스의 *De Civitate Dei, Contra Cresconium, Contra Litteras Petiliani Donatiste, De vera religione, Sermons, Contra Faustum Manichaeum, De Baptismo contra Donatistas, De Doctrina Christina, Retractationes,* 장 칼뱅의 *Institues of the Christian Religion* 등을 연구할 것이다.

그리고 이러한 주제의 연구를 통해 결론적으로 우리가 지향하는 참 교회가 무엇이고 어떤 자세로 교회 연합과 일치를 이루어 가야 하는지를 간략히 제안하고자 한다.

본서의 연구 의의

오늘 한국 교회의 현실은 각종 이단이 난립하며 저마다 자신이 참 교회라고 주장한다. 또 한편으로 에큐메니컬 운동이 활성화되면서 무분별한 일치 운동이 진행되고 있다. 이때 우리는 참 교회와 거짓 교회를 바로 분별해야 한다. 그래야 잘못된 시류에 휩쓸리지 않을 수 있다. 그러하기에 이러한 탐구는 중요하며, 그 의의를 다음과 같이 찾을 수 있을 것이다.

첫째, 아우구스티누가 세운 정통 교회론에 기반하여 기독교 역사에서 성경에 근거하고 중세 천년의 역사를 열었던 기독교 공동체로서의 교회를 이해하려는 데 그 의의가 있다.

둘째, 아우구스티누스가 교회론을 정립하는 과정을 종합적으로 규명함으로써 아우구스티누스가 어떻게 정통을 계승하고 동시에 전통을 혁신하여 교회론을 세웠는지, 그의 교회론이 어떻게 정통이 되었는지 그 과정을 살펴보는 데 의의가 있다.

셋째, 오늘 무분별한 형식 논리에 사로잡힌 자들에 의해 진행되는 에큐메니컬 운동을 아우구스티누스의 정통 교회론에 비추어 분석하고 바른 기준을 제시함으로 오늘 우리 개혁교회의 나아갈 바를 제시하는 데 그 의의가 있다.

본서의 연구사

이 책은 아우구스티누스와 그 배경이 되는 신학적 발전에 초점을 맞추고자 한다. 따라서 아우구스티누스와 초기 기독교 시대 북아프리카 교회에 관한 연구를 선행해야 한다. 아쉽게도 국내에는 당시 북아프리카에 관한 특별한 연구가 많지 않다. 그러나 서구에는 이미 이러한 관심을 가지고 연구한 연구자들이 있었다. 그들의 연구를 통해 초기 북아프리카의 교회에 관한 연구가 시기적으로나 방법론적으로 여러 단계를 거쳐 발전한 것을 알 수 있다.

먼저는 20세기까지 이어져 오던 전통적 해석이다. 그리고 20세기 중후반에 이르러서는 사회적 문화적 관심이 높아지면서 관련 분야의 사료들을 역사 비평적 측면에서 재해석하는 수정주의적 입장이 활발히 개진되었다. 그러다가 최근 들어서 초기 기독교 시대 북아프리카 토착 교회에 관한 역사적 재구성을 위한 방법론이 시도되고 있다. 계몽주의 시대 이후 근대 역사학계에서 연구 방법론이 비약적으로 발전하였음에도 불구하고 초기 기독교 시대 북아프리카 교회에 관한 연구가 활기를 띤 것은 20세기에 들어서면서부터이다.

폴 몽쏘우(Paul Monceaux)는 평생 연구를 통해 북아프리카 기독교에 관한 기존 자료들을 *Histoire litteraire*에서 철저히 정리하고 체계화했다.[9] 전체 7권에 이르는 엄청난 그의 연구는 이 분야의 연구사에 큰 초석이 되었고, 초기 기독교 공동체로서 북아프리카 교회에 관한 학자들의 활

---

9 이현준, "초기 북아프리카 교회론 연구: 도나티스트 논쟁에 대한 역사적 재해석," 박사학위
   논문 (서울 : 서울기독대학교대학원, 2009), 13

발한 논의를 일으키는 단초가 되었다. 그럼에도 불구하고 아쉬운 것은 당시 배경을 이해하는 데 있어서 정통과 이단이라는 틀을 벗어나지 못하고 더 본질적인 이해를 놓쳐 버린 것은 아닌가 하는 점이다.

몽쏘우 이후 사회 · 경제사적인 역사 연구 방법론이 활발하게 전개되면서 북아프리카 교회의 역사 이해는 새로운 전환기를 맞게 되었다. 지난 시간 동안 정통과 이단이라는 틀 속에서 단순한 이해를 답습하는 접근법에 문제를 제기하며 초기 기독교 시대의 북아프리카 교회의 분열에 관한 배경사적 연구로서 당시 역사적 정황들에 주목하기 시작했다.

에르네스토 부오나이우티(Ernesto Buonaiuti)의 *Il Cristianesimo nell' Africa romana*를 필두로 장 폴 브리송(Jean Paul Brisson)의 *Autonomisme et Christianisme dans L'Afrique romaine de Septime Severe a l'invasion vandal*과 프렌드의 *The Donatist Church: A Movement of Protest in Roman North Africa* 등 많은 사회 · 역사학자는 아우구스티누스의 신학을 정당화하는 교리 해석보다 신학 논쟁에 이르게 된 당시 북아프리카의 역사적 정황에 집중하여 정치 · 경제 · 사회 · 문화적인 측면에서 다양한 해석을 시도하였다.

그중에서도 프렌드의 *The Donatist Church: A Movement of Protest in Roman North Africa*는 초기 기독교 시대에 북아프리카 교회에 관한 모든 연구의 전환점이 되었다. 이 책에서 프렌드는 초기 기독교 시대의 북아프리카에서 끊임없이 대립하였던 두 문화를 조명하였는데, 하나는 내륙 지방을 기반으로 한 토착민들의 문화이며, 또 다른 하나는 해안 지역을 배경으로 도시를 중심으로 발달한 로마의 문화이다. 그는 이 지역들의 정치적 사회적 경제적 문화적인 배경을 조사 연구하여 서로 대립한 두 문화의 실체에 주목하였다. 그는 북아프리카의 교회가 분열할 수밖에 없었던 이유를 두 문화의 대립에서 찾았는데, 두 문화 대립은 서로 문화적 지지 기반이 다르기 때문이라고 보았다.[10] 이런 측면에서 프렌드는 북아프리카 교회의 분열과 관련한 주요 분파였던 도나투스파 운동의 신학적 요인뿐 아니라 민족 · 사회 · 정치 · 경제 · 문화적 요인들을 연구하여 도나투스파 운동이 민족적 사회적 저항 운동이었다고 규정하면서 당시 북아프리카 교회가 분열한 원인을 밝혔다. 프렌드의 이론은 연구사의 새로운 기틀을 제공하였다. 그러나 한편으로 도나투스파 운동의 성격을 규정한 그의 이론은 학계에 오랜 논란거리를 제공하였다.

프렌드 이론에 주도적으로 대척점에 선 학자가 존스이다. 그는 한 논문에서 프렌드의 이론에 의문을 제기하였다. 그러면서 그는 도나투스파는 로마 제국 내의 여느 다른 이단 종파와 같이 민족적 사회적 차원의 정치적 목적을 가진 것이 아니었음을 주장했다.[11] 존스는 도나투스파 운동은 민족주의나 사회 · 문화적 배경보다 당시의 신학적 요인이 더 주요한 배경적 요인으로 작용하였다고 결론지었다. 따라서 존스는 도나투스 논쟁에 있어서 신학적 요인을 배제하고 단순히 사회 · 문화적인 요인만을 가지고 해석하는 프렌드의 이론과 그를 따르는 이들에게 경종을 울렸다.

존스가 지적한 대로 4세기 북아프리카의 도나투스파 교회는 민족주

---

10 Frend, *The Donatist Church*.

11 A. H. M. Jones, "Were Ancient Heresies National or Social Movements in Disguise?," *Journal of Theological Studies*, n.s. x (1959), 298.

의 교회 운동을 주장한 것은 아니었지만, 도나투스파 교회가 그 지역의 사람들로부터 지지를 끌어낼 수 있었던 것은 도나투스파 교회가 일정 부분 민족주의적인 경향을 띠고 있었기 때문이라는 점을 완전히 부인할 수 없다. 따라서 당시 북아프리카 교회가 분열한 원인과 성격에 대한 논의에서 프렌드와 존스의 논쟁은 사회적 해석과 전통적 해석 사이에서 양극단의 위험성을 완화하는 동시에 양자를 포용하는 또 다른 통합적인 방법론에 대한 필요성을 요구한다.

이런 측면에서 도나투스파 신학자들의 성서 해석학에 관한 틸리이의 연구는 새로운 연구사로의 도약판이 되었다고 평가된다. 틸리이는 도나투스 논쟁에서 성경이 차지하는 부분에 주목하면서 성경 해석학적 분석을 통해 도나투스파 신학과 그 발전 과정에 관한 역사의 재구성을 시도하였다.[12] 그녀는 도나투스파의 성경 인용과 해석을 연구함으로 아우구스티누스의 신학적 관점으로 도나투스파를 이해하려는 시도와 사회적 정치적 해석으로 인해 신학적 요인의 중요성을 놓치는 한계를 극복하고자 하였다.[13] 이러한 연구들이 북아프리카 교회의 초기 분열상들을 상세히 연구할 수 있는 배경이 되었다.

이 책은 이러한 연구 위에 서 있다. 다시 말해서, 당시 정통신학의 뿌리라고 할 수 있는 북아프리카의 라틴신학에 초점을 맞추고자 했다. 왜냐하면 당시 중세를 열었던 통합의 신학자이자 정통 신학자였던 아우구스티누스의 교회론을 살펴볼 때 그의 삶과 신학의 배경이 된 북아프

---

12 Maureen A. Tilley, "The Use of Scripture in Christian North Africa: An Examination of Donatist hermeneutics," *Dissertation* (Duke University, 1989).

13 Maureen A. Tilley, *The Bible in Christian North Africa : The Donatist World* (Minnea polis, MN : Fortress Press, 1997), 13.

리카를 살펴보는 것이 매우 중요하기 때문이다. 그래서 그간의 연구를 종합하고 그 위에 종합적인 판단을 하였다. 특별히 아우구스티누스와 대척점에 섰던 도나투스파의 기원과 신학을 세밀히 살피면서 아우구스티누스의 신학, 특별히 정통에 서서 오늘날까지 정통의 기준으로서 부족함이 없는 참 교회론을 세워 갔음을 규명하고자 하였다. 그러므로 먼저 프렌드가 가진 북아프리카에 대한 관점을 신선하게 보았고 이 탐구에 많은 영감을 주었다. 그러나 프렌드의 연구로 해결될 수 없는 부분들이 있었다.

도나투스파 연구는 그들의 신학 사상이 생성된 배경과 상황들 그리고 그들이 북아프리카에 중요한 교단으로 설 수 있도록 기여했던 신학자들의 사상을 그들의 원저작을 찾아가며 살펴보았다. 특별히 터툴리아누스와 키프리아누스의 저작을 통해 도나투스파와 아우구스티누스의 신학 사상에 기여했던 부분들에 관한 연구를 통해 전통의 계승으로서의 도나투스파의 교회론과 정통의 계승과 전통의 혁신으로서의 아우구스티누스의 교회론을 비교 분석하고자 하였다.

현재 우리가 직면한 문제를 진단하고 미래를 향한 바른 기준을 제시하기 위해 신학자들은 종종 과거의 지혜를 찾아 정통 기독교의 목소리를 듣는다. 그런 의미에서 초대 교회 시대의 정통신학의 본류로서 아우구스티누스의 신학을 연구하는 것은 매우 중요한 일이다. 왜냐하면 아우구스티누스는 기독교 제국으로서의 로마가 몰락해 가던 시기를 살아가면서 역사의 격동기에 교회를 향한 다양한 이단과 분파에 대처하고 몸소 교회를 지도하며 자신의 신학을 형성한 인물이다. 우리가 현재 직면한 문제를 진단하고 앞으로 교회가 나아가야 할 기준을 제시하는 데 있어 실천적 교훈 혹은 전형이 될 수 있다고 보기 때문이다. 이러한 배경 아래 브라운은 그의 저서에서 아우구스티누스를 교회의 신학자[14]라고 말한다.

지금까지의 연구들은 그를 목회자나 설교자로서의 모습보다는 역사 신학자로 또는 이단들을 논박하는 정통 신학자로만 인식하고 그의 신학을 연구하였다. 그러나 최근 새롭게 발견된 아우구스티누스의 저작들, 곧 1980년대에 출판된 『디프약 편지들』(Divjak Letters)"[15]과 1990년대에 발표된 돌보(F. Dolbeau)의 『설교문』[16]이 편찬됨으로 이러한 이해에 새로운 전기를 맞이하게 되었다. 그와 같은 발견을 통해 아우구스티누스의 모습을 더 구체적으로 그릴 수 있게 되었기 때문이다. 이에 대해 안인섭 (安仁燮)은 "디프약의 편지와 돌보의 설교문의 새로운 발견은 아우구스티누스의 신학과 목회의 무대가 되는 당시의 역사에 더 관심을 갖고 연구하도록 만드는 촉매제 역할을 했다"라고 평가하였다.[17]

실제로 아우구스티누스가 기록한 수많은 설교와 편지를 통해 당시 논쟁에서 그가 치열하게 고민한 바가 드러나게 되었다. 단순히 진리를 사수하는 선에서 그친 것이 아니라 어떻게 하면 그들을 돌이킬지 목회자로서의 고민이 담겨 있기 때문이다. 그리고 이런 측면은 그의 저작을 통해 더욱 명확한 이해가 가능하게 되었다. 이러한 배경적 이해를 바탕으로 한 연구를 통해 그의 교회론을 순조롭게 이끌어 낼 수 있었다.

---

14 Brown, *Augustine of Hippo : A Biography*, 441-473.
15 J. Divjak (ed.), CSEL 88 (Vienna: Tempsky, 1981). cf. R. B. Eno, "Saint Augustine, Letters VI (1*-29*)," in *Fathers of the Church*, vol.81 (Washington, D.C. : Catholic University of America Press, 1989).
16 F. Dolbeau, *Sermons : Newly Discovered Sermons* (New York : New York Press, 1998).
17 안인섭, 『칼빈과 어거스틴』 (서울: 그리심, 2009), 77.

그런 의미에서 역사 신학자들은 아우구스티누스의 교회론에 관하여 본질적 연구를 다방면으로 해왔다. 그러나 그의 교회론이 오늘날 한국 교회에 어떠한 의미가 있는지와 관련한 개혁주의 입장의 연구들은 부족한 부분이 있었다. 특히 한국 교회 안에 연합과 일치에 관한 관심이 대두하면서 에큐메니컬 운동을 지지하는 측과 반대하는 측 사이에 논쟁이 심화되었고 지금도 그 주제는 계속 논의되고 있다. 이러한 시기에 아우구스티누스로부터 시작하여 개혁주의 교회론을 지향하는 한국의 개혁 교회들이 나아갈 방향을 잡는 데 어려움이 있다.

한국 교회는 이로 인하여 수많은 논쟁이 이어지는 가운데 여전히 서로가 옳다는 주장이 팽팽할 뿐 향후 논쟁이 어떻게 전개되고 어떤 결론에 이를지 예측하기 어려운 상황이며, 이에 많은 교회가 혼란을 겪고 있다. 게다가 저마다 정통이라고 말하는 다양한 이단들의 존재까지 교회의 혼란을 가중시키고 있다. 이러한 때에 아우구스티누스의 교회론은 어둠 속의 한 줄기 빛과 같다.

북아프리카라고 하는 특수성에서 동일한 인물에 근거하여 다른 신학을 펼친 두 부류의 교회가 존재하였고, 둘 다 자신들이 참 교회라고 주장하면서 서로 대립하였다. 그 속에서 참 교회를 세우고 지켜 나갔던 아우구스티누스는 오늘 우리에게 좋은 본이 된다. 그럼에도 아우구스티누스의 교회론을 어떻게 적용할 것이냐에 관한 본질적이며 종합적인 논의는 지금까지 한국 교회에 부족했던 것이 사실이다. 그러므로 지금까지의 선행 연구를 종합하여 참 교회로서의 아우구스티누스의 교회론을 제시하는 데 그치지 않고 더 나아가 4세기에 확립된 아우구스티누스의 교회론이 오늘날 우리가 참 교회를 세워가는 데 어떤 기여를 할 수 있을까로 연구 범위를 확대하고자 하였다. 그래서 오늘날 한국 교회에 가장 중요한 쟁점 중 하나인 교회의 연합 및 일치와 관련한 혼란을 아우구스티누스 교회론의 적용을 통해 비판적 성찰을 함으로써 참 교회를 위한 기준을 제시하고자 하였다.

이 논의의 결과 중 하나로서 제시하는 아우구스티누스의 교회론이 저마다 자기가 정통이라고 주장하며 자기 소견에 옳은 대로 행하는 무리와 분파와 이단들로 인하여 혼란을 겪고 있는 한국 교회에 참 교회를 세워 가는 데 유익하게 사용되기를 희망한다.

02

/

북아프리카 교회의
교회론

Augustine's Ecclesiology

02
북아프리카 교회의 교회론

북아프리카의 본래적 배경

초대 교회의 역사에서 '아우구스티누스의 교회론'을 주목하는 것은 그가 기독교의 충실한 후원자이자 기독교 문명 자체였던 로마 제국이 몰락하는 과정에서 교회의 진정한 의미를 밝혔던 신학자였기 때문이다.[1] 따라서 이 책에서는 그의 교회론을 다루고자 한다. 그러나 그의 교회론을 다루기 전에 먼저 그의 교회론이 탄생한 배경이 되었으며 또한 고대 라틴신학의 요람으로서 풍성한 정통의 신학들이 세워지는 정통 신학의 모체가 된 북아프리카의 교회를 살펴보는 것이 매우 중요하다. 그러므로 먼저 이와 같은 지위와 의의를 잇는 북아프리카 교회를 탐구할 것이다. 왜냐하면 모든 일의 원리가 그렇듯 아우구스티누스도 시대의 아들로서 그 시대적 배경과 상황 속에서 그의 신학을 정립하고 확립해 나갔던바 그가 배우고 그의 신학이 형성된 배경인 북아프리카 교회

---

1 안인섭, "어거스틴과 칼빈: 『신국론』과 『기독교 강요』에 나타난 교회와 국가 사상 비교," 「역사신학논총」 제6집 (2004), 11–38.

의 모습이 중요하기 때문이다. 따라서 북아프리카 교회를 연구하기 위해 먼저 북아프리카 교회의 사회적 배경이 된 북아프리카에 관한 선행 연구가 필요하다.

초대 교회사라고 하는 거대한 물결 속에 당시 북아프리카라고 하는 원류의 특수한 상황에서 나타난 교회론의 정수로서 아우구스티누스의 교회론을 연구하고자 한다. 사실 그대로의 아우구스티누스에 대한 이해를 기반으로 그의 신학이 어떤 스승들의 어떤 가르침에 영향을 받았는지를 살펴보고 그가 어떤 교회론을 세웠는지 고찰할 것이다.

아우구스티누스가 살던 시기는 교회 역사에서 초대 교회사에 해당한다. 당시 북아프리카 교회의 큰 특징은 다른 지역에 비해서 탁월한 모습의 기독교 공동체를 이루었다. 북아프리카 교회는 매우 단기간에 북아프리카의 주요 종교로 자리를 잡았다. 2세기 말에 등장하기 시작했던 북아프리카 교회가 북아프리카의 주요 종교 중 하나로 자리 잡는 데는 불과 1세기 정도밖에 걸리지 않았다. 이렇게 빠르게 성장한 북아프리카 교회는 4세기 로마의 교회와 더불어 서방 세계에 가장 강력한 기독교의 세력권을 형성하였다.

또한 북아프리카 교회는 북아프리카 교회만의 독특한 신학적 전통을 수립하여 서방 기독교 세계의 신학적 성숙에 결정적인 기여를 하였다. 이러한 북아프리카 교회가 가지는 신학적 특징으로는 열정적인 순교 신앙과 그에 따르는 엄숙한 도덕주의, 반로마적 배타성 등을 들 수 있다. 그리고 이러한 특수성은 터툴리아누스, 키프리아누스, 옵타투스, 티코니우스 등을 통하여 체계화되었고 성숙해 갔다. 이와 같은 북아프리카 교회의 신학적 발전에 기초하여 아우구스티누스는 정통을 계승하고 전통을 혁신하는 통합 과정을 통해 정통 교회론을 세움으로써 북아프리카 교회의 신학적 전통으로 우뚝 서게 되었다.

이러한 배경을 가진 북아프리카 교회이다 보니 반로마적 배타성을 갖고 있던 본래적 특성상 로마 제국뿐만 아니라 콘스탄티누스(Constantinus I) 황제 이후 로마제국의 황제에 의한 종교 개입에 강력하게 대항하는 모습을 보였다. 이는 북아프리카 교회의 분열과 깊은 연관성이 있다. 결국 그런 요인들이 누적되면서 북아프리카의 주요 분파 교회였던 도나투스파 교회가 가톨릭교회로부터 분립하여 고립을 자초함으로써 화려하게 꽃피던 북아프리카의 교회는 쇠락했고, 결국 7세기 이슬람 제국의 등장으로 인해 흔적만 남기고 사라지고 말았다.[2]

따라서 본 장에서 초기 교회 역사 속에서 아우구스티누스의 사역 거점이었던 북아프리카 지역의 사회적 배경으로서 지리적 · 문화적 · 정치적 · 경제적 배경으로 나누어 자세히 살펴볼 것이다.

지리적·문화적 배경

초대 교회 시기의 북아프리카는 지리적으로 이집트 서쪽과 광활한 사하라 사막의 북쪽을 가리키는 지명이었다. 북아프리카는 남쪽으로는 사하라 사막이 중앙아프리카 대륙과의 접촉을 막고 있으며, 북쪽으로는 지중해가 놓여 있었다. 그리고 남서쪽으로부터 북동쪽으로 가로지르는 거대한 두 개의 산맥과 서쪽인 대서양에서 튀니지(Tunisia) 해안 쪽

---

2 이현준, "초기 북아프리카 교회론 연구: 도나티스트 논쟁에 대한 역사적 재해석," 21-22.

으로 이어지는 가파른 절벽들은 오랫동안 독자적 삶을 보장하는 천혜의 조건이 되었다. 고대 카르타고(Carthage) 사람들이 지중해 연안에 걸쳐서 도시를 건설함으로써 북아프리카 지역은 지중해 문명 아래 놓이게 되었으나 이러한 지중해 문명의 영향을 받은 도시들은 내륙과의 교역을 목적으로 세워진 것이라기보다는 군사적 목적으로 외부 침략에 대한 방어가 주목적이었다.[3]

고대 카르타고는 이집트와 스페인 사이의 중간에 위치하였는데, 이탈리아의 시칠리아(Sicilia)로부터 약 120㎞ 정도의 거리밖에 떨어져 있지 않았다. 그러다 보니 B.C. 9세기까지 카르타고와 우티카(Utica)에 도시가 세워지면서 도시의 연안은 지중해 문화에 편입되었다. 그러나 북아프리카 내륙에 위치하였던 누미디아(Numidia)는 카르타고와 다르게 지리적으로 독립되어 있어서 북아프리카에 거주하던 토착민들은 외부 세력으로부터 오랫동안 자유로운 상태로 지냈다. 한편 카르타고 주변에 있는 튀니지 연안으로부터 알제리(Algeria) 연안까지 텔(tell)이라는 비옥한 농경지가 150㎞ 걸쳐 펼쳐져 있었는데, 강우량 또한 농사를 짓기에 적당하였다. 그러나 카르타고의 남쪽 누미디아는 토양도 좋지 않으며, 농작물을 재배하기에는 강우량도 턱없이 부족한 고원 지대에 위치하였다. 그래도 누미디아 북쪽은 남쪽에 비해 좋은 상황이었다. 카르타고와 누미디아의 지리적 자연적 환경의 차이로 인해 북아프리카 지역에 서로 다른 두 문화가 형성되었다. 카르타고는 지중해를 중심으로 하는 도시 문화를 형성하였다. 풍부한 강우량과 비옥한 농토를 기반으로

---

3 Frend, *The Donatist Church*, 26–28.

농업과 목축업이 발달하여 밀과 포도주 생산 규모가 커서 지중해 건너편에 영향을 줄 정도로 번성하였다. 반면에 남부 누미디아, 모리타니아(Mauritania)를 포함하는 고원 지대는 상대적으로 열악한 환경으로 도시 문화를 형성할 수 없었다. 그로 인해 이 지역에서는 촌락들 중심의 소규모 경작이 대부분이었으며 카르타고의 영향을 적게 받아 나름의 토착 종교와 문화가 발생하였다.[4] 이러한 문화적 차이는 카르타고의 몰락과 함께 북아프리카의 맹주가 된 로마에 의해 더욱 현격해졌다.

당시 북아프리카에는 두 개의 독특한 문화가 발달했는데 그중 하나는 로마의 영향을 받아 도시 문화를 중심으로 하는 로마 문화였다. 이러한 도시 문화는 그 문화와 제도에 있어서 로마의 것을 따랐으며 언어도 라틴어를 사용하였다. 그러다 보니 당시 북아프리카의 부가 로마 문화를 중심으로 한 도시 문화권에 집중되었다. 그러나 누미디아로 불리는 고원 지대는 촌락들과 소규모 농경지를 중심으로 하는 토착 문화가 형성되었는데 그러한 토착 문화의 경제 기반은 농업이었다. 농업을 기반으로 독자적인 문화를 형성하다 보니 그들은 로마의 영향을 별로 받지 않았으며, 그곳에 거주하던 토착민은 베르베르어(Berber)를 사용하는 사람들이었다. 그러다 보니 자연스럽게 그들은 로마인들과 그들의 문화를 배척하였고 매우 독립적인 성향을 가지고 있었다고 프렌드는 분석하였다.[5]

지중해 연안의 로마화된 도시 문화와 내륙에 소규모 농경지를 가지고 농업을 기반으로 형성된 토착 문화가 병존하고 있었다는 사실이 중

---

4 Ibid., 29-32.
5 Ibid., 33-48.

요한 이유는 지리적 문화적 차이로 인하여 지중해 연안의 로마 문화가 발전한 곳에는 가톨릭교회가 발전하였고, 내륙의 토착민들이 거주하는 곳에는 도나투스파 교회가 주류를 이루고 있었다는 점 때문이다. 독립적이고 폐쇄적인 반로마적 특성이 강한 내륙에서 발생한 교회가 아우구스티누스 당시 북아프리카 분파주의의 대표였던 도나투스파의 기원과 요람이 되었다. 반면에 북아프리카의 가톨릭교회는 카르타고를 중심으로 성장해 갔다.[6]

A.D. 313년 로마의 콘스탄티누스 황제가 기독교에 대한 관용령을 선포한 이후 디오클레티아누스(Gaius Aurelius Valerius Diocletianus) 황제의 기독교에 대한 적대 정책이 중단되면서 교회에 대한 박해가 종식되었다. 그 이후로 로마를 통치하는 기독교인 황제들은 가톨릭교회의 후견인을 자처하였다. 그러한 기독교인 황제들은 로마 제국의 정부 차원에서 가톨릭교회를 보호하기 위해 여러 가지 방법을 동원하였고, 가톨릭교회의 로마 제국을 유지하는 데 적극적으로 협력하였다. 반면에 도나투스파 교회는 로마 제국을 대변하기보다는 가난한 북아프리카의 토착민들을 대변하고 그들의 편에 서 있었다. 따라서 북아프리카의 대다수 기독교인은 도나투스파 교회를 신뢰하였다. 그로 인해 북아프리카의 폐쇄적이고 분파적이며 반로마적인 성향이 도나투스파 교회의 특성으로 나타났다. 즉 도나투스파 교회는 로마 제국과 로마의 문화에 대해 적극적으로 반대하는 태도를 취하였다. 프렌드는 결론적으로 도나투스파 교회가 가톨릭교회로부터 분열한 것은 종교적 신학적 이유도 있지만

---

6 Frend, *The Donatist Church*, 33-48.

더 큰 이유는 정치 · 경제 · 사회 · 문화적 대립의 결과이며, 그와 같은 폐쇄적인 문화의 독특성이 도나투스파 교인들이 후일에 이슬람교로 집단적 개종을 하는 중요한 요인이 되었다고 주장하기도 하였다.[7] 그만큼 북아프리카 지역민들의 성향을 결정하는데 폐쇄적 문화의 영향이 컸다는 것을 인정하는 것으로 보인다.

정치적 배경

B.C. 146년에 북아프리카의 속주는 카르타고의 멸망 이후 건설된 로마의 아프리카 속주에서 출발한다.[8] 로마가 카르타고를 정복한 뒤 약 1세기 동안은 북아프리카 속주는 로마에 중요한 지역은 아니었다. 그러나 카이사르와 아우구스투스 황제의 통치를 지나면서 그 역할의 비중이 점차 증대되면서 로마 제국의 중요한 식민지로서 발전되었다. 이 시기 북아프리카 총독은 선임 집정관들이 갈 수 있도록 예비된 자리였다. 당시 지휘관들은 2년 또는 3년간 이 지역에 파견하였는데, A.D. 1, 2세기에 이러한 직책은 성공한 군인들에게 중요한 경력으로 인식되었다. 그러한 가운데 1세기에 유목민 부족들과 로마의 정주민들 간에 소규모 싸움이 잦았다. 그로 인해 로마군의 주둔지가 남쪽과 서쪽으로 점차 확장해 갔다. 그러면서 유목민 부족들은 로마 제국의 장관들(Prefects)의 통치를 받게 되었다. 이후 2세기에는 로마 제국이 각 도시에 성벽과 수로

---

7 Ibid., 49-60.
8 R. M. Haywood, "Roman Africa,"in *The Economic Survey of Ancient Rome*, vol. 4, ed. by T. Frank (baltimore : Jones Hopkins Press, 1975), 3-4.

를 건설하여 사막의 유목민으로부터 방어는 물론 정착민과 유목민들 사이를 구분하는 경계로 삼았다. 이 시기에 모리타니아 주변 지역은 로마의 성공적인 정착으로 발전해 갔다. 2세기 후반부터는 아프리카 주둔군에 대한 보충병을 토착민 중에서 징집하여 구성하였다. 한편 로마 제국의 지배 시기에 북아프리카의 특징은 튀니지, 알제리 그리고 모로코 (Morocco)의 일부 지역에서 도시 문화가 발전한 점이다. 이러한 도시 문화의 발전은 그 지역의 사람들이 유목민의 활동을 통제하면서부터 가능하게 되었다. 도시 지역의 정주민들이 유목민의 활동을 통제하였다는 것은 그만큼 도시민들이 많아졌음을 의미한다. 그러나 사실 처음 이곳에 정착한 로마의 이주민들이 전체 주민과 비교할 때 많은 것은 아니었다. 상대적으로 극소수였다. 그러나 이들은 점차 숫자가 증가하였고 그러한 수적 우세를 바탕으로 북아프리카 속주가 팽창하기 위한 원동력을 제공하는 역할을 하였다.[9]

1세기 당시 로마의 이주민들은 대부분 시저(Gaius Julius Caesar) 황제의 은퇴한 노병들이었다. 그들은 은퇴 후 북아프리카로 이주하여 대부분 연안의 도시들에 거주하였다. 그래서 시저 황제는 이곳을 주목하였고 특별히 카르타고를 재건할 계획을 세우게 되었으며, 이러한 계획은 이후 아우구스투스(Caesar Augustus) 황제에 의해 열매를 맺었다. 특히 이러한 연안의 도시들은 로마를 비롯한 이탈리아의 여러 도시와 접촉하기 좋은 지리적 위치로 인해 급속도로 성장하였다. 이후 클라우디우스 (Claudius) 황제 치하에서 카르타고보다 서쪽의 오지인 모리타니아에서

---

9 Haywood, "Roman Africa," 3-4.

식민지 건설이 진행되었다. 따라서 이 시기 북아프리카 속주는 로마식 민지(Roman coloniae), 라틴 자치시(Latinmu nicipia), 옛 카르타고의 도시들(Punic civitates) 그리고 토착 마을들(Native villages)과 유목 부족들(unsettled tribes)로 구성되어 있었다.[10]

당시 로마 제국의 군대는 로마 문화를 전파하는 첨병 역할을 수행하였다. 로마 제국의 군인들은 제국 변방을 로마화하는 매우 중요한 기능을 담당한 것으로 평가되었다. 본래 군대를 이용한 속주의 식민화는 그 지역의 로마화가 목적이었다기보다는 로마 황제 개인의 이익 또는 속주의 군대를 보강하려는 것과 관련이 있었다. 그렇지만 결과적으로는 로마의 군인들은 속주의 로마화에 큰 역할을 수행하였다. 이 과정에서 로마인들은 로마 제국의 문화를 속주의 주민들에게 강요하지는 않았지만 로마 제국의 교육이나 로마 제국의 종교 등이 때로는 대안적 형태로 속주에 로마의 문화를 제공하기도 하였다. 또한 북아프리카 속주의 토착민들은 처음에는 로마 제국의 식민지 도시들에 편제되기는 하였지만 보통은 자신들의 거주 지역 내에서 자치적 성격을 유지하였다. 이런 토착민 집단들은 4, 5백 개 정도였고, 그들의 거주 형태는 대형 주거 단지나 도시가 아닌 작은 촌락이나 소규모 부족 집단의 형태를 띠고 있었다. 그러나 이후 시간이 지나면서 이들은 점차 경제적인 부를 축적하여 로마 식민 도시들과 같은 수준으로 발전하였고, 그들은 신분적으로도 로마 시민권을 획득하기도 하였다. 이러한 토착민 집단들의 번영과 문화적 발전에 대하여 하드리아누스(Caesar Traianus Hadrianus) 황제 치하에서

---

10 Fergus Millar, *The Roman Empire and its Neighbors* (London : Weidenfeld and Nicolson, 1970), 170.

로마 제국의 공적으로 인정하는 일이 보편적으로 일어났다.[11]

결과적으로 1, 2세기 북아프리카 속주는 로마에서 이주해 온 다수의 로마 제국 정착민들이 기존의 페니키아, 베르베르인들의 도시에 공존하며 건설되었다. 그리고 북아프리카는 이러한 도시들을 중심으로 발전하였다.

경제적 배경

북아프리카의 속주 사회에서 토지 소유 문제는 고대에 자영농이 실제 존재했음을 보여 준다. 그들이 누렸던 부는 대부분 토지 소유와 그에 따른 소작료를 기반으로 한다. 1세기의 북아프리카에서는 로마의 원로원 의원들이 일부의 토지들을 소유하기 시작했다. 지주들은 주로 로마 제국에 내란이 일어난 혼란기를 틈타 부상한 강력한 지도자들이거나 로마 제국의 황제들이었다. 그러나 로마에 공화정이 들어서고 황제와 원로원 사이에 갈등이 생겼을 때, 황제들은 원로원 의원들을 점차 제거하였고, 숙청된 이들이 소유하고 있던 토지는 황제의 차지가 되었다.[12] 그로 인해 북아프리카 지역에서 황제의 토지는 점차 광대해져 갔다.

이와 반대로, 북아프리카 내륙에서는 보편적으로 중소 지주들이 상대적으로 중요한 비중을 차지하였다. 중소 지주들은 도시에 집을 소유하였고, 주로 지방 귀족을 형성하였다. 이 외에도 북아프리카 지역에는

---

11 Barbara Levick, *Roman Colonies in Southern Asia Minor* (Oxford : Oxford University Press, 1967), 184-188.

12 M. Rostovtzeff, *Rome*, trans. J. D. Duff (Oxford : Oxford University, 1960), 220-222.

다양한 계층의 지주들이 있었으나 대부분은 소작농인 일반적인 평민들에 비해서 상대적인 안정성과 세습적 권리를 보유하고 있었다. 한편 부유한 북아프리카의 지주들 가운데는 점차로 북아프리카 속주에서 로마 제국의 행정에도 직접 참여하는 경우도 늘어났다. 특히 3세기에는 로마 제국의 행정 관료들 가운데 아프리카인의 혈통을 지닌 사람들이 대거 진출하였다. 에퀴테스(edquites)계[13] 행정직의 1/6을 자치하였고, 로마 원로원에서는 속주 출신 사람들 가운데 최대 그룹을 형성하였다. 이외에도 리비아인 토착민들이나 혼혈 혈통의 비율이 확실하지는 않지만, 대략 2세기경에 그들도 다수를 차지했음이 분명하다.[14]

북아프리카의 속주 지역에 도시들이 모여 있다는 것이 무역이나 산업의 발달을 보여 주는 것이라고 보기는 어렵다. 왜냐하면 사실상 특별한 경우가 아니면 도시 대부분은 지주나 농부들의 거주지 기능만 하였고, 그 지역의 경제는 농업에 주로 의존하고 있었기 때문이다. 실제로 1세기까지 아프리카는 로마가 필요한 곡물의 2/3를 공급하고 있었다. 그렇게 로마로 들어온 아프리카산 곡물의 일부는 로마 제국의 영지에서 징세한 것이었다. 이러한 곡물 중 일부는 황제에 의해 도시 빈민에게 나누어졌고, 나머지는 일반 시장에서 유통하였다. 또한 아프리카에서 곡물 생산만큼이나 중요한 것이 올리브유 생산이었다. 그리고 시간이 흐르면서 아프리카 수출품 가운데 그 비중은 더욱 확대되었다.[15]

북아프리카의 올리브유는 이후 4세기까지 로마 제국의 모든 지역에

---

13 로마 왕정과 로마 공화정 초기에 귀족층인 파트리키보다는 낮으나 평민 플레브스보다는 높은 하위 귀족 계층이었다.

14 Haywood, "Roman Africa.", 115-118.

15 Ibid., 115-118.

수출되었다. 아프리카에서 곡식과 올리브 농사가 점점 확산되고 수출량이 점점 더 증대된 것은 북아프리카 속주에서는 고대 세계의 기준을 따라도 대규모 산업들이 없었기 때문이다. 실제로 북아프리카 지역에 전통적인 기술과 공예 등의 산업 이외에 별다른 산업적인 기반이 없었다. 그로 인해 당시 북아프리카에는 농업이 기간산업으로 그 영역이 확대될 수밖에 없었다.[16]

한편 1, 2세기 로마 제국의 지배 아래에서 물질문명이 발전함에 따라 인구도 증가하였다. 또한 도로도 서방 다른 속주들에서보다 북아프리카 속주에서 완벽하게 잘 닦여 있었다. 처음엔 군사적인 목적으로 도로가 건설되었지만 이후 점차 상업을 위해 개발되었고, 지방 주민들에 의해 주요 상업 도로와 도시들을 연결하기 위해 많은 작은 도로가 건설되었다. 이렇게 2세기까지 비교적 번영하던 북아프리카 속주는 3세기의 로마 제국의 격변과 더불어 상황이 달라졌다. 세베루스 알렉산더(Severus Alexander) 황제가 사망한 이후로 디오클레티아누스 황제의 즉위 때까지 로마 제국은 약 50여 년간 여러 위기가 빈발하면서 혼란기로 접어들었다. 그런 혼란이 일어난 원인으로 야만족들의 잦은 침입, 권력 투쟁으로 야기된 전투 그리고 로마 제국 전역의 재정 기반 전반의 붕괴 등을 꼽을 수 있다.[17]

3세기에 들어서 아프리카는 로마 제국의 다른 지역에 비하여 이민족의 침략이나 권력 쟁탈전으로 인한 피해가 비교적 작았다고 할 수 있다. 그러나 238년에 막시무스 트락스(Maximinus Thrax) 황제의 재정 정

---

16 Frend, *The Donatist Church*, 47-50.
17 Ibid., 47-50.

책에 반발한 지주들의 반란이 일어났는데, 결국 실패로 끝난 이 사건은 이후 북아프리카의 발전에 심각한 악영향을 미쳤다. 이 사건을 기점으로 지속해서 발전하였던 북아프리카 속주가 침체기로 접어들기 시작했다. 활발했던 기존의 건축 활동이 거의 중단되었고, 무엇보다도 가장 큰 충격은 중산층의 몰락이었다. 그렇게 중산층의 몰락은 세원 감소로 이어지고 그로 인한 세수 부족분을 채우려는 과도한 징세 때문에 로마 제국의 통치에 대한 원주민들의 반감은 지속해서 커져 갔다.[18]

3세기 중엽 이후로 카르타고어와 라틴어를 사용하는 도시 주민들이 거주하든지 농민들이 경작했든지 농경지 이상으로 번성했던 곳은 튀니지와 키르타(Cirta) 지역의 평원 지대였다. 이 황량한 지역이 로마 제국 후기에 개간을 통해 올리브 재배지로 번성하면서 아프리카 속주의 새로운 부의 원천이 되었다. 이후 북아프리카는 이제 이탈리아와 로마 그리고 지중해 서부의 전 지역에 대해 중요한 올리브유 공급지로 각광을 받았다.[19] 실제로 올리브유의 거대한 공급지로서 위상을 갖게 된 것은 250년부터 350년 사이였다. 이러한 변화는 주요 생산자들이었던 농부들에게 막대한 이익을 가져왔다. 그럼에도 불구하고 도시의 쇠락은 농촌 주민들에게도 불행을 가져왔다. 왜냐하면 부가 증대된 농촌이 오히려 경제적으로 쇠락한 도시가 감당하지 못하는 세금 부담을 대신 짊어져야 했기 때문이다. 그로 인해 락탄티우스(Lucius Caecilius Firmianus Lactantius)는 농민을 대상으로한 가혹한 징세 과정에서 아프리카의 세금 징수원들이 저지른 잔인함을 전해 주고 있다. 북아프리카도 로마 제국

---

18 Ibid., 47-50.
19 Ibid., 47-50.

의 가혹한 착취에서 예외가 아니었다. 강력한 제재 조항이 로마법의 특징인 것으로 보아 당시 소농과 소작인에 대한 가혹한 착취로 인해 기독교는 자연스럽게 보잘것없는 사람들과 핍박받는 많은 사람들에게 호소력을 가졌다.[20]

요약

아우구스티누스 교회론의 배경이자 고대 라틴신학의 요람으로 정통 신학의 모체가 된 북아프리카 교회를 연구하기 위해 선행적으로 북아프리카 지역에 대하여 다루었다. 북아프리카의 사람들이 어떻게 해서 반로마적 성향을 가질 수밖에 없었는지를 설명하고자 하였다. 지금까지 검토한 바를 다음과 같이 정리해 볼 수 있다.

첫째, 북아프리카는 지리적으로 이집트 서쪽과 사하라 사막의 북쪽을 가리키는 지명이다. 이곳에 고대 카르타고인들이 B.C. 9세기 카르타고와 우티카에 도시를 건설하면서 지중해 연안에 도시 문화가 형성되었다. 그러나 남부 누미디아와 모리타니아를 포함한 고원 지대는 폐쇄적인 지리적 여건상 고립되어 있었다. 따라서 도시 문화가 형성되지 않았다. 카르타고를 중심으로 도시 연안에는 로마 제국과 가톨릭교회의 지원 아래 북아프리카의 가톨릭교회가 정착하였고 성장하였다. 그러나 독립적이고 폐쇄적이며 반로마적인 성향의 내륙에서는 그들의 성향에 부합하는 분파 교회인 도나투스파 교회가 발원하여 성장하였다.

---

20 The Very Rev. Father Hugh Pope, O. P. *Saint Augustine of Hippo* (Westminster, Maryland : The New man Press, 1949), 27.

둘째, 북아프리카 지역이 그렇게 문화적 성향이 뚜렷하게 나뉠 수밖에 없었던 것은 정치적 배경이 작용한 것이다. B.C. 146년 카르타고의 멸망 이후 북아프리카의 지중해 연안의 도시들은 로마의 아프리카 속주로서 발전을 거듭하게 된다. 또한 북아프리카에 주둔한 로마 제국의 군대는 로마 문화를 전파하는 첨병 역할을 감당하면서 북아프리카에 전반적인 로마화가 이루어졌다. 그로 인해 정착민뿐만 아니라 토착민들의 거주지에도 도시화가 이루어졌다.

셋째, 로마 제국의 속주로 출발한 북아프리카는 지중해 연안의 도시에 거주하는 귀족들을 중심으로 대지주들이 경제를 장악하였다. 로마 제국으로 들어가는 올리브를 공급하는 공급지로서 북아프리카는 로마 제국에서 매우 중대한 지역이었다. 이후 로마 제국의 정치적 혼란기가 찾아왔을 때 이를 틈타 로마 황제들은 자기 영지를 확장해갔다. 그로 인해 건실하게 성장하던 북아프리카 경제가 혼돈에 빠져 지중해 연안의 대지주들이 몰락하였다. 그로 인해 정해진 세금이 걷히지 않자 내륙의 중소 지주들에게 조세 부담을 떠넘겼고, 혹독한 징세로 인하여 소작인들과 중소 지주들의 폭동이 빈발하였다. 결과적으로 북아프리카에 반로마적 정서가 확산하였다.

박해와 분파화

이상 북아프리카의 지리 · 문화 · 정치 · 경제적 특성을 살펴보았다. 종합해보면 그들은 폐쇄적이고 반로마적 문화를 가지고 있었던 것을 알 수 있다. 그런데 어떻게 로마의 주요 종교처럼 여겨졌던 기독교가 그렇게 폐쇄적인 성향의 북아프리카 지역에서 주류 종교로 성장할 수 있었는지 알아보도록 하겠다.

또한 북아프리카 교회가 갖는 특수성이 무엇이었고, 그로 인해 어떤 결과가 발생하였는지도 살펴볼 것이다. 그리고 당대에 유명한 정통 신학자들이 북아프리카에서 배출되었는데 그 이유는 무엇인지 그리고 그들은 신학 사상에 근거하여 어떤 교회론을 가지고 있었는지도 살펴볼 것이다. 다시 말해, 아우구스티누스 이전까지 북아프리카의 교회의 특수한 배경과 그 이유에 대해 그리고 북아프리카의 정통 신학자들의 교회론을 살펴보도록 하겠다.

토착화 신학

북아프리카의 교회 역사를 보면 몇 가지 특징들이 발견되는데, 그중 하나가 아주 단기간에 집단적인 개종이 이루어진 점이다. 기독교가 북아프리카의 주류 종교로 대두되기 이전에 토착민들은 새턴(Saturn)과 샐레스티스(Caelestis)를 섬겼다. 사실 3세기까지만 해도 새턴과 샐레스티스 종교는 북아프리카에서 거의 보편적이었다.[21] 그런데 240년과 275년 사이에 백 년도 채 되지 않았음에도 새턴 종교는 완전히 사라지고 기독교가 이를 대체하였다.[22] 이후 약 4백 년 동안 기독교는 북아프리카의 대표 종교였다. 그러나 얼마 후 7세기에 이르러서는 이슬람교에 그 위치

---

21 The Very Rev. Father Hugh Pope, O. P. *Saint Augustine of Hippo*, 78.
22 Ibid., 83.

를 내주어야 했다. 이러한 종교적 전환기에 자주 발견되는 두 종교 간의 갈등이나 공존의 모습이 북아프리카에서는 찾아보기가 어려웠다.[23] 즉 북아프리카 토착민들은 새턴을 믿다가 새턴에서 그리스도에게로 개종했고 이후 마호메트(Mahomet)에게로 개종하여 거의 한 마음으로 충성을 다하였다. 어떻게 이것이 가능했는지를 살펴보는 것이 매우 중요하다.

북아프리카에서 기독교가 부흥한 원인을 찾는 데 있어서 열쇠는 어느 날 갑자기 기독교로 집단적인 개종이 일어났다는 점이다. 이에 대하여 프렌드는 북아프리카 종교들이 가지고 있는 유사성 때문이라고 말하고 있다. 다시 말해, 북아프리카의 토착 종교인 새턴 종교와 북아프리카의 기독교 사이에 다음과 같은 이유에서 여러 가지 유사성이 있다고 주장하였다. 먼저, 새턴과 그리스도는 유사하다. 북아프리카의 토착민들은 자신들의 전통 종교로서 새턴을 섬겼는데 그들은 새턴을 전지전능한 유일신(monotheism)으로 숭배하였다. 로마의 신 새터누스(Saturnus)에서 기원한 새턴은 로마화된 이름으로 불리기는 하였으나 사실은 전혀 다른 신이었다.[24]

또한 북아프리카에서는 단순하게 종족의 신이기 때문이 아니라 풍요를 기원하기 위해서 새턴을 섬기는 것이 아니었다. 주님으로, 영원한 신으로, 정복당하지 않는 거룩한 신으로 새턴을 묘사[25]하는 것을 보면 그들이 새턴을 얼마나 특별한 신으로 인식하고 있는지 알 수 있다.

---

23 Ibid., 84.
24 아프리카인들은 실제로 베르베르나 셈계의 신들인 바알이나 타니트를 숭배하였으나 그들은 자신들이 섬기는 신을 새턴, 쥬노, 셀레스티스 등으로 불렀다.
25 The Very Rev. Father Hugh Pope, O. P. *Saint Augustine of Hippo*, 78.

4세기 말 마다우로스의 막시무스(Maximus of Madauros)라는 문법 교사는 새턴에 관하여 '시작도 자손도 없는 최고의 신'이라고 설명하고 있다.[26] 그들에게 새턴은 살아 있는 자와 죽은 자 모두의 신이라는 것이다. 이는 새턴 종교가 이생의 삶뿐 아니라 내세의 삶까지 보장하는 종교라는 것을 의미한다. 그런 점에서 새턴은 기독교의 신과 아주 흡사하게 여겨진 것으로 보인다. 토착민들에게 전지전능한 신으로서 새턴은 또한 전제적인 신이었다. 그래서 그는 까다롭고 질투심이 많으며, 화해하기 쉽지 않은 신으로 인식하고 있었다.[27] 그로 인해 북아프리카의 새턴을 믿는 신자들에게 제의종교로서 새턴 종교는 완전한 복종과 열정인 헌신을 요구하였다. 또한 범죄한 자들은 예외 없이 속죄의 희생 제사를 드려야 했고, 필요하다면 인신 제사의 제물로 자식까지 드려야만 했다.

터툴리아누스는 이러한 인신 제사가 2세기 중반까지 지속되었다고 회고한다.[28] 그러나 이후 이런 극단적인 신 달래기는 점차 개선되어 나중에는 인신 제사가 아닌 양의 희생 제사로 대체되었다. 그럼에도 불구하고 새턴 종교는 제의적 순결을 매우 중요시하고 있음을 알 수 있다. 또한 금욕 등 새턴 종교는 종교적인 엄숙성을 가지는 제의를 중요한 부분으로 구성하고 있었다.[29]

프렌드는 새턴 종교가 가지는 제의적 엄숙성과 터툴리아누스를 통해 북아프리카 기독교가 보여 주는 순교적 열정과의 관련성에 주목하고

---

26 Augustine, *Ep.* 16. 1.
"et quidem unum esse deum summum sine initio, sine prole naturae ceu patrem magnum atque magnificum quis tam demens"
27 Frend, *The Donatist Church*, 80-81.
28 Tertullian, *Apologeticum*, 9. 2.
29 Frend, *The Donatist Church*, 79-80.

연관성을 주장하였다. 그는 터툴리아누스가 '하나님께서 인간의 희생을 원하시는가?'라는 질문에 '하나님께서는 그의 희생을 필요로 한다'[30]라고 대답한 것을 근거로 북아프리카의 기독교인들에게 있어서도 신을 향한 최고의 사랑이 바로 순교이며, 순교는 모든 죄로부터의 해방을 의미하는 것이었다고 주장하였다. 그래서 북아프리카 기독교인들이 가지는 순교에 대한 열정과 새턴 종교의 종교적 제의에 있어서 인신 제물을 바치는 희생 제사라는 전통이 무관하지 않다고 보았다.[31]

한편 새턴 종교가 가지는 다른 특징이 있다면 그것은 그 종교에 헌신하는 신자들의 대부분이 도시의 하층민이거나 시골 사람들이었다는 점이다. 사실 이들은 3세기 후반에 북아프리카 기독교에 승리를 안겨다 준 그룹들로서 초기 도나투스파 교회의 구성원들과도 매우 유사한 사회적 그룹이다. 따라서 새턴 종교의 제의는 이러한 하층 그룹의 사람들이 가지는 원시 종교 성향을 그대로 반영하고 있었다. 따라서 환상이나 예언들, 점술가들이 대중으로부터 인기를 얻고 있었으며, 그들의 종교 제단에는 순례객으로 넘쳤다. 한 숭배자는 마술에 집착하며 악령들의 활동을 운명으로 받아들이기도 하였다고 한다.[32] 이처럼 북아프리카 원주민들이 지닌 독특한 종교적 정서는 북아프리카에 세워진 교회에도 매우 많은 영향을 미쳤던 것이 사실이다.

북아프리카 교회는 다른 서방의 교회들과는 달리 원시 종교적 특성을 많이 내포하고 있는 점이 이를 잘 말해 주고 있다. 원주민들은 기독

---

30 Tertullian, *Scorpiace contra Gnosticos*, 6.
31 Frend, *The Donatist Church*, 100–101.
32 Ibid., 76–77.

교를 마치 능력 있는 마술 종교로 인식하는가 하면, 예수 그리스도마저 기적을 행하시는 존재로 인식하였다.[33] 이러한 종교적 전통에 영향을 받았는지 터툴리아누스도 악령들은 어느 곳에나 머물러 있으므로 일상의 모든 행동에 앞서 먼저 십자가 형태로 성호를 그어 그것들을 쫓아야 한다고 가르쳤다.[34] 기독교 신앙에 축귀의 능력이 있음을 강조한 그의 입장은 결국 신앙과 관련해서 상당 부분 신비적 요소가 작용하고 있음을 보여 주고 있다.

둘째로, 새턴 종교의 제의와 북아프리카 기독교 공동체 사이에 존재하는 유사성은 단지 종교적인 영역에만 있는 것이 아니다. 두 종교는 공통적으로 로마의 지배와 로마의 문화에 대해서 부정적 태도를 취했다. 새턴 종교는 마지막 소멸의 시기를 제외하고 일반적으로 사상에 있어서 그리고 외적 표현에 있어서 로마로부터 영향을 거의 받지 않았으며 스스로 독립성을 유지하고 있었다. 이런 사실은 베르베르인들이 로마에 대해 가진 혐오감을 새턴 종교에 그대로 투영했음을 의미한다.[35] 북아프리카의 토착 종교인 새턴 종교가 가지고 있는 반로마적 경향은 그들의 제의 장소에서도 발견되었다. 새턴은 오랫동안 신전에서 숭배된 것이 아니었다. 주로 야외의 제단과 때로는 고원 지역에서 숭배되었다. 그러다 보니 새턴의 신전은 2세기 말에 공공 건축 붐이 일었을 때 이에 편승하여 지어지기 시작했다. 그러면서도 로마의 사원들처럼 도심에 세운 것이 아니라 도시 외곽의 동산에 건축하였으며, 건축하는 양

---

33 Ibid., 103-104.
34 Tertullian, *De Corona*, 3.
35 Frend, *The Donatist Church*, 82-83, 104.

식 또한 로마의 사원들과는 달랐다. 새턴 종교에서 그 신전 건축 양식의 가장 큰 특징은 본당이 없다는 점이다. 그 대신에 여러 개의 소강당과 같은 예배실로 나누어져 있었다. 이런 부분에서 새턴 종교가 로마의 이교나 황제 숭배와 무관하다는 것을 보여 준다.[36] 이러한 두 종교 사이의 유사성으로 인해 기독교가 새턴 종교를 대체하고 북아프리카의 주요 종교가 될 수 있었다고 프렌드는 판단하였다.

북아프리카 토착민들은 새로운 종교로의 개종이 아니었다. 전통적인 대중 종교와 외형은 다르지만 내용은 별반 다르지 않기에 새턴 종교에서 기독교로의 변형이라는 관점에서 기독교를 받아들였다. 이런 이유로 북아프리카의 토착민들에게 기독교의 메시지는 생소한 것이 아니라 오랫동안 전해져 온 토속 신앙을 새롭게 전해 주는 것처럼 여겨졌다.[37] 따라서 프렌드는 북아프리카에서 새턴 종교에서 기독교로 개종한 사건을 "다수 원주민은 기독교를 받아들이는 것이 아프리카에 있던 토속 종교의 신앙적 기본 개념들을 포기하는 것으로 여기지 않았다. 미개한 종교로부터 고상한 형태의 종교로 개종한 것으로 생각하지 않았다"[38]라고 설명하고 있다.

기독교로 개종이 유사종교로서 새턴 종교의 대체였다면 왜 북아프리카 원주민들이 토속 종교인 새턴 종교를 버리고 굳이 기독교로 집단적 개종을 선택하였는지를 알아볼 필요가 있다.

무엇 때문에 오랫동안 섬겼던 새턴 종교와 유사한 기독교로 개종했

---

36 Ibid., 81-82.
37 Ibid., 98.
38 Ibid., 104-105.

는가 하는 것이다. 그들에게 기독교는 어떤 의미였으며, 그 둘 사이의 근본적 차이점은 무엇이었는지를 이해하기 위해 우리는 먼저 당시의 기독교가 어떻게 토착화되었는지 그 배경을 연구해야 한다.

이 질문에 명확한 답을 찾는 것은 어려운 일이다. 특히 3세기 후반은 시대적 특성상 사람들은 정적이었으며, 문화적인 변혁을 이루는 것이 아니라 문화적으로 퇴보하는 시기였다.[39] 그런데도 도심과는 많이 떨어진 시골에 살면서 오랫동안 섬기던 전통 종교에서 새로운 종교로 갑작스러운 개종은 매우 놀라운 일이다. 이에 대해 스테판 그셀(Stephane Gsell)은 새턴 종교에 있던 새턴의 유일신적 속성이 북아프리카의 토착민들이 당시 급부상하는 기독교를 쉽게 받아들이도록 중요한 역할을 했다고 보았다. 더 나아가 북아프리카 기독교는 새턴 종교와 관련된 종교적 상징을 계승하고 기독교가 지닌 독특성을 부각하면서 원주민들의 지지와 개종을 이끌어 냈다고 설명하고 있다.[40] 그러나 이는 부분적으로 공감할 수는 있어도 기독교로의 개종이 왜 일어나야만 했는지에 대한 보다 구체적인 설명이 없어 설득력이 떨어진다. 그런 면에서 오히려 프렌드의 분석이 더 설득력 있게 여겨진다.

3세기에 일어나고 있는 북아프리카의 종교적 변혁을 설명할 수 있는 근거로 당시 새턴 종교의 제의적 변화와 대중에게 호소할 만한 기독교의 독특성에 프렌드는 주목하였다.[41] 앞에서 언급한 것처럼 북아프리카의 원주민들과 전통 종교는 고전적 로마의 종교와 문화에 반감이 있

---

39 Ibid., 98.
40 S. Gsell, *Histoire ancienne de l' Afrique du Nord* v.4 (Paris : Librairie Hachette Et, 1913–1928), 497–498.
41 Frend, *The Donatist Church*, 94–112.

었으며, 자체적으로 독립성을 유지하고 있었다. 이는 당시 베르베르인들의 로마에 대한 반감을 그대로 투영시킨 것으로 볼 수 있다. 그런데 변화가 나타났다.

3세기가 될 무렵부터 새턴 종교의 제의 의식에서 이런 독립성이 급격히 훼손되었다. 새턴 종교가 외형적으로 로마화되고, 로마의 다른 종교들과 점점 더 혼합되는 모습을 띠게 되었다. 더 이상 야외의 제단에서 제사를 드리지 않았다. 대신에 새턴을 위한 사원을 건축하였다. 그러면서 로마의 새터누스(Saturnus)와 별 상관이 없던 새턴이 새터누스를 모방하여 둥근 얼굴을 지닌 신의 형상으로 주조되었다. 지금까지 상징으로서 존재했던 새턴이 완전히 로마화된 신의 모습으로 점점 변화해 갔다.[42] 뿐만 아니라 새턴 종교에서의 예배 의식이 만신전 안의 다른 신들의 예배 의식과 동화될 뿐 아니라, 이후로는 새턴 종교가 황제 숭배와도 혼합되었다. 마침내 새턴의 숭배자들 가운데 로마인의 복장을 한 사람들이 등장하기 시작했고, 3세기 새턴에게 바쳐진 여러 많은 비문 가운데는 마치 행정 당국이 주도한 것 같은 고급스러운 것도 눈에 띄기 시작하였다. 사실 이러한 비문들은 시기를 추정하기 어려운 조잡한 것이 대부분이었다. 뿐만 아니라 새턴의 사제들도 실바누스, 머큐리, 빅토리아 등과 같은 로마의 다른 신들도 함께 섬기기 시작하였다.[43] 로마 종교와 문화로부터의 독립성이 무너지면서 로마와의 동화는 시간이 지나면서 점점 더 가속화되었다. 3세기 말에 이르러서는 '새턴은 하늘에 있는 다른 모든 신들과 거의 동등하게 되었다'라고 아르노비우스

---

42 Ibid., 94-112.
43 Ibid., 103-105.

(Arnobius the Elder)는 공언하였다.[44]

결과적으로 이와 같은 새턴 종교의 변질은 이제 북아프리카에서 더 이상 토착 종교의 역할을 하지 못하게 된 것이나 다를 바가 없었다. 실제로 디오클레티아누스 시대에 새턴 종교는 다른 이교와는 달리 어떠한 회복 조짐도 없이 북아프리카에서 몰락하였다.[45]

새턴 종교가 로마 문화에 동화되어 북아프리카에서 쇠락해 갈 때, 북아프리카에서 기독교는 빠르게 성장하였다. 특별히 기독교는 성장 과정에서 수많은 박해로 반로마적 정서를 가진 종교로 북아프리카의 원주민들에게 인식되었고, 반로마적 정서에 부합하는 대안 종교로서 매력적이었다.

다음에서 자세히 살펴보겠지만, 3세기 당시에 북아프리카를 휩쓸었던 기독교의 가장 큰 특징은 바로 로마 제국에 대한 비타협적인 태도와 적대감이었다. 그러나 이것이 당시 기독교인들이 로마 제국에 충성스러운 사람들이 아닌 혁명 세력이었다는 것을 의미하는 것은 아니다. 실제로 터툴리아누스는 세상의 나라와 제도는 인류 역사와 함께 계속될 것으로 보았다.[46] 그러면서도 교회와 세속 세계 사이에서의 극명한 이분법은 북아프리카의 기독교 공동체를 유지하는 가장 본질인 신학적 세계관이었다. 이와 관련하여 프렌드는 티코니우스와 아우구스티누스를 통해서 체계화하기 훨씬 이전부터 두 도성(The Two Cities)에 관한 개념이 이

---

44 Arnobius, *Adversus Nationes*, 3. 6.
　　"Saturnus, inquit, et Ianus est, Minerva, Iuno, Apollo, venus, Triptolemus, Hercules, atque alii ceteri."
45 Frend, *The Donatist Church*, 84–85.
46 Tertullian, *Apologeticum*, 32.

미 북아프리카에서 존재하였다고 서술하고 있다.[47]

북아프리카 건너편에 있는 대부분의 서방 기독교인들은 하나님은 당신의 독생자를 보내사 인간을 대속하여 구원하신 사랑의 하나님으로 인식하였다. 그래서 서방의 기독교인들은 하나님의 자비와 사랑, 구속 곧 죄에서의 해방, 그리스도의 완전한 삶과 가르침 등을 강조한다. 그러나 북아프리카 기독교인들의 신앙은 이러한 기본적인 것 이외에 다른 것이 있었다. 그들은 내세의 심판을 기다리고 있었고, 이런 점에서 신앙생활의 초점이 모아져 있었다. 그로 인해 어떻게 하면 하나님께서 행하시는 진노의 심판을 면할 수 있을지에 관심이 집중되었다. 그러므로 북아프리카 기독교인들에게 기독교는 사랑의 종교라기보다는 오히려 불안과 공포의 종교였다. 왜냐하면 그들이 따르는 기독교 신앙은 원시적이고 내세적인 사고에 기초하는 이분법적 세계관을 바탕으로 현실 세계에 강한 부정과 심판을 모면하기 위한 도덕적 엄숙주의와 신을 만족시키기 위한 희생 제물로서 순교의 열정을 강조했기 때문이다.[48]

문제는 바로 이러한 배경이 바로 북아프리카 기독교의 고유한 신학적 특징을 이루는 바탕이 되었다는 점이다. 3세기의 북아프리카에서 진행되었던 종교적 변화는 역사적으로는 사회적 혼란이 극심하였고 경제적인 파탄이 일어날 만큼 어려운 상황에서 일어나고 있었다. 그리고 그 결과로 나타난 북아프리카 행정부의 토착민들에 대한 정치적 억압과 막대한 세금 징수 등의 착취와 맞물려 진행되었다. 따라서 북아프리카 사람들의 로마 제국에 대한 저항과 적대감은 매우 고조되어 갔다. 북아프

---

47 Frend, *The Donatist Church*, 106.
48 Ibid., 97.

리카 사람들은 로마의 관료들과 행정관들을 악의 세력으로 인격화시키고, 더 나아가 그들과 동일시하기까지 하였다.[49]

로마 문화에 동화된 새턴 제의는 북아프리카 토착민들의 정서에서 빠르게 멀어져 간 반면, 새로운 대안 종교로서 기독교는 북아프리카 지역에서 오히려 새로운 안식처를, 특히 성경에 담긴 사회적 메시지는 절망과 억압 속에 있던 사람들에게는 가뭄의 단비처럼 새로운 활력과 비전을 불어넣었다.[50] 예수님은 인격적 차원만이 아니라 사회적인 차원에서도 복음을 선포하셨다. 그로 인해 3세기 북아프리카에서 토착민들이 집단적으로 기독교로 개종하였고, 북아프리카에서 기독교가 주요 종교가 될 수 있었다고 프렌드는 설명하고 있다.[51]

그럼에도 불구하고 기독교의 승리는 외면적 승리가 아니라 항상 순교를 통해 이룩될 수 있다는 주요 가르침으로 인해 북아프리카 사람들의 현실과 기독교의 가르침 사이에는 모호한 경계선이 그어져 있었다. 그러한 가르침은 기독교인들이 박해자들을 향해 무저항으로 일관하게 했다. 북아프리카의 기독교인들이 순교를 강조할 수 있었던 것은 순교는 하나님을 기쁘시게 하는 것이자 자신을 핍박하는 대적들을 향한 가장 최고의 복수라고 믿었기 때문이다. 이는 최후 심판의 날에 만왕의 왕이신 예수 그리스도께서 자신들을 박해한 모든 박해자와 이방인들에게 영원한 형벌로 갚아 주실 것이라고 믿었기 때문이다.

그러나 이런 경계선이 북아프리카 교회의 역사에서 언제나 선명한

---

49 Ibid., 107.
50 Frend, *The Donatist Church*, 110.
51 G. R. Evans, *A Brief History of Heresy* (Malden: Blackwell publishing, 2003), 138.

것은 아니었다. 예외적인 상황도 있었는데, 로마 제국 억압에 대항하여 폭력적 저항 운동이었던 키르쿰켈리온(Circumcellion) 운동이 그 대표적인 예이다. 키르쿰켈리온 운동에서 볼 수 있듯이 이 운동에서는 예외적으로 폭동과 같은 폭력적인 행동들이 종종 신앙의 이름으로 합리화되고 있었기 때문이다. 그래서 이러한 경계선은 그들에게 모호한 것일 수밖에 없었다. 그리고 이러한 모순점은 후에 북아프리카의 교회가 분파 교회로 인식되는 요인을 제공하게 되었다.

박해

북아프리카의 교회는 라틴신학의 중심에 서 있는 교회였다. 터툴리아누스와 키프리아누스를 통하여 견고한 정통신학을 세웠던 교회였다. 그런데 라틴신학의 정통에 서 있던 교회가 분파화한 이유 중 하나인 북아프리카에 일어난 박해를 살펴볼 것이다.

보는 사람의 관점에 따라 다를 수는 있겠으나 보편적으로 기독교 초기의 역사를 박해의 역사라 부르는 것에는 크게 이견이 없을 것이다. 그러나 "그리스도인의 피는 씨"[52]라는 터툴리아누스의 증언처럼 박해에도 기독교인들의 신앙은 오히려 더욱 굳건해졌다.

박해는 네로(Nero Claudius Caesar Augustus Germanicus) 황제 때부터 시작되어 313년 콘스탄티누스 황제가 밀라노에서 관용령을 선포하기까지

---

52 Tertullian, *Apologeticum*, 50, 13.
"Plures efficimur quotiens metimur a vobis ; semen est sanguis Christianorum."

약 3백 년간 간헐적으로 발생하였다.[53]

로마 제국과 기독교는 두 가지 이유로 충돌할 수밖에 없었다. 첫째, 로마 제국은 다신교를 수단으로 국가 체제를 유지 및 절대화하여 국민적 통합을 꾀하였다. 그러다 보니 자신들의 필요에 따라 저마다 신들을 위한 제사를 드릴 수 있었으며, 더불어 황제를 신격화하였다.[54] 로마 제국은 다신교를 지향하면서도 국가를 위한 개인의 희생을 요구하며 국가를 위한 전쟁에 열성적으로 참여하는 국가 종교 체계를 구축하였다. 그러므로 로마 제국이 추구하는 것보다 훨씬 더 초월적인 목적을 지닌 기독교인들은 로마 제국의 국가적 절대성을 신앙적으로 함께 나눌 수 없었다.[55] 뿐만 아니라 기독교인들의 신앙은 기본적으로 로마 제국의 다신교 사상과 배치되는 유일신 사상을 기반으로 하는 신앙이었기 때문에 이교도들로부터 미움과 배척을 받을 수밖에 없었다. 그리하여 황제 숭배를 거부했던 로마 제국의 군인 출신 기독교인들 역시 순교하기도 하였다.[56]

둘째, 로마 제국은 기독교인들의 신앙생활 자체에 무지하였다. 그 때문에 기독교인들은 상당한 오해를 받고 있었다. 기독교인들이 예배 때마다 성찬을 행하는 것을 식인 습관으로 오해하여 미개인으로 취급하였는가 하면 그리스도인들이 서로를 향하여 '형제' '자매'라고 호칭하는 것을 보며 근친상간을 한다는 오해를 하였다. 또한 광야에서 수행하는

---

53 김희중, "로마 제국의 그리스도교 최후 박해의 배경과 동기," 「신학전망」 101호 (광주 : 가톨릭대학교출판부, 1993), 123.

54 Phillip Schaff, *History of The Christian Church* Vol. II (Grand Rapids : Wm. B. Eerdmans, 1992), 29–30.

55 구본식, "박해," 「가톨릭대사전 제5권」 (서울 : 한국교회사연구소, 2004), 3150– 3151.

56 Phillip Schaff, *History of The Christian Church* Vol. II, 31.

기독교인들의 수도 생활도 중상모략의 요인이 되기도 하였다.[57]

네로 황제의 박해에 관하여 서술한 타키투스(Publius Cornelius Tacitus)
는 『연대기』(The Annals)에서 로마에 방화한 혐의를 받았던 기독교인들에
대해 다음과 같이 기록하고 있다.

> 화재가 황제의 명령으로 일어났는지에 대해서, 인간의 '어떤 노력으로
> 도, 황제의 관대한 희사나 제신에게 바치는 속죄 제물로도 의혹이 가라
> 앉지 않았다. 이 때문에 소문을 잠재우기 위하여 네로는 피고인들을 자
> 기 앞으로 데려오게 했고, 백성이 그리스도인이라 부르는 이들을 샅샅
> 이 찾아내 잔혹하게 처벌하게 했다. 그들의 명칭은 티베리우스 치세 때
> 본디오 빌라도 총독에게 처형된 그리스도에서 유래한다. 지금 억압받
> 는 해로운 미신은 불행이 시작된 유다뿐 아니라 온 세상의 잔학과 비열
> 한 행위가 자행되고 열광적으로 호응하는 로마에도 생겼다. 이들은 체
> 포되었다. 맨 먼저 자백한 사람들이 다른 사람들의 이름을 대면서 더 많
> 은 사람이 구금되었다. 피고인들은 방화보다도 '인류에 대한 증오' 때문
> 에 더 무거운 형을 선고받았다. 처형은 구경거리가 되었다. 사람들은 그
> 들을 동물 가죽으로 덮어씌우고 개가 물어뜯게 하거나 십자가에 매달았
> 다. 그리고 날이 저물자 곧바로 횃불에 불을 붙여 밤을 밝히면서 그들을
> 구경거리로 삼아 조롱했다. 이러한 구경거리는 네로의 정원에서 이루어
> 졌으며, 그는 원형 경기장에서 시합을 개최하기도 했다.[58]

---

57 구본식, "박해," 3150-3152 참조.
58 Tacitus, The Annals, 15. 44. 2-8. 재인용, Ernst Dassmann, Kirchengeschichte (Stuttgart:
    Kohlhammer, 2000), 114.

타키투스는 『연대기』에서 기독교인들을 박해한 이유를 단순히 로마를 방화한 방화범이기 때문이 아니라 '인류에 대한 증오'때문이라고 설명하고 있다.[59] 이는 로마 제국이 지향하는 것보다 더 초월적인 목적을 갖고 살기를 원했던 기독교인들이 로마인들의 중상모략으로 박해를 받았을 가능성이 큼을 보여 준다.

기독교는 네로 황제 때부터 디오클레티아누스 황제까지 대략적으로 열 차례 큰 박해를 받았던 것으로 여겨진다. 417년쯤 기록된 『이교도 반박 역사』(Historiarum Adversum Paganos Libri VII)라는 책에서 오로시우스(Paulus Orosius)는 출애굽 시대에 이집트에 내린 열 가지의 재앙과 기독교인의 박해를 비교하였다.[60] 하지만 오로시우스에 의해 기독교에 대한 열 번의 박해가 있었다는 기록은 출애굽기에 등장하는 열 가지 재앙이란 숫자에 대응해 만들어진 상징적인 숫자일 뿐이다. 왜냐하면 기독교에 대한 박해는 시간과 지역에 제한 없이 계속되었을 뿐만 아니라 빈번하게 일어났기 때문이다.[61] 그러므로 이 박해가 어떻게 북아프리카 교회와 연관되었는지 살펴보아야 한다. 콘스탄티누스 황제에 의해 관용령이 선포되기 전까지 빈번하게 일어난 박해 가운데서도 북아프리카에 영향을 미쳤던 데키우스 황제(Gaius Messius Quintus Trajanus Decius)와 발레리아누스 황제(Publius Licinius Valerianus)의 박해를 살펴보려고 한다. 데키우스 황제의

---

59 Dassmann, *Kirchengeschichte*, 114. 수에토니우스(Suetonius)는 그의 책 『황제의 생애』(De vita Caesarum)에서 기독교인에 대한 박해를 황제의 선행으로 기술하고 있다. 그러나 그러면서도 네로 황제가 방화한 사실에 대해서는 악행으로 구분하여 기술하고 있다.
60 Ibid., 114.
61 Ibid., 114. 다스만은 로마 제국의 박해를 성향에 따라 데키우스 황제 이전까지의 무계획적이고 간헐적 박해와 데키우스 황제 때부터 전국에 걸쳐 체계적이고 조직적이며 계획적으로 진행된 박해로 구분한다.

박해로 노바티아누스 분파가 만들어지고 그로 인해 키프리아누스의 교회론이 세워지게 되기 때문이다.

또한 발레리아누스 황제의 박해로 키프리아누스가 순교하였고, 키프리아누스의 사상이 순교자 제의에 영향을 받는 북아프리카의 교회에 지대한 영향을 끼쳤다. 그러므로 키프리아누스를 순교의 제물로 인식하게 만든 박해를 살펴봄으로써 그의 교회론을 북아프리카 신자들이 어떻게 이해했는지를 살펴볼 것이다.

데키우스의 박해

3세기경 로마 제국은 국력이 급속도로 쇠락하면서 변방의 이민족들에게 잦은 침략을 받았다. 이때 로마 제국의 데키우스 황제는 이런 상황이 '신들의 진노'때문이라고 간주하였다. 따라서 데키우스 황제는 250년 중엽에 이르러 로마 제국의 일치와 번영을 기원하기 위하여 모든 로마의 시민들은 로마의 모든 신들에게 '희생 제물'을 바치도록 칙령을 반포하였다. 이때 기독교인들이 황제의 칙령에 저항하면서 자연스럽게 박해의 대상이 되었다. 결국 칙령을 따르지 않는 많은 기독교인이 249년 12월 체포되었고, 250년 1월에는 로마의 교황이었던 파비아누스(Fabianus)가 순교하였다.[62]

데키우스 황제는 별도로 '제국의 날(Dies Imperii)'을 정하고 이날에 신들에게 드려야 할 제사 규정을 정하였다. 또한 규정한 기원 제물 예식

---

62 Dassmann, *Kirchengeschichte*, 107. 다스만은 데키우스 황제 때 박해 원인을 기독교에 호의적이었던 이전 황제 필리푸스(Marcus Julius Philippus)에 대한 반발 때문이었다고 주장한다.

을 제대로 지키고 있는지를 관리하고 감독하도록 별도의 '증서'(Libellus)를 교부하는 관리들을 지정하였다. 한편 이러한 칙령과 수많은 기독교인을 체포하였지만 로마 제국은 기독교인들에게 자신의 신앙을 완전히 부정하도록 강요하지는 않았다. 오히려 대다수 로마의 관리들은 황제의 칙령을 유연하게 집행하였다. 실례로 기독교인들이 완전한 제물을 바치지 않고 적은 양의 유향을 뿌리는 의식만 참여하더라도 관청에서는 이를 허용하였다. 황제의 칙령에 따라 체포되고 순교한 기독교인의 수가 늘어나자 그해 기독교인 중에 상당히 많은 사람이 배교하였다.[63]

게다가 앞에서 언급한 바와 같이 기독교인에게 황제의 칙령을 유연하게 집행하는 로마 제국의 관리들로 인하여 명망 높은 기독교인들은 로마 제국의 신전에 가지 않고 관리들에게 사례를 주고 기원 제물 증서를 받음으로써 피할 길을 찾기도 하였다. 또 어떤 사람은 자기 노예를 대신 보내기도 했다. 이런 상황들이 묵인될 수 있었던 것은 당시 로마 제국 관리들의 주요 관심이 기독교인 박해에 있지 않았기 때문이다. 황제의 명령을 충실히 수행하였느냐는 기독교인들에게 기원 제물 증서를 교부한 것으로 평가를 받았기 때문에 로마의 관리들은 증서 교부에만 몰두하였다. 그리고 황제도 증서 교부를 독려하고 만일 실적이 미미할

---

63 J. Patout Burns, "The Role of Social Structures in Cyprians Response to the Decian Persecution," *Studia Patristica*, vol. 31. ed., Elizabeth A. Livingstone(Leuven : Peeters, 1997), 260. 참조. 관청(官廳)의 이러한 태도는 사실 데키우스 황제 이전의 트라야누스 황제 (Trajanus, imperator)의 지침에 따른 것이다. 이 지침은 당시 비티니아(Bithynia)의 총독이었던 플리니우스(Plinius)가 황제에게 112년경 사적(私的)으로 질문서를 보낸 것에서 비롯된 것인데, 후에 이 지침은 관습법으로 적용된 것으로 추정된다. 플리니우스의 질의(質疑)에 트라야누스 황제는 "전반적인 규범은 정할 수 없지만, 그리스도인들을 수색하지는 말고 고발된 자만 체포하여 배교자는 용서해 줄 것이며, 고집하는 자는 처형하되 익명의 고발은 받지 말라"는 답서를 보냈다. 트라야누스 황제의 지침은 이후에 기독교인들에 대한 박해 시 황제들이 따랐던 규범으로 정착되었다.

경우 관리들에게 기독교인들이 증서를 발급받지 않는 것에 대한 책임을 물었다. 이는 황제 또한 기원 제물 증서의 발급 여부로 자신의 명령을 수행했는지를 판단했음을 보여 준다. 따라서 관리들은 기원 제물을 바치겠다는 기독교인들의 동의를 억지로라도 받아야 했다. 그로 인해 때로는 기독교인들을 감금하거나 고문하였다. 그럼에도 불구하고 기독교인들이 기원 제물을 바친다는 동의를 끝까지 거부하면 결국 처형하였다.[64]

250년 말경까지 이런 상황이 이어지는 가운데 데키우스 황제는 로마 제국의 변방을 침략한 고트족을 몰아내기 위해서 군대를 이끌고 도나우(Donau) 지방으로 출정하였다. 그리고 이때 고트족과의 전투에서 데키우스 황제는 전사하였다.[65]

데키우스 황제의 전사 소식이 전해지자 기독교인을 향한 박해도 곧 중지되었다. 왜냐하면 로마의 관리들도 기원 제물에 관한 행정 조치를 부담스러워했을 뿐만 아니라 기독교인들의 처형에도 진저리가 났기 때문이다.[66]

이 기간에 박해로 죽은 기독교인은 비교적 많지 않았다. 그럼에도 불구하고 박해로 인해 배교자들의 숫자가 너무도 많았다. 또한 이러한 상황은 로마에만 한정된 이야기가 아니었다. 북아프리카와 스페인 그리고 서남아시아 지역에 있던 주교 중에서도 배교자가 더러 있었다.[67]

---

64 Dassmann, *Kirchengeschichte*, 107.
65 Jules Lebreton, S.J. and Jacques Zeiller, *The Triumph of Christianity* vol. I (N.Y. : Collier books, 1962), 126.
66 Dassmann, *Kirchengeschichte*, 107.
67 Dassmann, *Kirchengeschichte*, 107.

박해가 종식되자 교회는 박해로 무너져 버린 것들을 재건하기 시작하여 서서히 정상화되었다. 그런데 문제가 발생하였다. 교회가 정상화되는 과정에서 "'배교자(lapsus)[68]를 어떻게 다시 받아들여야 하는가 하는 문제(reconciliatio)"로 인해 논쟁이 일어나게 된 것이다. 데키우스 황제의 박해가 끝나자 박해기에 배교했던 수많은 배교자가 영원한 죽음에 대한 두려움으로 인해 교회로 다시 돌아오려고 하였다. 따라서 주교들은 배교자들이 교회에 돌아오고자 할 때 그들을 다시 받아들이기 위한 조건을 확정해야 하는 목회적인 어려움에 부딪혔다.[69] 그로 인해 가톨릭교회는 큰 논란에 휩싸이게 된다.

발레리아누스의 박해

두 번째 배경은 발레리아누스 황제의 박해이다. 발레리아누스 황제는 황실 재무관의 조언에 따라 로마 제국 전역에 칙령을 반포하였다.

발레리아누스 황제가 257년에 반포한 '제1칙령'은 교회가 제 기능을 할 수 없게 만들어 교회를 무너뜨리기 위한 것으로 성직자가 목표였다. 내용을 보면 성직자는 로마 제국의 모든 신들에게 제물을 봉헌하고 분향하도록 하였으며, 또한 카타콤에서 비밀리에 미사나 종교 집회를 집

---

68 박해 당시 배교한 자들은 세 부류로 분류되었다. 실제로 '제물을 바친 이들'(sacrificati)과 제물을 바치지는 않지만 증서를 받기 위해 제단에서 '향을 피운 이들'(thurificati)로 구분되었고, 마지막으로 관리를 매수하거나 관리와의 개인적 친분 관계를 이용해 '증서를 얻은 이들'(libellatici)로 분류하였다.

69 당시 북아프리카 교회는 배교자의 재입교 문제를 두고 세 그룹이 각기 다른 조건을 제시하였다. 파울리누스와 다른 몇몇 증거자들이 속한 그룹과 루키아누스와 증거자들의 소원에 호소하는 몇몇 고백자들이 속한 그룹이었다. 그리고 펠리키시무스와 다섯 명의 사제들이 속한 그룹이었다. 노성기, "3세기까지의 개별 '참회(poenitentia)'의 증거," 「가톨릭신학」 제7호 (서울: 한국가톨릭신학학회, 2005), 87.

례하는 자는 처형하도록 명령하였다. 이후 258년에 반포한 '제2칙령'은 교회의 평신도들이 목표였다. 당시 원로원 회원이나 고위 군인들이나 귀족들 중 기독교인들은 직위를 박탈하고 재산을 몰수하여 해외로 추방하도록 하였다. 또한 황실과 황제의 영지에서 일하는 로마 제국의 관리들이 기원 제물을 바치는 것을 거절하면 그들의 재산을 몰수하고 강제 노역형을 부과하도록 하였다.[70] 이와 같은 조치는 수많은 기독교인의 재산을 수탈하여 로마 제국의 재정을 확보하려는 목적이었다. 돈을 목적으로 시작한 발레리아누스 황제 때의 박해는 무자비하게 교회를 핍박하고 무너뜨렸으며, 수많은 기독교 지도자가 순교하였다. 이때 카르타고의 키프리아누스도 순교하였다. 아프리카 총독 막시무스가 키프리아누스에게 258년 9월 14일 참수형을 선고할 때의 기록은 다음과 같다.[71]

그대는 오래전부터 대역죄를 범했고, 다른 수많은 사람과 함께 은밀히 모반을 꾸몄다. 그대는 제신과 로마 국가법의 공공연한 적이다. 경건하고 고결한 군주이신 발레리아누스 황제, 갈리에누스 황제, 탁월하신 발레리아누스 부황제께서는 그대를 자신들이 지키는 종교 관습의 공동체로 이끌 수 없었다. 그대는 가증스러운 범죄의 진정한 주모자이고 파렴치한 행위를 하도록 다른 이들을 잘못 이끌었다. 이 때문에 그대를 그대와 함께 모반을 꾸민 이들에게 경고의 본보기로 삼아야 한다. 이에 따라 사형을 선고한다. '타스키우스 키프리아누스를 참수형에 처한다.'[72]

---

70 구본식, "박해," 3154.
71 Dassmann, 「교회사 I」, 171.
72 Cyprianus, *Acta Cypriani*, 4. 재인용-, Dassmann, *Kirchengeschichte*, 109.

발레리아누스 황제의 박해 때 순교한 많은 성직자의 모습은 아이러니하게도 불신자들에게 많은 감명을 주었다. 특히 사려 깊은 로마 제국의 시민들은 황제가 많은 기독교인을 처형한 것에 대해 부당하게 생각하였다. 발레리아누스 황제는 259년경 페르시아와의 전쟁에서 전사하였는데, 페르시아인들이 그의 시신을 박제하고 전신에 붉은 칠을 하여 그들의 신전에 두었다. 황제의 이러한 비참한 죽음에 대해 로마의 시민들을 비롯한 많은 사람은 그가 저지른 일에 대한 당연한 결과라고 생각하였다.[73] 발레리아누스 황제의 박해로 순교한 키프리아누스는 '북아프리카의 순교자 제의(The North African Cult of Martyrs)'[74]의 관점에서 보면 희생물로 드려지므로 승리한 사람으로 존경받는 인물이 되었다. 결국 북아프리카에서 키프리아누스는 인간적 존경뿐 아니라 신학적 전통에도 지대한 영향력을 끼치게 되었다. 따라서 그의 재세례 주장에 근거한 신학적 전통을 도나투스파는 정통으로 알고 계승한 것으로 보여진다.

분파화

앞 장에서 살펴본 북아프리카 교회가 겪은 극심한 박해로 신자들은 점점 더 피안의 세계를 갈망하였다. 로마 제국의 황제들이 다양한 이유로 기독교 공동체를 박해하였고, 박해가 극심할수록 임박한 재림을 강조하는 사람들이 등장하였다. 대표적인 실례가 바로 몬타누스파

---

73 Dassmann, *Kirchengeschichte*, 108.
74 Frend, *The Donatist Church*, 154.

(Montanist)이다. 그리고 순교적 열정이 과한 나머지 회심한 다른 배교자들의 신앙을 인정하지 못하고 배척하였던 노바티아누스파에 속한 사람들이 나타났다.

또한 노바티아누스파와 비슷한 유형의 신앙 양태를 가진 사람들이 백 년이 지난 다음 디오클레티아누스 황제의 박해가 종식된 시기에 교회 역사에 도나투스파로 등장한다. 이는 차후 조금 더 세심히 다룰 것이다.

이번 장에서 데키우스 황제와 발레리아누스 황제 치하의 박해 속에 등장한 몬타누스파와 노바티아누스파를 다루려고 한다. 두 분파를 살펴보는 것은 북아프리카 교회에 미친 영적이고 신학적인 영향뿐 아니라 북아프리카의 두 신학자인 터툴리아누스와 키프리아누스의 신학적 배경을 이해하는 데 매우 중요하다. 그럼 우선 몬타누스파에 대하여 살펴보도록 하겠다.

몬타누스파(Montanist)

몬타누스파는 창설자인 몬타누스에 의해 2세기 중엽 소아시아의 프리기아(Phrygia, 현재 터키)에서 시작하였다. 3세기경 북아프리카의 카르타고에서 발전하면서 동·서방 교회에 급속도로 퍼졌다가 5, 6세기경 사라진 초대 교회 시대에 대표적인 '종말론적 이단 운동'이다.[75]

몬타누스의 생애는 구체적으로 알려진 것이 없다. 몬타누스는 요한복음에서 언급하는 성령이 자기 안에 육화(肉化)되었다고 주장하였으며,

---

75 H. R. Drobner, *The Father of The Church : A Comprehensive Introduction* (Peabody : Hendrickson Publishers, 2007), 153.

요한계시록 21장에 예언된 새로운 예루살렘과 천년 왕국은 프리기아의 페푸자(Pepuza)라는 마을에서 실현될 것이니 거기에 모여 종말을 맞이하도록 신자들을 부추겼다. 이러한 종말 사상으로 무장한 몬타누스는 추종하는 자들에게 엄격한 극기와 윤리적 생활로 종말을 준비할 것을 강조하였다.[76]

몬타누스는 그의 추종자인 프리스킬라(Priscilla)와 막시밀라(Maximmilla)와 함께 종교적인 체험과 환상을 통하여 성령의 신탁을 받아 사람들에게 방언과 예언을 전하였다. 프리스킬라와 막시밀라에게 그리스도와 성령이 발현한다는 소문이 퍼졌으며, 그들의 집회에서 무아지경과 경련 그리고 집단 히스테리 같은 비이성적이고 기이한 현상이 나타났다. 프리스킬라와 막시밀라의 소문은 소아시아 전체로 퍼져 나갔고, 많은 사람이 그들을 따랐다. 프리스킬라와 막시밀라는 초대 교회의 순수성을 회복하기 위해 뽑힌 '비추임을 받은 자들(Illuminati)'이라고 자처하였다. 프리스킬라와 막시밀라는 사람들에게 초대 교회 공동체에 존재했던 은사와 특별한 은혜를 새롭게 받을 수 있다고 선전하였다.[77]

몬타누스파는 초기에 단순히 성령 강림과 성령의 은사를 강조했을 뿐 조직적이고 체계적인 이론을 갖추지 못하였다. 단지 몇 가지 행동 규범을 제정하여 성령 운동으로 시작하였다. 그러다가 점차 몬타누스와 프리스킬라와 막시밀라가 성령의 말씀을 직접 대언한다고 주장하

---

76 A. Franzen, *A History of The Chursh* (Dorval–Montreal : Palm Publishers, 1968), 42–43.

77 이형우, "몬타누스주의," 『한국가톨릭대사전 제5권』 (서울: 한국교회사연구소, 2004), 2732– 2733.

였다. 또한 모든 사람은 성령을 대언하는 자기들의 명령을 무조건 믿고 따라야 한다며 교회의 질서와 권위를 무시하였다. 이뿐 아니라 자신의 권위가 성경의 권위보다 우위에 있다고 주장하였다. 또한 막시밀라가 사망한 이후에는 곧 세상의 종말이 임한다고 예언하면서 당시 아우렐리아누스(Lucius Domitius Aurelianus) 황제의 재위 기간에 발생한 여러 전쟁은 종말의 예표라고 하였다. 그렇게 종말론적 이단으로 분파화한 몬타누스파는 추종자들에게 순결한 삶을 지나칠 정도로 강조하며 독신과 별거 생활을 권장하였다.

또한 임박한 종말과 함께 금욕적 생활을 강조하며 엄격한 금식과 자선 활동에 힘을 쓰도록 요구했다. 더욱이 이러한 특징을 지닌 몬타누스파는 박해를 두려워하거나 도망하지 말고 용감하게 순교함으로 신앙을 지킬 것을 강조하였다.[78] 이로 인하여 177년 소아시아 공의회는 신자들의 신앙에 해악을 끼친다는 이유로 몬타누스파를 정죄하였고, 몬타누스의 추종자들을 파문하였다.[79]

하지만 몬타누스파는 정죄되었음에도 로마 제국의 박해가 이어지면서 오히려 많은 추종 세력이 생겨나 로마와 카르타고 등 제국 전역으로 급속히 퍼졌다. 그로 인해 종말과 성령의 은사를 중심으로 전개된 초기와는 달리 금욕적인 성격의 윤리적 엄숙주의를 더욱 강조하였다.

이 무렵(207년경) 북아프리카의 카르타고에서 터툴리아누스가 몬타누스파에 가담하였다. 그는 몬타누스파를 따르는 자들의 이론을 체계를 세웠는데 한층 더 강화된 극단적 윤리 생활을 강조했다. 배우자와의 사

---

78 Ibid., 2733.
79 Ibid., 2733.

별 후에 재혼도 간음으로 여겼고, 박해를 피하여 도피하는 것도 배교로 보았으며, 배교는 간음과 살인과 함께 교회도 용서해 줄 수 없는 큰 죄라고 강조하였다. 그리고 신자들에게 교회 공동체의 보편적인 사제직을 강조하였다.[80] 그는 결국 212년에서 213년 사이 가톨릭교회를 떠나게 된다.

몬타누스파는 터툴리아누스의 가세로 잠시 활력을 띠었으나 분파의 한계를 극복하지 못하고 점차 쇠락하다가 유스티니아누스 1세(Justinianus I)의 재임 때 완전히 사라지게 된다.[81]

노바티아누스파(Novatianist)

노바티아누스파는 데키우스 황제의 박해를 배경으로 일어난 기독교 분파이다. 데키우스 황제의 박해 당시 많은 기독교인이 신앙의 정절을 지키며 순교하였다. 그러나 일부 기독교인들은 박해를 피해 배교를 택하였다. 박해가 끝난 후 배교자들의 재입교와 관련해 문제가 불거졌다. 배교자들의 재입교 문제를 놓고 교회는 용서하고 받아들이자는 관용주의자들과 받아들일 수 없다는 엄숙주의자들로 나뉘었다. 이때 배교자들을 다시 받아들일 수 없다는 엄숙주의의 입장을 펼친 사람들이 바로 노바티아누스파였다. 노바티아누스는 당시 가톨릭교회의 주교 코넬리우스(Cornelius) 1세의 관용론을 반대했다.[82]

로마의 주교였던 코넬리우스를 비롯하여 주교 대부분은 배교자들이

---

80 Ibid., 2733.
81 Ibid., 2733.
82 김의환, 『초대교회사』(서울 : 총신대학출판부, 2001), 94-95.

회개하고 돌아온다면 관용을 베풀어 교회로 들어올 수 있도록 하였다.
그러나 노바티아누스를 중심으로 한 엄숙주의자들은 교회의 순결함을
주장하며 관용주의자들이 회심한 배교자들을 교회 안으로 수용하려는
결정을 정면으로 반대하였다. 뿐만 아니라 엄숙한 권징의 시행이야말
로 평화로울 때 뿐만 아니라 박해 때에도 가장 필요하며 풍랑 가운데 있
는 배의 안전을 지켜 주는 키라고 주장하면서[83] 배교자일지라도 일정 기
간 절차에 따라 참회한 자들은 다시 수용하자는 교회의 입장에 크게 반
발하였다. 노바티아누스파 사람들은 배교뿐만 아니라 살인, 음란, 우상
숭배 등을 용서받지 못할 큰 죄로 간주하였다. 노바티아누스는 박해를
견디고 이긴 자신들은 배제되고 오히려 배교자들은 너무 쉽게 교회로
들어오는 당시 상황에 불만을 가졌다. 그래서 노바티아누스와 그의 추
종자들은 엄숙주의의 교회론을 따라 순결성을 담보한 정통 교회를 추구
하는 운동을 하였다.[84]

결국 가톨릭교회의 회의는 노바티아누스파의 심각성을 깨닫고 그들
을 파문하였다. 로마의 대립교황이었던 코넬리우스는 공식 서한을 통
해서 노바티아누스를 기만과 교활과 포악으로 가득 찬 짐승이라고 비판
하였다. 노바티아누스의 입장을 안디옥의 파비아누스는 지지하였지만,
알렉산드리아의 디오니시우스(Dionysius of Alexandria)와 노바티아누스가
대립교황으로 설 때 지지를 보내었던 키프리아누스는 코넬리우스와 함
께 느슨하고 좀 더 사랑이 담긴 권징을 통한 일치를 주장했다.[85]

83 Schaff, *History of The Christian Church* Vol. Ⅱ, 529.
84 J. N. D. Kelly, *Early Christian Doctrines* (London : Adam & Charles Black , 1977), 204.
85 Schaff, *History of The Christian Church* Vol. Ⅱ, 529-530.

한편 관용주의의 입장에 서 있었던 알렉산드리아의 디오니시우스는 세례에 관한 편지를 로마의 디오니시우스(Dionysius of Rome) 교황에게 보내면서 노바티아누스의 행위에 대해 다음과 같이 말하고 있다.

저는 노바티아누스에 대해 안타까움을 느낍니다. 그는 교회를 나누었고 일부 형제들을 불경스런 행위로 이끌었습니다. 그는 하나님께 대한 가장 사악한 가르침을 도입하였고 뻔뻔스럽게도 그토록 자애로우신 주 예수 그리스도를 동정심이 없는 사람이었다고 주장하였습니다. 그리고는 이 모든 것으로도 충분치 않았는지 성스러운 세례를 가볍게 여겨 세례에 선행되어야 할 신앙고백을 없애고 있습니다. 심지어 성령께서 그들에게 머물거나 그들에게 돌아오실 희망이 있었을 때도 그는 성령을 철저히 배격하였습니다.[86]

로마에 의해 파문당하고 대다수 교회로부터 지지를 잃어버렸음에도 당시 노바티아누스파는 카르타고에 있는 성직자들과 다른 많은 지역 교회에 영향을 미쳤고, 동방과 서방으로 확산하여 6세기까지 이어진 제국의 박해에도 불구하고 엄숙한 권징과 정통 신앙에 입각한 신조를 지켜 순결성을 이어갔다.[87] 대표적인 예로 막시무스(Maximus)와 같은 사람은 노바티아누스파에 동조하면서 같은 북아프리카 교회를 대표하는 키프리아누스를 곤란하게 만들었다.

브라운은 노바티아누스의 가르침과 주장은 오늘날의 시각에서 살펴

---

86 김태원, "도나투스주의," 『한국가톨릭대사전 제3권』 (서울: 한국교회사연구소, 2003), 1753-1754.

87 Schaff, *History of The Christian Church* Vol. Ⅱ, 530.

본다면 이단이라기보다는 오히려 순수파의 주장에 더 가까운 순결주의 운동이었다고 볼 수 있다고 평하였다. 그러나 가톨릭교회는 5세기 교회법을 통해 그를 이단의 범주로 분류하고 있는 것을 볼 수 있다.[88]

키프리아누스의 신학과 교회론은 2장 "키프리아누스의 교회론"에서 더 살펴보도록 하겠다.

요약

북아프리카 교회의 배경 연구를 통해 어떻게 북아프리카 교회가 북아프리카의 주요 종교가 될 수 있었는지를 토착화된 기독교, 박해, 분파화로 나누어 살펴보았다. 지금까지 검토한 바를 다음과 같이 요약할 수 있다.

첫째, 기독교가 북아프리카에서 단기간에 급격히 교세가 성장하여 북아프리카의 주요 종교로 자리 잡은 이유는 토착화된 기독교 신앙을 북아프리카인들이 수용하여 집단적 개종이 이루어졌기 때문이다. 북아프리카의 토착민들은 전지전능한 유일신으로 제의적 순결을 중시한 새턴 신앙과 기독교 신앙이 유사하다고 여겼다. 또한 토착 종교로서 새턴 종교와 북아프리카 기독교는 로마의 지배와 문화에 부정적인 특성에서도 유사성을 느꼈다. 따라서 북아프리카의 토속 종교인 새턴 종교가 로마화되었을 때 그들은 기독교로의 개종을 선택하였고, 그로 인해 기독교는 급속히 성장했다.

---

88 Harold O. J. Brown, *Heresies: Heresy and Orthodoxy in the History of the Church* (Grand Rapids : Baker Book House, 1988), 198.

둘째, 북아프리카의 종교적 배경으로 박해를 살펴보았다. 이는 북아프리카 교회의 성향이 왜 반로마적이고 순교적 열정을 가지게 되었느냐에 대한 대답이다. 박해는 북아프리카 교회가 분파적으로 나아갈 수밖에 없었던 근원적 요인이기도 하다. 앞에서 살펴본 북아프리카인들의 본래적 성향이 지리 · 문화 · 정치 · 경제적 영향으로 반로마적으로 형성되었던 점도 있다. 하지만 북아프리카의 기독교가 반로마적이며 독립적인 성향을 지닐 수밖에 없었던 데에는 박해가 큰 영향을 미쳤다. 특별히 로마 제국 내에서 가톨릭교회가 분파의 문제로 벽에 부딪힌 첫 번째 이유가 바로 데키우스 황제의 박해였다. 이 박해로 노바티아누스가 엄숙주의 교회론을 펴면서 분파의 길로 나아갔다.

셋째, 결국 박해로 인해 분파 문제가 발생하였다. 몬타누스파는 대표적 종말론적 이단 운동으로 177년 이단으로 정죄되었다. 하지만 정통파 신학자였던 터툴리아누스가 가톨릭을 떠나 몬타누스파에 가담한 것을 보면 당시 북아프리카 지역에 상당한 영향력이 있었던 것을 짐작할 수 있다. 북아프리카에 영향을 준 또 다른 분파는 데키우스 황제 사후에 '증서'를 받은 사람들을 다시 교회로 수용하는 문제로 발생한 분파인 노바티아누스파이다. 키프리아누스는 개종한 사람에게 재세례를 주장하는 등 그들과 유사한 엄숙주의 교회론을 가지고 있었다. 그러나 노바티아누스파가 감독의 권위와 질서를 무시하고 분파의 길로 나아갔을 때 키프리아누스는 오히려 코넬리우스의 손을 들어주며 감독주의 교회론을 강화하였다. 몬타누스파와 노바티아누스파 모두 순결주의에 기초한 엄숙주의 교회론을 고수하였다.

아우구스티누스 이전의 라틴 교회론

터툴리아누스의 교회론

교회론의 배경

2세기 말엽부터 북아프리카의 교회는 역사의 기록에 등장하였다. 그 후로부터 1세기도 지나지 않아서 로마 제국에서 가장 힘 있는 기독교 지역으로 성장한다. 그럼에도 그러한 북아프리카의 교회가 누구에 의해 어떻게 세워졌는가는 기록이 전혀 없다. 따라서 다른 오래된 교회들처럼 사도들에 의해 세워졌다고 주장할 수 없었다. 사도적 기원에 따른 전통이 아니라 자신들만의 독특한 지역적 신학적 전통에 최고 권위를 부여하며 성장한 것이 북아프리카의 교회였다. 그 후 셉티미우스 세베루스(Septimius Severus) 황제가 칙령(202년)을 반포하기까지 20여 년간 북아프리카의 교회는 비교적 평온한 시기를 맞았다. 간헐인 박해로 순교자가 늘어간 것도 사실이지만[89] 이 평화 기간 동안 북아프리카의 교회는 도시뿐만 아니라 시골에서도 대단한 성장을 이루었다.[90]

어떻게 이런 일이 일어날 수 있는가에 대한 앞선 연구에서 북아프리카의 순교자 제의를 언급하였다. 이것은 북아프리카 교회에 매우 큰 영향을 끼친 종교적 요소이다. 이것이 북아프리카에서 얼마나 큰 영향을 끼쳤는지를 단적으로 보여 주는 내용을 소개하려고 한다.

---

[89] 197년경에 터툴리아누스가 순교의 위기에 직면한 이들을 위해 저술한 것으로 추측되는 *Ad Martyres*에서 그는 순교의 필요성과 영광에 대해 강조하였는데 이는 이러한 현실을 반증하는 것이라 하겠다.

[90] Frend, *The Donatist Church*, 110.

셉티미우스 세베루스 황제 치하에 발생하였던 북아프리카에서 두 번째 순교 기록인『페페투아와 펠리시타티스 순교사』(Passio Sanctarum Perpetuae et Felicitatis)는 당시 북아프리카에 존재하였던 기독교의 특징을 잘 보여 줄 뿐만 아니라 이후 북아프리카 교회에서 순교자 전통의 기준이 되었다는 점에서 각별히 주의해 보아야 한다.

이 순교 사화는 새로운 종교로의 개종을 금하는 세베루스의 칙령이 발표된 이듬해인 203년 20대 초반의 귀족 출신의 젊은 부인이며 갓난아기의 어머니였던 퍼페투아와 그녀의 임신한 여종 펠리시타티스 및 신앙의 동료들이 카르타고의 감옥에서 겪은 수감 생활의 고통과 심문과 이때 경험한 꿈과 환상을 자세히 소개하고 있다. 퍼페투아 순교 사화를 보면 임박한 종말론적 세계관이 드러나고 있다. 이때 대부분의 순교자들과 마찬가지로 퍼페투아도 임박한 종말과 최후의 승리에 대한 기대감과 확신으로 가득 차 있었다. 그녀에게 있어서 순교는 선택된 자들만 주어지는 영광이자 특권이었다. 그러다 보니 임신 8개월의 임산부였던 펠리시타티스는 임신으로 인해 순교가 지연되지는 않을까 염려하는 것을 보게 된다. 또한 순교의 열정에 사로잡혀 있던 그녀들은 성령에 민감하였고, 순교의 순간이 가까울수록 성령의 강력한 임재와 체험을 했다고 한다. 퍼페투아의 순교에 관한 기록에는 계속해서 그녀에게 임한 성령 체험, 곧 예언과 환상에 관한 이야기로 가득하다.[91]

이 책의 편집자가 쓴 머리말에도 요엘 2장 28, 29절[92]을 인용하며 성

---

91 "Passio Sanctarum Perpetuae et Felicitatis" in *The Acts of the Christian Martyrs*, ed. by Herbert Musurillo (Oxford : Clarendon Press, 1972), 106-131.
92 "그 후에 내가 내 영을 만민에게 부어 주리니 너희 자녀들이 장래 일을 말할 것이며 너희 늙은이는 꿈을 꾸며 너희 젊은이는 이상을 볼 것이며 그 때에 내가 또 내 영을 남종과 여

령의 활동과 이 주제가 계속 기록되고 있는데, 이런 점으로 미루어 보아 학자들은 이 책이 당시에 유행하였던 몬타누스파의 영향을 깊이 받고 있었다고 지적한다. 이 책은 당시에 순교자들이 어떻게 일반 신자들에게 인식되었는지를 보여 주고 있다. 당시에 일반 신자들이 순교자에게는 특별한 권위를 부여하고 있었다. 특히 주교인 옵타투스와 성직자요 교사였던 아스파시우스가 순교자들의 발 앞에 무릎을 꿇는 환상 속의 장면은 순교자에게 부여한 권위가 성직자나 주교보다 더 강력했던 것을 암시한다. 이러한 순교자들을 향한 존경과 그들에게 부여된 권위는 그 후 고백자들에게까지 이어졌다.[93] 이러한 관행에 대하여 키프리아누스는 잘못된 것으로 여기고 교회의 질서를 바로 세우기 위해 노력하였다. 그러나 별다른 영향을 미치지 못하였고, 본인이 순교하면서 오히려 강화시켰다.

기독교에 대한 콘스탄티누스 황제의 관용령 전까지 복음이 전해진 곳이라면 어디서 박해에 관한 기록을 찾을 수 있다. 그럼에도 북아프리카 교회의 역사에서 순교자들에 관한 기록은 다른 곳에서의 기록과 비교해 볼 때 특별한 의미를 지닌다. 이와 같은 순교사가 당시 북아프리카 지역의 특별한 정서를 담아 널리 전파되었을 뿐 아니라 북아프리카 교회들의 역사적 전통이 되고 있었기 때문이다.

퍼페투아와 펠리시타티스의 순교에 관한 이야기가 특별한 의미가 있는 것은 이 이야기가 이후 북아프리카의 역사에서 계속 확산하면서 유사한 이야기들을 확대 재생산하였기 때문이다. 프렌드는 이에 대하

종에게 부어 줄 것이며"(욜 2:28-29)

93 "Passio Sanctarum Perpetuae et Felicitatis" in *The Acts of the Christian Martyrs*, 106–131.

여 '북아프리카의 순교자 제의(The North African Cult of Martyrs)'라고 하였다.[94] 그러나 이런 순교자 제의는 순교자들에 의한 것이 아니라 순교자 제의가 자랄 수 있는 역사적 토양과 신학적 배경이 있을 때 생성되어 발전할 수 있다. 그런 의미에서 그러한 토양과 배경을 제시하고 순교자 제의의 전통으로까지 발전시킨 신학자로 터툴리아누스를 꼽을 수 있다. 왜 그런지 이제 그의 교회론을 살펴볼 것이다.

엄숙주의(嚴肅主義, rigorism) 교회론

퀸투스 셉티미우스 플로렌스 터툴리아누스(Quintus Septimius Florens Tertullianus)는 라틴신학의 아버지라 불린다. 그는 북아프리카 지역의 상류층이며 이교도의 가정에서 태어났다. 문학, 수사학, 법학을 공부하고 법률가로 활동하였다. 그런데 그가 기독교로 개종한 것은 193년(또는 173년)경 순교에 직면한 기독교인들이 죽는 순간에도 평안과 용기를 잃지 않는 모습에 감동했기 때문이라고 전해진다. 터툴리아누스는 기독교로 개종한 후 기독교 역사상 최초로 라틴어로 저술 활동을 하며 기독교 변증가로, 기독교 신학자이자 목회적 실천가로 명성을 떨쳤다. 터툴리아누스는 기독교 변증가로서 당시 교회를 흔드는 이교도들과 이단의 도전에 맞서 기독교의 정통 신학과 신앙을 변증하는 여러 논문을 집필했다. 터툴리아누스는 최초의 라틴 신학자이자 아우구스티누스 이전에 최고의 라틴 신학자로서 '세 위격과 한 본체(tres Personae, una Substantia)'라는 개념을 사용해 삼위일체 신학의 기초를 놓았다. 뿐만 아니라 교회론

---

94 Frend, *The Donatist Church*, 154.

과 여러 신학 주제를 체계적으로 정리하여 서방 기독교 신학의 토대를 놓은 서방 신학자로 손꼽힌다.[95]

터툴리아누스에게서 우리가 주목할 점은 그는 결코 책상 앞에서 이론적인 학문으로서 신학을 하지 않았다는 사실이다. 실천적 목회자로서 터툴리아누스의 삶과 신학은 북아프리카의 교회와 신학에 결정인 영향을 미쳤다. 혹독했던 박해기를 지나온 터툴리아누스였기에 그의 신학에서 임박한 종말론적 세계관은 아주 중요하다. 그래서 데이비드 랜킨(David Rankin)은 터툴리아누스를 '종말의 사람(a man of the End)'이라고 말한다. 그에게 있어 종말론적 세계관은 그의 모든 사상에 녹아있다.[96]

당시 기독교를 박해하는 로마 제국과 그 문화에 대한 반감과 이교도와 이단에 대한 혐오, 엄숙주의 교회론과 성례론, 도덕적 엄숙주의를 주장한 것과 당시 유행하던 몬타누스파로의 귀의한 것도 터툴리아누스의 삶과 임박한 종말에 관한 확신 위에 굳게 선 그의 신학을 알지 못하고서는 온전히 이해하기 어렵다.

터툴리아누스는 동시대 사람이었던 퍼페투아와 같이 세상을 매우 부정적으로 보았다.

그리스도께서 세상 나라를 거절하셨다는 사실만으로도 이 세상의 모든 권세와 위엄이 하나님과 상관이 없을 뿐만 아니라, 오히려 원수가 된다는 것을 충분히 알만하다. 따라서 하나님께 충성하겠다는 서약과 사람에 대한 충성의 서약은 서로 부합하지 않으며, 그리스도와 마귀는

---

95 David Rankin, *Tertullian and the Church* (Cambridge : Cambridge University Press, 1995), 97.

96 Ibid., 97.

서로 화합할 수 없으며, 빛의 진영과 어두움의 진영과는 서로 화해할 수가 없다. 한 영혼이 하나님과 가이사, 두 주인을 아울러 섬기는 일은 불가능하다.[97]

그는 '아테네가 예루살렘과 무슨 상관이 있단 말인가?(Quid ergo Athenae Hierosolymis?)'라고 반문하며 기독교와 이교 사회와의 확실한 분리를 주장하였다. 이 명제는 터툴리아누스 이후 몇 세기 동안 북아프리카 지역 교회를 관통하면서 로마 제국에 저항하는 비타협적 북아프리카 교회의 신학적 전통을 형성하는 데 크게 공헌했다. 또한 '모순되기 때문에 믿는다(Credo quia absurdum est)'라는 그의 다른 명제에도 드러나듯이 터툴리아누스의 세계관 속에는 로마 제국의 문화와 헬라의 철학에 대한 반감이 고스란히 담겨 있다. 그는 모든 이단의 근원이 헬라의 철학이라고 생각하였다. 그래서 영지주의를 포함한 모든 이단에 대해 매우 강경한 입장을 취하였다. 이단은 이교도와 같이 기독교의 구원과는 상관없는 자들로 간주하였기 때문이다. 터툴리아누스는 세상과 로마에 대한 비타협적 관점을 한 단계 더 나아가 모든 기독교인에게 엄숙히 적용하였다. 그에게 있어 교회는 세상과 확실히 구별되어야 하는 거룩한 공동체로서 모든 세속적인 문화와 죄에서 벗어나 완전한 순결의 상태를 유지

---

97 Charles Norris Cochrane, *Christianity and Classical Culture* (New York : Oxford Univer sity Press, 1957), 213. " 'The fact that Christ rejected an earthly kingdom', he declares, 'should be enough to convince you that all secular powers and dignities are not merely alien from, but hostile to, God.' Accordingly, 'there can be no reconciliation between the oath of allegiance taken to God and that taken to man, between the standard of Christ and that of the devil, between the camp of light and that of darkness. *Non potest una anima duobus deberi* : it is impossible to serve two masters, God and Caesar.' "

해야만 했다.[98]

터툴리아누스는 '누구든지 복음의 가르침으로부터 벗어나면 기독교인이 될 수 없다'라고 주장하였다.[99] 기독교인이면서도 검투장에 드나드는 자는 기독교인이라는 이름을 상실하게 될 것이라고 경고하였다.[100] 그는 특별히 교회의 거룩함을 잃어버리게 하는 것으로 살인과 우상 숭배, 사기와 배교, 신성 모독과 간음 그리고 간통과 같은 죄이며, 이 죄악들은 용서받을 수 없는 7가지 중대한 죄들(Grievous sins)이라고 하였다.[101] 그리고 교회에서 이와 같은 죄를 범한 죄인은 영원히 출교해야 한다고 주장했다.[102] 또한 7가지 중대 범죄 가운데 살인과 간음, 배교는 터툴리아누스 이후 북아프리카 지역의 교회에서 전통적으로 '죽음의 죄목들(Mortal sins)'로 여겨졌다.[103] 물론 터툴리아누스의 이런 주장이 실제로 얼마만큼 적용되었는지는 알 수 없다.

카알 달리(Cahal Daly)는 당시 이러한 출교는 법적인 과정이었을 뿐 실제로는 '영원한' 출교라기보다는 일정 기간의 참회를 거쳐 교회에 다시 받아들여졌을 것이라고 하였다.[104] 그러나 터툴리아누스에게는 실제로 일탈한 기독교인은 더 이상 기독교인이 아니며, 앞에서 열거한 7대 중범죄와 교인의 자격은 양립할 수 있는 것이 아니었다. 그는 죄를 범

---

98 Rankin, *Tertullian and the Church*, 94.
99 Tertullian, *Apologeticum*, 46, 17.
100 Ibid., 44, 3.
101 Tertullian, *De Pudicitia*, 19, 23.
102 Ibid., 18, 11.
103 J. Roldanus, "No Easy Reconciliation: St. Cyprian on conditions for reintegration of the lapsed," *Journal of Theology for Southern Africa*, no.92 (Summer 1995), 24.
104 Cahal B. Daly, *Tertullian the Puritan and His Influence : An Essay in Historical Theology* (Dublin, Ireland : Four Courts Press, 1993), 5.

한 기독교인을 돌이킬 수 없는 난파선에 비유하면서 구원의 배(교회)라 할지라도 결코 구조할 수 없음을 강조하였다.[105] 이러한 중범죄자를 교회는 구원할 수 없기에 그들의 유일한 희망은 스스로 참회의 길을 걸어가면서 하나님의 궁극적인 용서를 구하는 길밖에 없다고 하였다.[106]

터툴리아누스의 엄숙주의 교회론을 더 잘 이해하려면 세례에 관한 그의 신학적 입장을 살펴보아야 한다.

세례론

기독교인으로서 새로운 삶의 출발인 세례는 터툴리아누스에게 있어서 주어지는 은혜를 수동적으로 받아들이는 것을 의미하는 것이 아니었다. 오히려 그에게 있어서 세례는 능동적이면서 적극적인 협력을 요구하는 것이라고 주장하였다.[107] 왜냐하면 수세자가 세례를 받는다는 의미는 수세자가 자기를 부인하고 교회가 가르치고 제시하는 고결한 삶의 덕목을 실천하겠다는 동의를 전제로 하기 때문이다. 그러므로 터툴리아누스에게 세례는 영적 전쟁의 현장에서 성경을 따라 살겠다는 충성의 서약을 의미하였다. 따라서 세례를 받은 기독교인에게 성결하고 덕을 끼치는 삶은 선택 사항이 아니라 필수적인 의무 사항이었다.[108] 이방의 우상 문화에 타협하며 사는 죄악된 삶은 세례의 의미를 무시하고 스스로 한 서약을 깨뜨리는 행위였다.[109] 이런 배경으로 터툴리아누스

---

105 Tertullian, *De Pudicitia*, 13.
106 Tertullian, *De Pudicitia*, 3.
107 Tertullian, *De Poenitentia*, 6.
108 Ibid., 6.
109 Tertullian, *De Baptismo*, 18.

는 그리스도에 관한 신앙을 고백하기에 너무 어린 유아나 어린이들에 대한 세례를 금해야 한다고 주장하였다. 그에게 세례는 기독교인의 신앙생활이 무엇인지 완전히 알고 나서야 비로소 선택할 수 있는 것이기 때문이었다. 그러므로 터툴리아누스는 세례를 받으려는 사람은 세례가 부과하는 책임을 다할 수 없다고 생각되면 세례를 연기하라고 권면하였다.[110]

터툴리아누스는 세례를 임박한 종말을 준비하고자 거룩한 교회 공동체로 들어가는 관문이라고 생각하였기 때문이었다. 성령과 교회를 분리 할 수 없듯 세례도 성령을 떠나서 그 의미를 온전히 이해할 수 없다. 왜냐하면 터툴리아누스는 세례를 받을 때 성령이 실제적으로 물속에 임재한다고 생각하였기 때문이다.[111] 이렇게 세례와 성령을 불가분적 관계로 이해한 터툴리아누스는 이단이나 용서받을 수 없는 죽음의 죄를 범한 성직자가 시행한 세례에 성령이 임재할 수 없으며 온전한 세례가 될 수 없다고 주장하였다.[112] 따라서 터툴리아누스는 이단이나 죽음의 죄를 범한 자에게서 세례를 받은 사람이 교회 공동체로 들어오기 위해서는 재세례를 받아야만 한다고 주장하였다. 이러한 터툴리아누스의 주장은 재세례 문제에 대해 보다 관용적 태도를 보이던 가톨릭교회의 전통을 혁신한 것이었다. 그로 인해 217년(혹은 220년) 터툴리아누스는 카르타고 감독이었던 아그리피누스(Agrippinus)와 재세례 문제를 논의하기 위해 총독령이었던 아프리카와 누미디아 주교들을 회집하여 종교 회

---

110 Ibid., 18.
111 Ibid., 8.
112 Ibid., 5. 참조. G. G. Willis, *Saint Augustine and the Donatist Controversy* (Eugene, OR : S.P.C.K., 1950), 145-147.

의를 개최해야만 하였다.[113] 이 회의의 참석자들은 치열한 논쟁 이후 터툴리아누스의 견해를 지지하던 사람들이나 반대하던 사람들 모두 이단과 죽음의 죄를 범한 자에게 베푸는 재세례는 정당하다는데 의견이 일치하였다.[114] 이 결정은 이후 북아프리카의 또 다른 위대한 신학자 키프리아누스에게 계승되었고 재세례는 북아프리카 교회의 전통으로 자리잡게 되었다.

비록 터툴리아누스와 동시대의 북아프리카 교회가 재세례 문제에서 가톨릭교회의 전통과 견해를 달리하였을지라도 이때 북아프리카 교회와 가톨릭교회의 관계는 상당히 우호적이었던 것으로 여겨진다. 터툴리아누스는 『이단 처방에 관하여』(De Praescriptione haere ticorum)라는 논문에서 카르타고의 교회들은 가톨릭교회의 권위를 의지하고 있으며, 가톨릭교회가 가르치는 것을 존중한다고 하였다.[115] 그러나 이러한 우호적 관계가 지속되지는 않았다.

북아프리카 교회의 엄숙주의는 상대적으로 온건한 가톨릭교회 전통과 갈등을 일으켰다. 그리고 북아프리카 교회의 급속한 성장은 점차 가톨릭교회에 대한 의존성 탈피와 독자적인 신학적 전통을 세우는 배경이 되었다. 이러한 변화는 터툴리아누스의 시대를 지나 키프리아누스의 시대를 통해 확증되었다.

113 Cyprian, *Ep.* 71. 4.
114 Frend, *The Donatist Church*, 119-120.
115 Tertullian, *De Praescriptione haereticorum*, 36. 2.

키프리아누스의 교회론

터툴리아누스와 더불어 초기 북아프리카의 교회론을 정립하는데 큰
공헌을 한 인물이 있다면 키프리아누스를 꼽을 수 있을 것이다. 여기서
는 정통적인 교회론자로 아우구스티누스에게 영향을 준 그의 교회론을
살펴볼 것인데, 우선 키프리아누스가 교회론을 정립한 배경부터 살펴
보자.

교회론의 배경

감독이자 순교자로 3세기 중반 정통 기독교의 상징인 키프리아누스
는 카르타고의 부유한 이교도 가정에서 태어났다.[116] 그는 감독주의 교
회론을 확립시킨 인물이었다. 키프리아누스는 249년 감독이 되었는데,
그가 감독이 되자 바로 데키우스 황제의 박해를 받게 된다. 데키우스
황제 때 아프리카에 있는 많은 그리스도인은 어떻게든 증서를 매수하
여 박해를 피하려고 하였다. 키프리아누스도 데키우스 황제 박해 때 회
중을 버리고 도피하기도 하였다. 이후에 자신의 도피는 신의 뜻에 따른
것이라고 변호했다. 그는 도피 생활 중에 14개월 동안 목회 서신으로
보내며 교회를 완전히 버리지는 않았다.[117]

고트족과의 전쟁에서 데키우스 황제가 전사하자 251년 드디어 박해
가 종식되었고, 도피 중이었던 키프리아누스는 카르타고 교회의 재건
을 위해 활동하기 시작했다. 그렇게 교회 재건을 위해 노력할 때 예상

---

116 Schaff, *History of The Christian Church* Vol. Ⅱ, 843.
117 Ibid., 845.

치 못했던 문제가 발생한다. 즉 박해 기간에 변절했던 배교자들이 용서의 편지를 보내며 재입교를 요청하였다.

키프리아누스는 251년 카르타고 공의회(Concilium Carthaginense)에서 펠리키시무스(Felicissimus) 일파를 정죄하였다. 하지만 배교자들에게 참된 회개를 조건으로 성찬 참여를 허락하였고, 단지 죽음이 두려워 성찬 참여를 원하는 경솔한 자들에게는 보류하였다.[118] 이와 같은 결정에 고백적 신앙을 가진 자들은 반발하였다. 고백주의자들은 키프리아누스의 결정을 거부하고 배교자들을 배제하였다. 키프리아누스는 순교자들과 신앙의 정절을 지킨 고백주의자들을 매우 존경하였으나 감독의 권한을 무시하고 감독의 지도에 불순종하면 안 된다고 생각하였다. 결국 이러한 견해 차이는 의견 충돌을 일으켰는데, 가톨릭교회의 노바티아누스와 카르타고 교회의 키프리아누스의 충돌이 대표적이었다. 유세비우스는 '가톨릭교회의 장로인 노바티아누스가 배교자들에게는 전혀 구원의 소망이 없다는 듯이 행하며 매우 가혹하게 다루었다'라고 전한다.[119] 반면 키프리아누스는 배교자라도 그들이 참회하였다면 교회는 받아들여야 한다고 주장하였다. 박해가 종식되고 교회를 재건하기 위해 노력하던 중에 배교자의 처리 문제로 교회에 분열의 위기가 찾아왔을 때 키프리아누스는 교회 일치를 위해 『교회의 일치에 관하여』(De Ecclesiae Catholicae Unitate)라는 책을 251년에 저술하여 자신의 주장을 논증하였다.[120]

---

118 Ibid., 195.
119 Eusebius Pamphilus, *The Ecclesiastical History Book* Ⅵ, tr. by Christian Frederick Cruse (Grand Rapids : Baker Book House, 1991) 43. 263.
120 Phillip Schaff, *History of The Christian Church* Vol. Ⅱ, 172.

감독주의 교회론

노바티아누스로 대변되는 고백주의자들과 배교자들의 처리 문제로 교회에 논쟁이 일고 분열이 야기되었을 때 키프리아누스는 교회의 일치를 위해 감독의 권위와 교회의 질서와 교회의 일체성을 주장한다. 키프리아누스의 교회론은 교회의 일체성이 핵심이며, 교회의 일체성을 지키기 위해 감독의 권위를 강조하였다.[121]

교회에 대한 키프리아누스의 견해는 한마디로 '교회는 하나이다'라는 교회의 일체성에 있다. 교회는 하나이기 때문에 교회로부터 분리된 자들에게는 영적인 삶이 불가능하다는 것이다.[122]

교회 일치를 위한 키프리아누스의 노력은 북아프리카 교회의 감독들뿐 아니라 가톨릭교회 감독들의 지지를 받았다. 이와 같이 가톨릭교회의 상황이 노바티아누스에게 불리하게 돌아가게 되자 그는 스스로를 카타리파(Cathari, 순수파)라고 부르며 분파 지도자가 되었다. 결국 대규모의 종교회의가 개최되었고, 노바티아누스에 대해 다음과 같은 결정이 내려졌다.

노바티아누스와 그와 연합한 오만한 사람들이 보여 주고 있는 무자비하고 극단적이며 비인간적인 견해를 지지하고 그것을 따르기로 작정한 사람들에 대해 우리는 교회로부터 떨어져 나간 사람들로 간주하고자 한다. 과거 재난을 초래한 우리의 형제들을 우리는 회개라는 치료책으로

---

121 한철하, 『고대기독교사상』 (서울 : 대한기독교서회, 1988), 109.
122 Cyprian, *The Baptismal Controversy, Letter* 69. 7 : *The Library of Chritian Classics* Vol. Ⅴ, tr. and ed. by Greenslade (London : SCM Press, 1956), 155.

치료해야 한다.[123]

이러한 결과는 종교회의가 키프리아누스의 견해를 따라 회개한 배교자들에게 관용을 베풀었다는 것을 의미한다. 이러한 결정에도 불구하고 노바티아누스는 극단적 분리주의를 선택한다. 대표적으로 성찬 예식에서 잘 드러난다. 노바티아누스는 성찬을 각 사람에게 나누면서 불쌍한 사람들을 축복하기보다 키프리아누스가 지지하는 가톨릭교회의 감독 코넬리우스에게로 돌아가지 않을 것이라고 맹세하도록 강요하였다.[124]

또한 노바티아누스는 배교자들이 시행한 세례는 무효이고, 자신들의 교회에 들어오려면 재세례를 받아야 한다고 주장하였다. 이후 노바티아누스의 추종자들은 자신들의 공동체에 엄숙한 계율을 적용하여 재혼자와 교제를 금하고, 세례를 받고 난 후에 중죄를 범하면 용서의 기회가 없다고 가르쳤다.[125] 이와 같은 이유로 여러 교회로부터 비난을 받았다.

결국 교회는 그들을 이단으로 취급하였다. 극단적 순결을 강조하며 배교자들의 회개를 허락하지 않았고 후에는 엄숙한 계율로 교회의 분열을 일으킨 노바티아누스와 교회의 일치를 지키려고 수고한 키프리아누스의 논쟁을 통해 우리는 키프리아누스의 교회론이 다음과 같음을 알 수 있다.

---

123 Eusebius, *The Ecclesiastical History Book* Ⅵ, 43. 263.

124 Ibid., 43. 266.

125 Phillip Schaff, *History of The Christian Church* Vol. Ⅱ, 196.

키프리아누스에게 교회의 일체성은 영적이고 내적인 일체성뿐만 아니라 가시적이고 구체적인 일체성을 의미한다. 이것이 예수 그리스도께서 사도들을 통해 세우고자 하신 유일하고 참된 교회였다. 그에게 외형적 단일체로서의 교회는 사도적 전승을 따라 감독직이 계속 유지되었고, 감독직의 계승을 떠나서는 교회가 존재할 수 없었다. 그러므로 가시적인 단체로서의 교회 밖에는 영적 생명도, 구원도 없다는 결론에 이르게 된다.[126]

키프리아누스가 가르치는 교회는 모두가 함께하는 만인의 교회였다. 보편적 교회라고 하는 울타리 '안'에 존재하고 있을 뿐이었다.[127]

키프리아누스가 교회를 지나치게 물리적이고 공간적 개념으로 이해한 탓에 세례라는 제도를 통해 교회 '안'에 들어오기만 하면 자동으로 구원은 보증된다는 오해를 불러일으켰다. 실제로 키프리아누스의 '보이는 교회(Ecclesia Visibilis)'에 집착한 감독주의 교회론은 아우구스티누스에 이르러 대폭 수정된다. 왜냐하면 키프리아누스의 교회론은 교회의 가시적 부분에 집착하여 감독의 권한과 그에 따른 교회의 통일성을 지나치게 강조하였기 때문이다. 이러한 키프리아누스의 지나친 강조는 오히려 아우구스티누스가 교회의 영적이고 불가시적인 차원을 이해하도록 이끌었다. 그리고 불가시적 교회와 가시적 교회 사이에 형성된 긴장을 통해 키프리아누스의 교회론을 뛰어넘어 온전한 교회론을 정립하여 정통 신학의 한 기둥을 세우게 된다.

---

126 한철하, 『고대기독교사상』, 110.

127 Cyprian, *De Ecclesiae Catholicae Unitate* (Turnhout : Brepols, 1972. 8), 23.

세례론

키프리아누스의 세례론은 철저하게 교회를 중심으로 세례의 효능을 다루고 있다. 노바티아누스파와 같은 분열주의자들의 세례를 부정하는 키프리아누스의 이론은 다음과 같다. 하나인 가시적 교회만이 생명의 물을 소유하고 있기에 교회만이 세례를 베풀어 정결하게 하는 권세가 있기에 교회 밖에는 그러한 권세가 없다고 하였다.[128] 뿐만 아니라 가시적 교회의 일치를 깨뜨리고 감독의 권위에 불복하는 노바티아누스파 교회는 정통적인 보편 교회가 아니라고 하였다. 그러나 그 후 콘스탄티누스 황제가 즉위하여 326년 발표한 칙령을 통해 교회의 일치를 통해 제국의 정치적 일치를 추구하면서 노바티아누스파도 신앙의 자유와 교회의 재산이 인정되었다. 그리고 325년 니케아 공의회는 노바티아누스파 교회의 감독인 아케시우스가 참석하였다. 이후 노바티아누스파 교회에 실망하여 노바티아누스파 교회에서 세례를 받은 사람들이 정통 교회로 입교하기를 원하였을 때 다시 그들의 재세례 문제가 제기되었다.

이때 키프리아누스가 있던 북아프리카 교회들은 노바티아누스파의 세례를 인정하지 않았고, 입교를 원하는 자는 다시 세례를 받아야 한다고 주장하였다.[129] 왜냐하면 그들은 거룩한 공교회 밖에 있던 자들이었기 때문이다.

키프리아누스는 거룩한 공교회 안에서의 세례를 강조하였다. 키프리아누스에게는 세례와 구원에 관한 결정적 역할을 하는 곳이 교회였기 때문이었다. 키프리아누스는 가시적 교회를 떠나 행해지는 어떠한 세

---

128 한철하, 『고대기독교사상』, 114.
129 Schaff, *History of The Christian Church* Vol. Ⅱ, 262-263.

례나 성례전도 효력이 없으며, 따라서 구원이 없다고 생각하였다. 그에게는 제도적 공교회에서 행해지는 세례를 통해 구원에 이를 수 있다는 절대적 통로의 개념이 있었기 때문이다. 이러한 키프리아누스의 견해는 가톨릭주의의 완성을 보여 준다. 주님의 몸인 교회의 지체들로 형성된 외형적 통일체로서 공교회 개념이 그에게서 명백해진 것이다.[130] 그러나 이러한 그의 교회론은 결점이 있었다.

키프리아누스는 교회의 외적 연합을 매우 강조함으로 교회의 영적이고 불가시적인 성격을 인식하지 못하였다. 그러한 이유로 교회 밖에는 구원이 없다라고 주장할 때 교회는 사도직의 계승자인 감독들이 다스리는 교회를 의미하였다. 이것은 감독이 다스리는 보편적 교회 밖에 있는 신자는 구원을 받을 수 없다고 단정지어 버린 것이다. 그로 인해 영적이고 유기체로서의 교회는 다루어지지 않았으며, 조직체로서의 교회만 강조되었다. 이러한 그의 교회관은 후에 로마 교회와 직접적인 충돌을 빚는다. 그 충돌의 중심은 당시 로마 감독이었던 스테파누스 1세 (Stephanus I)와 키프리아누스가 있었다.

이 두 사람은 거룩한 보편적 교회로 돌아온 사람들이 노바티아누스파 교회에서 받은 세례의 유효성을 둘러싸고 크게 부딪쳤다.

스테파누스 1세는 세례에 관한 키프리아누스의 견해에 반대하며 이렇게 말하였다.

키프리아누스 및 그를 따르는 감독들은 분파주의의 이단적 오류로부터

---

130 한철하, 『고대기독교사상』, 115.

106 아우구스티누스의 교회론

되돌아온 자들이 다시 세례를 받아야 한다고 주장하였다. 카르타고 교회의 감독인 키프리아누스는 이단에 빠졌던 자들은 세례를 받음으로 그들 스스로가 이단의 오류에서부터 정결하게 되기 전에는 어떤 조건으로도 수용해서는 안 된다는 견해를 가졌다. 그러나 이는 전승과 다르며 이전 교회의 전통을 벗어나는 새로운 혁신의 방법을 만들어서는 안 된다며 스테파누스 1세는 이 일로 크게 분노하고 반대하였다.[131]

당시 로마의 감독이었던 스테파누스 1세는 물로 세례를 베풀고, 그리스도의 명령을 따라 성 삼위일체의 이름으로 세례를 시행한다면 비록 그들이 교회 밖에 있을지라도 그들의 세례는 유효하다고 주장하였다. 스테파누스 1세는 노바티아누스파 교회가 범한 죄는 분열이지 사도적 신앙을 부정하는 것은 아니라고 판단했기 때문에 노바티아누스파의 세례를 인정하였다. 그로 인해 가톨릭교회와 북아프리카 교회는 계속 충돌했다. 그러나 이 문제는 스테파누스 1세의 사후 키프리아누스가 스테파누스 1세의 제자들과 화해함으로 일단락되었다.[132]

서로 조금씩 양보하여 삼위일체의 이름으로 받은 세례는 인정하고, 영지주의와 같은 이단에서 나온 자들은 다시 세례를 받도록 하였다. 하지만 가톨릭교회와 고백주의자들 사이에서 배교자들의 처리 문제로 인해 교회가 분열할 위기에서 교회의 하나 됨을 지키고자 노력했던 키프리아누스가 세례와 관련하여 교회 안에 또 다른 갈등의 원인을 제공한 것은 역사의 아이러니이다. 그 후로 150년이 지나 또다시 재세례 문제

131 Eusebius, *The Ecclesiastical History Book* VI, 43, 272.
132 Schaff, *History of The Christian Church* Vol. II, 264.

로 가톨릭교회와 북아프리카의 교회는 유사한 갈등을 겪는다. 그때 아우구스티누스는 북아프리카의 키프리아누스가 아닌 가톨릭교회 스테파누스 1세의 입장을 지지하였다.[133] 이는 아우구스티누스의 탁월함을 보여 주는 대목이다.

아우구스티누스의 교회 이해는 키프리아누스의 영향을 받았지만, 아우구스티누스의 견해가 키프리아누스의 교회론에 종속된 것은 아니었다. 아우구스티누스는 키프리아누스의 편협한 시각을 벗어나서 더 성경적이고 교회의 전통에 부합한 포괄적이며 보편적인 교회론을 지향하여 더 넓고 깊은 교회론을 세워갔다.

이것이 가능했던 것은 바로 정통의 계승과 전통의 혁신이었다. 물론 무엇을 계승하고 무엇을 혁신했는가를 판단하는 기준은 성경이었다.

아우구스티누스는 사도적 전승으로서 하나님의 말씀인 성경과 그에 대한 사도적 가르침에 대하여 매우 중요하게 여겼다. 그가 로마 교회의 수위권을 인정한 것도 그러한 사도적 가르침과 사도적 전승의 계승자로서 사도적 전승과 가르침을 보호하고 해석하며 가르쳐야 할 권위를 가톨릭교회가 가진다고 보았기 때문이다. 그런 의미에서 그는 무작정 교회의 전통과 분위기를 답습하기보다 그들의 가르침이 성경의 가르침을 따르는지를 살펴보고 검증하며 성경의 가르침에 근거하여 논박하는 모습을 보여 준다. 그러므로 아우구스티누스가 성경의 기준 안에서 정통의 계승과 전통으로부터의 단절을 통해 온전한 교회론을 세워 갔다는 점을 앞으로의 논증을 통해 밝혀 나갈 것이다.

---

[133] Ibid., 265.

한편, 아우구스티누스와 정반대의 길을 걸어간 도나투스파 사람들이 있었다. 그들은 순교적 전통과 고백주의적 신앙 고백이 있는 교회만을 참 교회라 여기며 배교자를 수용한 가톨릭교회를 거짓 교회라고 주장하며 분열주의의 길을 걸었다. 그들은 키프리아누스의 신학적 전통을 이어받아 참 교회인 자신들의 교회 밖에는 구원이 없으며, 자신들이 정통 교회이자 보편 교회라고 주장하였다. 이제 그 논쟁의 중심인 도나투스파와의 논쟁과 도나투스파의 교회론에 대해 다음 장에서 살펴볼 것이다.

요약

초기 기독교 시대에 북아프리카의 정통 신학자 터툴리아누스와 키프리아누스의 신학적 전통을 논하였다. 두 사람은 아우구스티누스 이전 라틴신학을 대표하는 사람으로 그들의 저서에 기초하여 그들의 교회론을 살펴보았다. 그것을 정리하면 다음과 같다.

첫째, 터툴리아누스는 삼위일체 신학을 확립한 정통 라틴 신학자이다. 그럼에도 기독교를 향한 가혹한 박해로 임박한 종말을 확신하고 엄숙한 교회론을 펼쳤다. 랜킨의 평가처럼 종말을 대비한 신앙인으로 엄숙주의 교회론을 고수하였다. 특히 그의 세례론에서 교회와 성령이 분리될 수 없듯이 세례와 성령은 분리될 수 없기에 이단이나 용서받을 수 없는 죽음의 죄를 범한 성직자에 의해 시행된 세례는 온전하지 않다는 인효론적 세례론을 주장하였다.

둘째, 키프리아누스 역시 북아프리카의 신학적 전통을 그대로 계승하였다. 데키우스 황제 치하에서 감독으로 사역한 키프리아누스는 엄숙주의 교회론을 계승하였다. 그럼에도 터툴리아누스와 다른 것은 당시 극심한 박해에서 신앙을 지킨 고백적 신앙을 가진 자들과 순교자를 존경하였지만, 그들이 고백적 신앙을 이유로 감독의 권한을 무시하거나 지도에 불순종해서는 안 된다고 생각하였다. 그로 인해 감독의 권위와 교회의 질서 그리고 교회의 일체성을 주장하였다. 그러므로 분파로 전락한 노바티아누스를 지지하지 않고 오히려 코넬리우스를 지지하였다.

키프리아누스는 세례관에 있어서 철저하게 교회를 중심으로 세례의 효능을 다룬다. 분파주의자들의 세례를 부정하며 교회 밖에서는 구원이 없고, 세례를 베풀 권한이 없으며, 배교자들은 재세례를 받아야 한다고 주장하였다.

03

분파로서
도나투스파의 교회론

Augustine's Ecclesiology

03
분파로서 도나투스파의 교회론

도나투스파의 배경

우리는 아우구스티누스의 교회론을 심층적으로 살펴보기 위하여 초기 북아프리카의 교회 분열을 연구할 필요가 있다. 이러한 주제와 관련하여 먼저 교회 분열의 원인 제공자이자 분열 주체인 도나투스파와 도나투스 논쟁을 살펴야 한다.

왜냐하면 이제까지 우리는 도나투스 논쟁을 피상적으로 신학과 교리의 대립으로만 알고 있었기 때문이다. 그러나 실제로 그런 요인은 북아프리카 교회 분열 요인 중 한 부분에 불과하다. 북아프리카의 교회와 가톨릭교회가 분열한 데에는 단순히 신학적 차이만으로는 두 교회 간의 분열의 원인을 다 설명할 수는 없다는 것이 지금까지 필자가 연구를 통해 내린 결론이다. 따라서 그 안에 담긴 복잡한 내용과 신학적 차이를 세밀히 살펴보려고 한다.

교회가 나뉜다는 것은 매우 큰 사건이다. 이미 초대 교회는 앞선 세기에 노바티아누스 분파로 인하여 큰 혼란을 겪었고, 그로 인해 로마의 스테파누스 1세와 카르타고의 키프리아누스 간에 치열하게 논쟁이 벌어졌다. 이러한 역사적 배경 아래에서 하나의 교회가 둘로 나뉜다는 것은 역사적이고 신학적인 차이를 넘어서 또 다른 무엇인가를 내포한다 할 수 있다.

두 교회 사이에서 발생한 감정의 대립으로 인한 상처, 교권을 두고 벌어지는 두 교회간의 갈등, 자신들의 신학적 이론과 현실 사이에서 겪는 모순, 그리고 여러 가지 복잡한 이해관계 등이 서로 얽혀서 나타난 결과물이 바로 교회 분열이기 때문이다. 이러한 다양한 비신학적 요인들이 깊이 개입되어 일어난 사건을 단순히 외면적인 모습만을 보고 일반론적으로 설명하는 것은 처음부터 사태의 본질을 제대로 이해할 수 없는 한계를 갖고 출발하는 것이다.

따라서 이 장은 도나투스 논쟁이 일어난 배경으로부터 왜 교회의 분열이 일어나게 되었는지 역사 전개 과정을 따라 깊이 있게 주요 사건을 다루고자 한다. 또한 도나투스파가 단순히 잠시 유행했다가 사라지는 기존 분파들이 갖는 특성을 벗어난 이유는 도나투스파 안에 세대를 이으며 신학적 전통을 확립하고 성장시켜 가는 인물들이 있었기 때문이다. 따라서 그들이 누구이며 어떻게 도나투스파 신학을 세워 갔는지를 살펴보도록 하겠다. 이를 통해 아우구스티누스가 직면한 당시 복잡했던 교회 상황을 살펴보고, 그 속에서 아우구스티누스는 어떻게 중심을 잡았고 어떻게 그의 교회론을 확립해 갔는지도 살펴보도록 하겠다.

4세기 교회 분열 발생

디오클레티아누스의 박해

발레리아누스 황제의 통치 시기에 있었던 박해가 종식된지 거의 반 세기가 지나는 3세기 후반까지 기독교는 더 이상 박해가 없는 평화로 운 시기를 맞이한다. 이와 같은 평화의 시기를 통해 기독교는 로마 제 국 전역에 걸쳐서 괄목할 만한 성장을 이루었다. 특별히 북아프리카 지 역에서 교회의 성장은 대단한 것이었다. 그러나 기독교의 성장을 일구 었던 평화의 시기가 지나가고 새로운 세기를 맞으면서 기독교는 새로운 전기를 맞이한다.

그 시작은 303년경 진행된 디오클레티아누스 황제가 단행한 기독교 에 대한 엄청난 박해에서부터였다. 그리고 이후 4세기의 기독교는 그 역사에서 대단히 극적이라고 할 수 있는 중대한 전환기를 맞이한다. 대 부분 사람들이 디오클레티아누스 황제 시대에 일어난 거대한 박해로 인 해 디오클레티아누스 황제 통치 시기 전체에 걸쳐 기독교에 대한 박해 가 일어났을 것이라는 오해를 한다. 그러나 사실 디오클레티아누스 황 제의 치하 대부분 시간을 기독교도들은 평온하게 보낼 수 있었다. 왜냐 하면 디오클레티아누스 황제는 그의 치세 대부분을 종교 문제보다 로 마 제국의 현안이라고 할 수 있었던 정치와 경제 문제, 군사적인 분야 와 행정 분야의 개혁에 몰두하였으며[1] 그러한 개혁을 통하여 로마 제국

---

1 디오클레티아누스 황제는 오리엔트식 전제 군주 정치를 확립하고 이민족의 침략에 대비 하여 효율적인 방어와 내란 방지의 목적으로 로마 제국을 4부분으로 나누고 4명의 지도 자가 다스리는 4두 정치 체제를 실시하였다. 또한 군제, 세제, 화폐제(경제)의 개혁을 단 행하였다.

의 부흥을 추구하였기 때문이다. 그렇게 평온하던 시기가 지나고 디오클레티아누스 치하 말기라 할 수 있는 303년이 되면서 상황은 급변하였다.

디오클레티아누스 황제는 303년 5월 19일에 기독교를 탄압하는 칙령을 발표하였다. 내용을 보면 먼저 성경과 성물들 그리고 교회 재산을 불태우거나 몰수하였고, 기독교인들의 모임을 금지하였다. 또한 이듬해 공포된 황제의 칙령에서는 고발장이 없어도 기독교인들을 찾아내어 고문할 수 있게 하였고, 로마 제국 내의 모든 사람으로 하여금 황제 숭배와 로마의 제신들에 대한 제의에 참석하도록 강요하였다. 그리고 칙령을 거부하거나 반대하는 자는 구속과 고문 그리고 사형을 집행하였다.[2] 그와 같은 디오클레티아누스 황제의 갑작스러운 박해로 인하여 많은 기독교인이 순교하였다.

260년 갈리에누스(Gallienus) 황제의 포고 이후 반세기 가깝게 평화기를 보냈던 교회로서는 대규모의 박해를 감당할 만한 준비가 되어 있지 않았다. 그로 인해 당시 누미디아의 수도였던 키르타에서는 많은 기독교인이 박해를 피하여 도피하였다. 그러나 피신하지 못한 자들의 대부분은 황제의 명령에 순응하였다. 당시 누미디아 지역의 교회 사정에 정통했던 밀레비스의 옵타투스는 배교자들(Treditores)[3]로 넘쳐나는 로마

---

2 Frend, *The Donatist Church*, 4.
3 디오클레티아누스 황제의 대박해는 이전과는 다르게 기독교의 근간을 흔들어 뿌리째 뽑기 위해 성경을 몰수하며 교회를 파괴하려고 한 것에 그 특징이 있다. 그러므로 데키우스 황제의 박해 당시에 신앙의 절개를 저버린 자들을 '*Libellatici*(증명 발급자들)' 또는 '*Sacrificati*(제사 참여자들)'이라고 구분하여 불려졌던 것과 다르게 초기 기독교 역사 시기의 마지막 박해 때에 배교한 자들은 '*Traditores*(배교자들)'로 불렸다.

의 신전들이 좁아 보였다고 말할 정도였다.[4] 뿐만 아니라 키르타의 주교 파울루스는 성경만 아니라 성물들과 여러 교회 용품들 그리고 구제를 위한 옷가지들까지 모두 넘겨주었다. 이때 넘겨진 물품 목록을 작성하는 데 수석 부제(sub deacon) 실바누스가 참여하였는데, 그는 파울루스의 후임으로 키르타의 새 주교가 되었다.[5]

파울루스의 사망으로 인해 후임 주교를 선출하려고 티기시스(Tigisis)의 주교 세쿤두스(Secundus)에 의해 305년 소집되었던 종교회의의 기록에 따르면 당시 박해는 다른 지역에서도 진행되었다. 이 회의에 참석한 12명의 주교 가운데 4명은 성경을 넘겨주었고, 다른 한 명은 복음서들을 불에 던졌고, 다른 한 주교는 장님인 척하여 위기 상황을 피했다고 고백하였다. 이들 가운데 한 명인 리마타의 푸르푸리우스(Purpurius of Limata)는 밀레비스에 사는 조카 둘을 살해하였다.[6] 북아프리카의 순교적 전통에 따르면 이러한 배교 경험은 새로운 주교로서 결격 사유로 받아들여졌다. 그러나 푸르푸리우스가 적반하장으로 세쿤두스 주교를 향하여 당신도 배교자라고 따지자 세쿤두스는 이 문제를 덮고 회의를 진행하였고, 이 회의는 실바누스(Silvanus)를 새 주교로 선출하고 마무리되었다.[7]

다른 총독령(Proconsular)의 지역도 별반 사정이 다르지 않았다. 퓨르

---

4 Optatus, *De Schismate Donatistarum*, 3. 8.
5 Frend, *The Donatist Church*, 5.
6 Augustine, *Contra Cresconium* 3. 27. 30.에 보면 'Urbani Donati, Purpurio a Linata, Donato Calamensi, Donato Masculitano, Uictori a Russicade, Marino ab Aquis'의 주교들이다. 이러한 키르타 종교회의 기록은 411년 카르타고 종교회의 때 가톨릭교회에 의해 제시되었고 아우구스티누스도 이 자료를 활용하였다.
7 John Anthony Corcoran, *Augustus Contra Donatistas* (Donaldson, IN : Graduate Theological Foundation, 1997), 16.

니(Furni)와 자마(Zama) 그리고 아비티니아(Abitinia)의 주교들도 역시 칙령에 굴복하였고, 카르타고 주교였던 멘수리우스(Mensurius)는 성경을 넘겨주는 대신 이단 서적을 성경이라고 하며 행정관들에게 넘겨주었다.[8]

이런 자료들은 디오클레티아누스 황제의 강력한 박해가 진행되던 303년에서 305년에 북아프리카 지역의 고위 성직자들도 다른 지역과 같이 황제의 칙령에 대체적으로 타협하거나 순응하는 자세를 가졌다는 것을 보여 준다. 디오클레티아누스 황제의 강력한 박해는 북아프리카에 있는 순교적 열정이 가득한 기독교인들이 자신들을 박해하는 악한 세력과의 투쟁을 벌이는 계기가 되었다. 특별히 앞에서 살펴보았듯이 북아프리카에 흐르는 열광적 신앙의 영향으로 인해 도시 하층민들과 누미디아 남부에 거주하는 많은 기독교인이 임박한 종말에 대한 기대감을 가지고 순교의 영광을 누리고자 하였다. 카르타고의 주교 멘수리우스는 세쿤두스에게 편지를 보내 당시 상황을 전하는데, 카르타고의 많은 기독교인이 행정관을 찾아가서 성경을 소유하지 않음에도 불구하고 성경을 소유하고 있으나 건네주기를 거부한다고 밝히고 있다고 전하였다.[9]

도나투스파의 순교 행전에는 이러한 박해 기간에 이루어진 많은 순교 사건이 기록되어 있다. 그중에서도 아비티니아에서 일어난 사건은 이후에 북아프리카 교회가 분열하는 데 매우 중요한 요인을 제공하는 것이기에 주목할 필요가 있다. 카르타고 인근의 작은 마을 아비티니아의 주교였던 푼다누스는 행정관에게 성경을 넘겨주고 말았다. 그러나

---

8 Augustine, *Breviculus Collationis cum Donatistis*, 3. 13. 25.
9 Ibid., 3. 13. 25.

이 지역의 교회들은 모임을 금지하는 황제의 칙령에도 불구하고 장로였던 새터니누스의 인도 아래 성경 봉독자(lector) 에메리투스의 집에서 계속 모였다. 그러다가 로마 군인들이 갑자기 들이닥쳐 예배를 드리던 기독교인 47명을 체포하고 카르타고로 이송하여 투옥시켰다.[10]

이러한 내용은 일반적인 이야기이다. 하지만 이어지는 기록에 따르면 왜 도나투스파가 카르타고의 주교로 카이실리아누스(Caecilianus)가 임직하는 것을 그토록 강력하게 반대했는지에 대해 매우 중요한 단서를 제공한다.

고백자들이 투옥된 감옥은 차갑고, 어둡고, 축축했다. 신실한 동료들이 음식과 물과 다른 필요한 것들을 가지고 방문했다. 로마의 감옥은 죄수들에게 이런 것들을 제공하지 않았다. 그러나 동료들이 가져온 것들을 그들에게 결코 전할 수가 없었다. 카르타고의 감독 멘수리우스와 부제인 카이실리아누스가 개별적으로 경비원을 고용하여 고백자들의 동료들이 가져온 음식물과 생활용품을 전달하지 못하도록 막았기 때문이다. 면회하러 온 사람에게 물리적 힘을 사용하는 것을 주저하지 않았다. 이러한 소동 중에 어린아이들은 자기 아버지와 어머니가 주교의 경비원들에게 폭행당하는 것을 볼 수밖에 없었다.[11]

---

10 *Acta Martyrum Saturnini*, 15.
11 Tilley, "The Use of Scripture in Christian North Africa: An Examination of Donatist hermeneutics," 9.
  "Their prison was cold, dark, and dank. Faithful friends came to bring them food, water, and the other necessities Roman jails did not provide their prisoners. But their supporters were never able to deliver these supplies. The bishop of Carthage, Mensurius, and his deacon, Caecilian, sent their own guards to embargo—forcibly, if necessary—the provisions brought by the friends and families of the confessors. Physical force was indeed necessary. In the ensuing brawl, children were forced to watch as the bishop's guards beat their fathers and

아비티니아 순교자들의 마지막에 대한 기록은 전해지지 않지만, 도나투스파는 동료들이 보낸 음식을 차단한 카이실리아누스의 잔인한 행위로 그들이 감옥에서 굶어 죽었다고 주장하며 카이실리아누스를 비난하였다.[12]

또한 도나투스파의 『행전』(*the Acta*)의 저자는 고백자들이 감옥에서 배교한 성직자들을 통렬히 성토한 일을 기록하고 있다.

> 성경 말씀의 일점일획이라도 변개하는 것은 죄라 했는데, 우리 주 예수 그리스도의 말씀 전체를 로마 제국의 이방인 행정관의 명령대로 파괴한 것은 불경스러운 일이며 지옥에 가서 영원히 형벌을 받을 만한 일이다. … 따라서 누구라 하더라도 이와 같은 배교자들과 사랑의 교제를 나누는 자들은 천국 잔치에 참여하지 못할 것이다.[13]

로마 제국을 맹렬히 휩쓸었던 박해는 끝났지만, 더 큰 문제는 박해가 끝난 이후에 생겨났다. 이 문제로 북아프리카의 교회는 박해 때와 같이 격랑에 휩싸이게 되었다. 물론 이전의 상황과는 분명히 다르다.

---

mothers."

12 *Acta Martyrum Saturnini,* 17.

"Idemque [Caecilianus] lora et flagra cum armatis ante forces carceris ponit, ut ab ingressu atque aditu cunctos qui victum potumque in carcerem martyribus afferebant, gravi affectos injuria propulsaret."

13 Ibid., 18.

"Si ergo additus apex unus aut littera una dempta de libro sancto radicitus amputat, et sacrilegum facit et subvertit auctorem, necesse est omnes eos qui testamenta divina legesque venerandas omnipotentis Dei et Domini nostri Jesu Christi profanis ignibus tradiderunt exurendas aeternis gehennae ardoribus atque inextinguibili igne torqueri. … Si quis traditoribus communicaverit, nobiscum partem in regnis caelestibus non habebit."

왜냐하면 박해의 종식 후 교회를 수습하는 과정에서 발생한 일이었기 때문이다. 박해는 교회와 국가 사이에 발생한 갈등이었다. 그러나 콘스탄티누스 황제가 회심하고 교회의 수호자로 자처하면서부터 일어나는 교회 내의 강경한 입장과 온건한 입장 간의 대립에 국가가 개입함으로 인해 교회 공동체 내부 갈등을 넘어 국가적 문제로 확대하였다.

카르타고 교회의 분열

카르타고의 주교 멘수리우스는 그의 사제였던 펠릭스(Felix)[14]가 알렉산더의 반란(308-311년)과 연루되었다는 의혹을 해명하라는 막센티우스(Marcus Aurelius Valerius Maxentius) 황제의 호출 명령을 받고 로마로 갔다. 거기서 그는 펠릭스에 대한 의심을 불식시키고 황제로부터 기독교에 관용을 베풀 것을 약속받는 등 많은 성과를 거두었다. 그러나 카르타고로 돌아오는 길에 병에 걸려 사망한다.[15]

멘수리우스 사망 이후 공석이 된 그의 자리를 맡아 행정을 처리하던 장로회(Seniores)는 누미디아의 성직자들이 와서 신임 감독 선출 문제를 간섭하지 못하도록 서둘러 새로운 감독을 선출하려고 하였다. 키프리아누스 이후 카르타고의 감독을 선출할 때 누미디아 지역의 감독이 참석하여 감독을 안수할 수 있는 권한을 인정하고 있었다. 그러나 카르타고의 성직자들은 이러한 특권적 관행에 강한 불만이 있었다. 왜냐하면 독립성이 강했던 당시 북아프리카 지역의 특성상 지역의 감독을 선출은

---

14 압퉁가(Aptungua)의 주교 펠릭스(Felix)와 다른 동명이인을 가리킨다.
15 Optatus, *De Schismate Donatistarum*, 1. 17.

해당 지역의 주교들에게 맡기는 것이 옳다고 생각했기 때문이다.[16] 그런데 좀 더 자세히 살펴보면 직접적인 이유는 다른 데 있었던 것으로 보인다.

멘수리우스는 로마로 가기 전에 장로회에 교회 행정만이 아니라 자신이 소유한 상당량의 귀금속을 맡겼다. 그런데 멘수리우스가 병사하여 돌아오지 못하자 장로회는 그 귀금속에 욕심을 내 서둘러 신임 감독을 선출하려고 했던 것이다. 그러나 멘수리우스도 장로회를 온전히 신뢰하지 못하였다. 그는 재산 목록의 사본은 신뢰할 만한 여신도에게 건네주면서 자기에게 무슨 일이 생겨 돌아오지 못하게 되면 신임 감독에게 전해 주도록 부탁하였다. 서둘러 신임 감독을 선출하려던 장로회의 계획은 뜻대로 되지 않았다. 단일화에 실패하여 멘수리우스의 부제였던 카이실리아누스가 선출되었고 그 여신도는 카이실리아누스에게 재산 목록을 전해 주었고, 장로회는 멘수리우스의 재산을 도로 내놓아야만 했다.[17]

카이실리아누스가 신임 감독이 되었다는 소식은 시민들에게 환영을 받았으나 과거 그가 고백자들에게 행하였던 잔인한 행동을 기억하고 있는 일반 대중들로부터 강력한 반발을 불러일으켰다. 또한 동료 성직자에게도 강한 반감을 사고 있었다. 카이실리아누스는 평소 신도들이 순교자를 존경하며 그들에게 경의를 표하는 것에 대해 냉소적인 태도를 보여 많은 이들에게 상처를 주곤 하였다. 그 대표적인 사람이 스페인에서 이주한 부유한 여인인 루실라(Lucilla)였다. 박해 전, 그녀는 평소 성찬

16 Frend, *The Donatist Church*, 16.
17 Optatus, *De Schismate Donatistarum*, 1, 17.

을 받기 전 순교자의 뼈에 입맞춤을 하여 카이실리아누스에게 심한 질책을 받았던 적이 있었다. 그로 인해 그녀는 마음에 큰 상처를 입었으며, 카이실리아누스에 대하여 강한 반감을 품고 있었다.[18]

옵타투스에 의하면 루실라는 대중적 반발로 카이실리아누스가 감독직에서 떨어지면 자신의 종이자 카르타고 교회의 성경 봉독자였던 마조리누스(Majorinus)가 감독으로 선출될 것으로 생각하고[19] 카이실리아누스의 낙마와 마조리누스의 선출을 위해 끊임없이 노력하였다. 그러나 카이실리아누스는 312년에 총독령 북아프리카 타지타의 노벨루스와 두 부르보 마이우스의 파우스티누스, 압퉁가의 펠릭스[20] 등 세 명의 주교에 의해 카르타고의 새 감독으로 선출되었다. 새로운 감독의 임직식이 끝나자 카이실리아누스는 사절단을 주변의 주요 교구에 보내 이러한 결과를 통보하였다.[21] 하지만 누미디아의 주교였던 세쿤두스는 이 결과를 수용할 수 없었으며, 카리실리아누스에 반대하는 카르타고의 반대파들이 중재를 요청하였을 때 서둘러 그 요구에 응하였다.

세쿤두스를 비롯하여 70명의 누미디아 주교들이 카르타고에 도착하였다. 그들은 카이실리아누스의 감독 선출에 반발해 소요가 일어난 것을 목격하였고, 지금까지 침묵하던 카르타고의 성직자들도 세쿤두스에게 이번 일에 개입해 달라고 요청하였다. 세쿤두스는 새로운 감독 선출

---

18 Ibid., 1. 17. "카이실리아누스는 당시 대중들에게 유행하였던 미신적 신앙에 대해 냉소적이었다."

19 Ibid., 1. 19
    "sic extitum est foras et altare contra altare erectum est et ordinatio inlicite celebrata est et Majorinus, qui lector in diaconio Caeciliani fuerat, domesticus Lucillae, ipsa suffragante episcopus ordinatus eat a traditoribus."

20 Ibid., 1. 19.

21 Augustine, *Contra Epistolam Parmeniani*, 1. 3. 5.

에 주교 12명이 아니라 3명만 참석하였으며, 그중 하나인 펠릭스는 배교자였기 때문에 대중들의 분노가 폭발한 것이라는 이야기를 들었다. 결국 세쿤두스는 카이실리아누스의 선출이 무효임을 선언하고 대신 임시 관리자(Intervenor)를 세워 후임자 선출 문제가 완전히 해결될 때까지 카르타고 교회를 돌보게 하였다. 그러나 임시 관리자가 카이실리아누스파로 추정되는 사람들에게 살해되는 일이 발생하고 만다. 일이 이렇게 되자 세쿤두스는 카이실리아누스를 포함하여 자신들의 주교들과 종교회의를 열고자 하였다. 그러나 카이실리아누스는 이를 거부하고 공개 토론을 요청하면서 만일 펠릭스의 자격이 문제라면 다시 미디안 주교들에 의해 안수하자고 제안하였다.[22] 이런 제안에도 불구하고 종교회의는 배교자에 의해 안수식은 무효이며, 카이실리아누스가 부제로 있으면서 아비티니아의 순교자들에게 음식물을 제공하는 것을 금지했다는 이유로 그를 정죄하였다.[23] 그리고 카이실리아누스를 대신하여 루실라의 종이자 카르타고 교회의 성경 봉독자였던 마조리누스를 새로운 카르타고의 감독으로 선출하였다.[24]

이후 세쿤두스는 로마와 스페인 그리고 고울과 아프리카에 사절단을 보내 회의의 결정을 보고한 뒤 회의를 마무리하고 누미디아로 돌아갔다. 이로 인해 북아프리카 교회는 결국 두 개의 교회로 분열한다. 이를 보며 옵타투스는 '하나의 제단이 다른 제단을 대항하여 세워지게 되

---

22 Ibid., 1. 3. 5.
　"Si Felix in se nihil contulisset, ipsi tamquam ad huc diaconum ordinarent."
23 Augustine, *Breviculus Collationis cum Donatistis* 3. 14. 26.
　"quod ad eos uenire noluerit tanquam a traditoribus ordinatus, et quia, cum esset diaconus, uictum afferri martyribus in custodia constitutis prohibuisse dicebatur."
24 Augustine, *Ad Catholicos Epistola*, 25. 73.

었다'[25]라고 전하였다.

물론 자세히 보면 카르타고 교회의 분열이라고 표현하는 것이 맞을 것이다. 상황이 이렇게 되자 카이실리아누에게 미래는 없는 듯 보였다. 키르타의 실바누스처럼 대중에게 지지를 받은 것도 아니고 동료에게 신임을 얻은 것도 아니었으며 도덕성도 내세울 것이 없었기 때문이었다. 그러나 북아프리카 카르타고에서 지위를 상실한 카이실리아누스는 로마 교회에 억울함을 호소하였다. 카르타고의 성직자들이 세쿤두스에게 중재를 요청한 것처럼 카이실리아누스는 로마 교회에 중재를 요청하였다. 그러는 사이 콘스탄티누스의 회심과 로마 황제로의 즉위 그리고 기독교에 대한 관용령(313년) 선포가 있었다. 마조리누스는 몇 개월 만에 사망하였고, 후임으로 카사이 니그라이(Casae Nigrae)[26] 출신의 도나투스가 후임이 되어 40년 동안 북아프리카 교회를 이끌었다. 그로 인해 그를 따르는 신자들이 도나투스파라는 불렸다.

교회 분열의 진행

콘스탄티누스와 교회 회의들

북아프리카 카르타고의 교회가 분열했다는 소식은 당시 밀라노에 있었던 콘스탄티누스 황제에게 곧바로 전해졌다. 북아프리카 지역은

---

25 Optatus, *De Schismate Donatistarum*, 1. 15.
"sic exitum est foras et altare contra altare erectum est et ordinatio inclicite celebrata est et Majorinus"

26 카사이 니그라이는 누미디아 고원의 평야 지대 최남단 끝자리에 자리 잡은 곳으로 순교자 제의가 가장 활발한 지역 중 하나였다. 참조. Frend, *The Donatist Church*, 13–16.

앞에서 살펴보았듯이 로마 제국, 특별히 로마시와 이탈리아 전역을 위한 곡식과 올리브유의 중요한 공급지였기 때문에 콘스탄티누스 황제는 그곳 교회들이 하나가 되어 안정을 되찾기를 원하였다. 그래서 이를 위해서 발 빠르게 대처하였다.[27] 그러나 콘스탄티누스 황제는 빠른 안정과 교회의 일치를 내세워 양쪽의 주장을 듣기도 전에 카이실리아누스를 카르타고의 정통 주교로 인정하였다. 그리고 카이실리아누스가 재량으로 사용하도록 당시 아프리카 황제령의 재무 장관이었던 우르수스를 통해 3천 folles(고대 로마 화폐 단위)를 지급하였으며, 추후에 필요에 따라 황제령의 행정 장관에게 더 요청할 수 있는 특권도 부여하였다. 또한 이전에 몰수한 교회의 땅과 재산도 모두 돌려주었다.[28] 그리고 북아프리카 총독 아눌리누스(Anullinus)와 부장관 파트리티우스에게 편지를 보내어 '일부 몰지각한 자들이 저속한 날조를 통해 비열하게도 가장 거룩한 가톨릭교회를 더럽히고자 한다는 소식을 들었다'라고 하면서 이런 거짓된 망상에 사로잡혀 있는 야비한 자들은 누구든지 재판관 앞에 끌고 나오도록 명령하였다.[29]

콘스탄티누스 황제는 카이실리아누스에게 이러한 조치를 알려 주었고, '가장 거룩한 가톨릭교회의 대표자'라고 칭하며 그에게 힘을 실어 주었다.[30]교회의 일치와 사회적 안정을 위해서는 원망과 불평이 없도록 신중했어야 하지만 콘스탄티누스 황제는 왜 성급하게 처리하였는지 의문을 불러 일으킨다. 여기에 대해 프렌드는 콘스탄티누스 황제가 이미

27 Frend, *The Donatist Church*, 144.
28 Eusebius Pamphilus, *Historia Ecclesiastica* (ed. Schwartz, Leipzig, 1908), X. 5. 15–17.
29 Ibid., X. 6.
30 Ibid., X. 6.

코르도바(Cordoba)의 주교 호시우스(Hosius)의 영향력 아래에 있었기 때문이었다고 진단한다.[31]

결과적으로 스페인 주교들의 종교회의에서 정죄받고 추방된 인물인 호시우스의 편향된 조언으로 로마 제국은 도나투스파를 정통에서 벗어난 분파주의자들로, 교회를 깨뜨리는 악으로, 제거해야 할 자들로 낙인을 찍어 배척하였다. 콘스탄티누스 황제는 카이실리아누스 측에 더 많은 호의를 베풀었는데, 313년 3월 또는 4월경 아눌리누스에게 보낸 편지에서 카이실리아누스를 카르타고의 감독으로 인정하고 그와 함께 교제하는 모든 성직자에게 무네라(Munera)[32]를 면제하려는 계획을 전하였다.[33] 이러한 콘스탄티누스 황제의 파격적인 특혜들이 북아프리카 교회의 상황을 더욱 어렵게 만들었다.

카이실리아누스의 가톨릭교회가 황제로부터 부여받은 경제적 특권은 카이실리아누스의 의도와 상관없이 로마 제국과 가톨릭교회의 유착 관계를 결정적으로 보여 주었다. 이점을 들어 도나투스파는 반로마 정서가 큰 북아프리카의 기독교인들에게 카이실리아누스의 교회는 참 교회가 아니라고 선전하였다.[34]

313년 4월 15일, 아눌리누스 총독은 도나투스파 성직자들을 만났다. 그들은 '마조리누스 측이 카이실리아누스를 고발한 내용이 담긴 가

---

31 Frend, *The Donatist Church*, 145.
32 지방세의 일종으로 의무라는 용어에서 유래하였기에 '무네라'라고 불렀다. 로마 제국의 말기에 가장 악명 높은 착취 수단 가운데 하나였다.
33 N. H. Baynes, *Constantine the Great and the Christian Church* (London : Oxford University Press, 1972), 68-69.
34 Frend, *The Donatist Church*, 146.

톨릭교회의 서류'라는 밀봉된 편지와 간략한 탄원서를 제출하였다.[35]

아눌리누스로부터 서류를 전달받은 콘스탄티누스 황제는 도나투스파와 카이실리아누스에게 각각 주교 10명과 함께 로마로 올 것을 명하였다. 그리고 이 문제를 로마의 주교인 밀티아데스(Pope Miltiades)에게 맡겨 처리하게 하였다. 황제의 의도는 작은 교회 법정을 열어 잘잘못을 가리는 것이었으나 밀티아데스는 로마와 북부 이탈리아 주교들을 중심으로 종교회의를 소집하였다.[36]

파우스타(Fausta) 황후의 궁전을 가톨릭교회의 대성당으로 사용했는데, 이곳에서 313년 9월 30일에 로마의 주교 밀티아데스가 주관하는 종교회의가 개최되었다.

도나투스는 카이실리아누스의 반대 측으로 참석하였다. 도나투스는 회의가 개최되기 전 마조리누스의 사망으로 그의 후계자로 지목된 상태였다.[37] 첫날 회의에서 도나투스파 탄원자들은 카이실리아누스가 누미디아의 세쿤두스가 수장이었던 종교회의에서 이미 정죄를 받았다는 점을 계속 강조하였다. 참석한 로마와 이탈리아의 주교들은 도나투스가 카르타고로 이주하기 전인 311년 이전에 배교한 성직자들에게 재세례를 베풀었다는 사실을 더 큰 문제로 보고 있었다. 왜냐하면 로마 교회의 전통에서 과거 키프리아누스와 스테파누스 1세의 논쟁이 있었던 것처럼 배교한 성직자라고 해도 그들에게 재세례를 베푸는 것 자체를 매우 위험한 것으로 생각했기 때문이다. 이러한 불리한 상황에서 도나투

---

35 Optatus, *De Schismate Donatistarum*, 1. 22.
36 Frend, *The Donatist Church*, 147-148.
37 Frend, *The Donatist Church*, 148.

스파는 2차 회의에서 카이실리아누스를 고발한 것이 정당했음을 입증할 증거를 제시하겠다고 약속했다. 그런데 무슨 일인지 2차 회의에 불참하였다. 이미 결론이 난 사건이기에 도망쳤다는 추측도 있지만 도나투스파는 자신들의 참석이 금지되었다고 주장하였다. 어떤 것이 정확한지 판단하기는 어렵다.[38]

결과적으로 그들은 불참했고, 10월 2일에 열린 3차 회의에서 밀티아데스는 카이실리아누스의 무죄를 선언하였다. 반면에 성직자들에게 재세례를 시행하며 교회의 혼란을 가져와 교회의 분열을 일으킨 도나투스와 그 일파를 정죄하였다. 그러면서도 교회의 안정을 위해 도나투스파가 회의 결정을 수용하면 그들의 성직을 박탈하지 않기로 하였다. 또한 한 지역에 있을 때는 연장자에게 감독직을 양보하는 것으로 하였다.[39] 그러나 밀티아데스와 로마 주교들의 이러한 일방적 결정은 북아프리카 교회들의 강한 반발을 불러왔다. 도나투스파 성직자들은 카이실리아누스를 여전히 인정하지 않았고, 카이실리아누스의 편을 들었던 밀티아데스도 배교자로 여기는 등 가톨릭교회의 주교들을 매도하였다. 그들은 재판이 불공정하다고 여겼고, 자신들이 원하는 갈릭(Gallic)의 주교들이 배제된 것에 불만을 품었다. 그로 인해 다시 한번 탄원하기로 하였다.

밀티아데스가 공정하고 옳은 결정을 했다고 확신했던 콘스탄티누스 황제는 도나투스파가 재차 탄원서를 올리자 분노하였다. 그럼에도 콘스탄티누스 황제는 교회의 일치가 제국을 위해 꼭 필요했기에 탄원자

---

38 Ibid., 148-149.
39 Optatus, *De Schismate Donatistarum*, 1. 23.

들의 요청을 다시 받아들였다. 그래서 콘스탄티누스 황제는 314년 8월 1일 알레스(Arles)에서 종교회의를 열기로 하고 로마 제국의 모든 주교에게 참석하도록 명령하였다. 그리고 알레스의 주교인 마리누스가 회의를 주관하게 하였다. 그러면서 콘스탄티누스 황제는 탄원의 내용처럼 압퉁가의 펠릭스가 배교했는지를 알아보려고 아프리카의 총독에게 조사를 명령하였다. 그러나 알레스의 종교회의에서도 결과는 바뀌지 않았다. 갈릭 주교들을 비롯한 다른 서방의 주교들도 이전의 이탈리아 주교들처럼 탄원자인 도나투스파에 호의적이지 않았다. 왜냐하면 도나투스파 교회들이 시행하는 재세례가 모든 보편 교회의 분노를 샀기 때문이다. 결국 알레스 종교회의는 카이실리아누스에게 적법성을 확증해 주었고, 22개의 법규(Canons)를 제정하였다. 이 법규들 가운데 특징적인 것은 9항과 13항이었다. 9항은 돌아온 이단자에게 재세례를 베푸는 관행을 법적으로 금지하였다. 13항은 배교한 주교에 의해 행해진 세례는 유효하며, 만일 어떤 성직자를 배교자로 정죄하여 제명하려면 명확한 증거가 있어야 한다고 하였다.[40]

이렇게 알레스 종교회의는 터툴리아누스와 키프리아누스로 계승되어 온 북아프리카 교회의 재세례 전통을 부정하는 결정을 하였다. 따라서 카이실리아누스의 반대파 중에 온건파는 회의 결정을 받아들이고 카이실리아누스와 화해하였으나 대다수는 그를 여전히 인정하지 않았다. 왜냐하면 그들은 황제와 다른 지역의 주교들이 어떤 결정을 하든지 펠릭스가 배교자라는 사실과 카이실리아누스가 70명의 누미디아 주교들

---

40 Frend, *The Donatist Church*, 152.

에 의해 정죄된 것은 부인할 수 없다고 생각했기 때문이다.[41]

상황이 이렇게 돌아가자 카이실리아누스도 도나투스파가 문제 삼는 펠릭스의 배교에 대한 조사를 로마 제국에 정식으로 요청한다. 북아프리카 총독 아일리아누스는 펠릭스가 배교자라는 증거 서류가 지방 의원(Town councillor)인 인겐티우스에 의해 조작된 것을 밝혀냈다. 이에 총독은 펠릭스가 배교자가 아님을 선언하고 조작의 주인공인 인겐티우스를 구속하였다.[42] 그리고 이 소식을 들은 다뉴브 지방에 머물던 콘스탄티누스 황제는 인겐티우스를 로마로 송환하라고 명령하였다. 카이실리아누스는 모든 상황이 자기에게 유리해졌지만 무슨 이유인지 콘스탄티누스 황제 앞에 모습을 나타내지 않았다.[43] 그로 인해 콘스탄티누스 황제는 카이실리아누스를 의심하면서 반대파들에게 카이실리아누스에 대한 고발 증거를 가져오면 인정하겠다고 제안하였다.[44] 그러나 프랑크족의 침입으로 황제의 결정은 미루어지고, 그사이에 필루미누스라는 황제의 사법 관료에 의해 주교 사절단을 보내 카이실리아누스와 도나투스파 대신 제3의 인물을 감독으로 선출하자는 타협안을 제안하였다. 이러한 제안에 따라 315년 말 혹은 316년 가톨릭교회의 고위 성직자인 올림피우스와 유노미우스가 북아프리카로 향하였다. 하지만 카르타고에 도착한 그들은 도나투스파의 저항을 받았고, 제안이 거부되었으며, 카르타고에는 소요가 일어났다. 그들은 결국 아무 일도 성취하지 못하고 돌아오

---

41 Ibid., 153-154.
42 *Gesta Proconsularia*, 204.
43 아우구스티누스는 카이실리아누스가 이 사건에 대해 끝난 일로 생각했기 때문이라고 설명한다. 참조. Augustine, *Contra Cresconium*, 3. 70. 81.
44 Optatus, *De Schismate Donatistarum* Appendix, 4.

게 되었다.[45]

상황이 이렇게 되자 콘스탄티누스 황제는 직접 이 사태를 종결짓겠다고 결심한다. 이에 따라 아프리카의 부총독 도미티우스 셀수스에게 편지를 보내어 이 사태의 핵심을 파악했으며, 카이실리아누스의 반대파들이 '순교자의 은총'을 계승했다고 주장하려면 먼저 그것을 증명해야 한다고 말하였다.[46] 그리고 콘스탄티누스 황제는 카이실리아누스나 그 반대자들에게 명확하고 공평한 판결을 하고자 아프리카에 간다고 그 목적을 설명하였다.[47] 그러나 316년 가을 콘스탄티누스 황제는 여러 이유로 아프리카 방문을 포기하고 대신 인켄티우스 사건과 카이실리아누스에 대한 고발장을 검토하였다. 그해 10월 10일 아프리카 부총독으로 새롭게 부임한 유발리우스에게 카이실리아누스는 결백하며, 반대파들은 '중상모략을 한 자들'이라고 최종 통보를 하였다.[48]

콘스탄티누스 치하에서의 도나투스파

카르타고 교회의 정당한 감독이 누구인지 최종적으로 확정한 콘스탄티누스 황제는 불법적인 분파 교회에 후속 조치를 취하게 된다. 불법적 분파 운동을 한 도나투스파 교회의 재산을 몰수하고, 도나투스파 교

---

45 Frend, *The Donatist Church*, 148-149.

46 Optatus, *De Schismate Donatistarum* Appendix, 7.
"Cumque satis clareat neminem posse beatitudines martyris eo genere conquirere, quod alienum a ueritate religionis et incongruum esse uideatur."

47 Ibid., 7.
"uerum lecta hac epistola tam Caeciliano quam hisdem palam facias, quod cum fauente pietate diuina Africam nenero; plenissime universis tam Caeciliano quam his, qui contra enm agere nidentur, lecto dilncido iudicio demonstraturus sum, quae et qualis summae diuinitati sit adhibenda ueneratio et cnjusmodi cultus delectare nideatur."

48 Augustine, *Contra Cresconium*, 3. 71. 82.

회의 지도자들은 추방한다는 반도나투스파 법령을 317년에 반포하였다.[49] 그럼에도 도나투스파는 자신들의 교회를 포기하지 않고 저항하였다. 이렇게 상황이 전개되자 카이실리아누스는 행정 장관 레온티우스와 지역 사령관 우르살티노스와 군단장 마르셀리누스(Marcellinus)에게 군을 동원해서 쫓아내도록 촉구하였다.[50] 결국 강경 진압으로 도나투스파에 대한 학살이 자행되었고, 아드보카타의 주교가 죽었으며, 시실리바의 주교였던 호노라투스는 마르셀리누스에 의하여 죽임을 당하게 되었다.[51] 이러한 일로 인하여 북아프리카에서 교회 분열은 점점 빨라지고 고착화되었다.

가톨릭교회는 로마 제국의 관료와 군인들과 결탁하여 "그리스도께서 (악한 또는 나쁜) 일치를 사랑하라고 말씀하셨느냐(*Christus inquit [Diabolus] amator unitatis est*)"[52]를 외치는 도나투스파의 소리를 외면하고 그들의 교회를 파괴하며 살인을 멈추지 않았다. 그로 인해 두 교회는 건널 수 없는 강을 건넜고 둘 사이의 충돌은 피할 수 없게 되었다. 그런데 아이러니한 것은 이러한 반도나투스파 법령에도 불구하고 카르타고 이외의 지역에서는 박해가 그리 심하지 않았다는 점이다.[53] 왜냐하면 콘스탄티누스 황제의 반도나투스파 법령에도 불구하고 누미디아의 많은 주교들은 교구민들에게 지지를 받고 있었기 때문에 자기 교구를 지켜낼 수 있었다.

---

49 Frend, *The Donatist Church*, 158-159.
50 *Passio Donati*, 2.
51 Ibid., 6.
52 Ibid., 3.
53 Frend, *The Donatist Church*, 159-160.

도나투스파의 강력한 저항과 반도나투스파 법령이 기대에 미치지 못하자 콘스탄티누스 황제는 더 이상 북아프리카 지역에서 교회의 일치를 꾀하는 것이 부질없음을 깨닫고 321년 5월 5일 도나투스파 교회와 도나투스파에게 종교의 자유를 허락하는 칙령을 반포하였다. 유세비우스는 황제의 이러한 선회를 이렇게 설명한다. 리키니우스와의 중대한 일전을 앞두고 있던 콘스탄티누스 황제로서는 아프리카의 안정이 '미친 사람을 이성적인 사람으로 돌이키는 것'보다 시급한 문제라 인식했다.[54]

도나투스파 교회는 카이실리아누스와의 싸움에서 법적인 승리를 인정받지는 못했지만 황제의 새로운 칙령으로 종교의 자유가 허락되었고 세력을 확장할 수 있는 토대를 마련하게 되었다. 콘스탄티누스 황제의 통치 아래에서 북아프리카 기독교의 성장은 주로 도나투스파 교회를 중심으로 이루어졌다.[55] 콘스탄티누스 황제의 통치 말기에 도나투스파 교회에는 3백 명에 육박하는 주교가 있었는데 이는 키프리아누스의 시기와 비교해 볼 때 세배가 증가한 수치였다.[56]

도나투스파 교회의 이러한 성장에 비하여 가톨릭교회들은 나름의 세력 확장을 꾀하였으나 의미 있는 성과를 내지는 못하였다. 오히려 도나투스파 교회들은 북아프리카에서의 성장을 발판으로 해외에도 자신들의 공동체를 형성하고자 노력하였다. 북아프리카에서 놀랄 만큼 입지를 넓히고 사람들의 지지를 받으며 교세는 성장하였지만 다른 서방의

54 Eusebius, *Vita Constantini* (ed. Heikel, Leipzig, 1902), 1, 45.
55 Frend, *The Donatist Church*, 162–163.
56 Ibid., 167.

교회들로부터 고립된 상태로 지내는 것은 그들에게 큰 부담이었기 때문이었다. 그래서 루실라의 부동산이 있던 스페인의 한 지역과 로마에 자신들의 공동체를 만들고자 시도하였다. 결과는 스페인에서는 별다른 성과를 거두지 못하였지만, 로마에서는 교구를 이룰 만큼 의미 있는 성장을 하였다. 411년 카르타고 공의회에서 로마의 도나투스파 주교가 카르타고와 누미디아 주교 다음으로 명부에 서명한 것으로 보아 이름만 있는 교구가 아니라 실제로 교세를 유지하고 있는 교회로 인정받고 있음을 볼 수 있다. 도나투스파 교회에 대한 박해가 소강 국면에 접어들자 분열한 두 교회는 자신들의 정통성을 주장하는 데 집중하였다. 이때 대두된 문제가 바로 재세례의 문제였다. 전통적으로 북아프리카 교회에서 계속해서 문제 제기가 있어 왔던 재세례 문제는 도나투스파 교회에서도 큰 혼란과 의견의 불일치를 야기하였다. 도나투스파 교회는 이 문제를 해결하기 위해 종교회의를 개최하였다.[57]

이 종교회의에서는 배교자가 받은 세례의 문제는 논하지 않았다. 다만 배교자가 배교하기 전 집례한 세례를 받은 사람이 재세례를 받아야 하는 것인지, 또 배교하지는 않았지만 카이실리아누스 측으로 넘어간 성직자가 집례한 세례를 받은 사람이 다시 돌아왔을 때 어떻게 해야 하는지에 관한 실천적 문제들이 논의되었다. 왜냐하면 이 문제에 대해 비교적 박해가 심하지 않았으며, 카이실리아누스 측과 충돌이 덜했던 모리타니아 지역 교회들이 예민하게 반응했기 때문이다. 도나투스는 도나투스파 교회 밖에 세례가 있을 수 없으므로 카이실리아누스 측에 속

---

57 Augustine, *Ep*, 93. 43.

했던 사람들에게 재세례를 베푸는 것이 옳다고 생각하였다.[58] 그러나 모리타니아 교구에서 재세례를 행하지 않는다면 카이실리아누스 측을 떠나 도나투스파 교회로 돌아올 회중들이 많았다. 그래서 마크리의 듀테리우스를 비롯한 모리타니아 교구의 주교들이 도나투스의 견해에 반발하여 문제를 제기하였다.[59]

이 문제는 도나투스파 교회들의 분열을 촉발할 수 있는 뇌관과도 같았으며, 75일간에 걸쳐서 치열하게 논쟁하였다. 그 결과 도나투스는 모리타니아 주교들의 제안을 받아들이기로 하였다.[60] 스테파누스 1세에게 키프리아누스가 제안한 것처럼 재세례의 문제는 각 지역의 전통에 따라 자율적으로 결정하도록 하였다. 이러한 유연한 변화를 통해 도나투스파 교회는 콘스탄티누스 황제가 숨을 거둘 때까지도 성장을 계속하였다.[61] 북아프리카에서 가톨릭교회와 도나투스파 교회의 분열 이후 첫 세대가 지날 무렵 도나투스파 교회는 북아프리카의 대표 종교가 되었다. 도나투스의 지도를 받으며 도나투스파 교회는 든든히 세워진 듯하였다.[62]

도나투스파 교회의 성장

가톨릭교회의 분열 문제는 황제들에게는 재위 기간 중 꼭 해결해야 할 지상 과제처럼 여겨졌다. 콘스탄티누스 황제의 계승자인 콘스탄스

---

58 Augustine, *Retractationes*, 1, 21.
59 Frend, *The Donatist Church*, 167-168.
60 Ibid., 168.
61 Ibid., 169.
62 Ibid., 169.

(Flavius Julius Constans) 황제는 이 문제를 해결하기 위해 다시 공권력에 의존하였다. 그러나 어떠한 협박도 회유도 통하지 않았다. 그러다가 마침내 유혈 사태가 발생하였다. 도나투스파 내부에서도 극단적인 폭력을 지향하는 그룹들이 있었는데 바로 키르쿰켈리온파(Circumcellions)였다.

키르쿰켈리온파는 농민들의 오막살이에서 신세를 지며 농촌을 방랑하던 도나투스파 교회의 탁발 수사들로, 반란에 가담한 농민과 노예들과 합세하여 약탈과 방화와 살인을 자행하는 극단적인 폭력 그룹이었다. 그들이 그렇게 행동했던 것은 그리스도의 참 군인으로서 순교의 열정을 품고 자신들의 목숨을 초개와 같이 버리겠다고 생각했기 때문이다. 그럼에도 모든 도나투스파가 이 반란에 동참한 것은 아니었다. 결국 이 반란이 로마 제국의 군대에 의해 진압되면서 지도자들은 처형되고, 나머지는 추방되었으며, 그들의 교회는 폐쇄되거나 몰수되었다. 그리고 도나투스가 망명지에서 죽어 그의 자리를 파르메니아누스(Parmenianus)가 물려받는다.[63] 그러나 아직 도나투스파 교회들의 지도권은 폰티우스와 로마의 주교 마크로비우스가 가지고 있었고, 파르메니아누스의 능력은 드러나지 않았다.

폰티우스는 도나투스 이래로 5세기에 대중에게 인기가 있었던 성직자였다.[64] 이후 도나투스파 교회는 계속되는 박해 속에서 고통의 시간을 보냈으며, 가톨릭교회는 로마 제국의 지원으로 성장해 갔다. 그러나 그 시기도 361년 콘스탄스 황제의 사망으로 종식되고 제국의 권력이 그의

---

63 Phillip Schaff, *History of The Christan Church* Vol. Ⅲ (Grand Rapids : Wm. B. Eerdmans, 1957), 363.

64 Augustine, *Ad Catholicos Epistola*, 19. 49.

조카 율리아누스(Flavius Claudius Julianus)에게 넘어가면서 예상 밖의 반전이 이루어지게 되었다. 기독교에서 로마의 전통 신앙으로 개종한 배교자 율리아누스가 황제로 즉위하면서 제국 전역의 이교들과 가톨릭교회에 저항했던 기독교인들의 삶이 달라진 것이다. 율리아누스 황제는 더이상 반가톨릭적인 기독교 신앙에 대해 박해하지 않고 관용 정책을 펼침으로 박해 이전으로 돌이키고 재산도 모두 돌려주도록 하였다. 이러한 관용 정책에 힘입어 도나투스파 교회는 다시 부흥하기 시작하였다.

14년 동안 가톨릭교회의 신자들인 것처럼 평화롭게 살던 사람들이 갑자기 종교적 광신자로 돌변하였다고 옵타투스는 당시 상황을 설명하였다. 도나투스파 교회가 누미디아와 모리타니아를 장악하여 그 지역의 가톨릭교회 주교들과 성직자들 그리고 수녀들을 면직하고 가톨릭교회의 제단을 파괴하였다. 그리고 이에 동참하기를 주저하는 자들을 우상 숭배의 죄목으로 고소하였다. 이와 관련하여 도나투스파 교회 지도자들은 교회의 정화를 위해 정당한 보복이라고 생각했고, 파르메니아누스도 '부정한 자가 만지는 모든 물건은 다 부정하다'라고 말하면서 그것들은 다 파괴되어야 한다고 하였다.[65] 그리고 도나투스파에 의해 북아프리카에서 재세례는 다시 관행이 되었다.[66]

율리아누스 황제가 로마 제국을 통치하기 시작하면서 얼마 되지 않아 도나투스파 교회는 북아프리카의 지배 종교로서 지위를 갖게 되었다. 그러던 중 363년 율리아누스 황제의 갑작스런 사망으로 또다시 북아프리카는 격랑의 소용돌이로 들어가는 것 같았지만 극적인 반전은 일

---

65 Optatus, *De Schismate Donatistarum*, 1, 18–21.
66 Augustine, *Ep*, 93, 43.

어나지 않았다. 물론 그렇게 된 가장 중요한 이유 중 하나로 도나투스의 후임으로 카르타고의 도나투스파 교회의 감독이 된 파르메니아누스의 지도력을 손꼽을 수 있을 것이다. 실제로 도나투스파 교회는 파르메니아누스의 지도 아래 율리아누스 황제의 사후에 부흥의 절정을 맞이하였다. 파르메니아누스는 도나투스 이래로 북아프리카에서 가장 유명한 도나투스파 교회의 저술가이며 유능한 지도자였다.[67]

파르메니아누스는 스페인 또는 고울 지방에서 북아프리카로 이주한 자로서 얼마 지나지 않아 도나투스의 후임자로 카르타고의 도나투스파 교회의 감독이 되었다. 이러한 이유로 옵타투스는 그가 북아프리카 교회의 분열에 관한 역사를 잘 모르고, 아프리카에 대해서도 잘 모른다고 주장하였다.[68] 그럼에도 파르메니아누스는 율리아누스 황제의 사망 이후 도나투스파 교회의 대표적 성직자가 되었고 도나투스파 교회를 가장 크게 발전시킨 인물이 되었다. 따라서 그를 생각하지 않고 도나투스파 교회를 생각할 수 없다.

파르메니아누스가 카르타고의 도나투스파 교회의 지도자이자 도나투스파 교회의 감독이 되었을 때 그가 직면한 상황은 그렇게 좋지 않았다. 박해가 이어지는 상황에서 외부적으로는 도나투스파 신자들의 믿음을 진작시킴으로 직면한 박해를 잘 이겨내는 것과 내부적으로는 도나투스의 사망으로 인한 내부 분열의 위기를 극복하고 도나투스파 교회가 하나로 유지하는 것이 그의 당면 과제였다. 특히 로가투스와 그 일파의

---

67 파르메니아누스의 신학은 "도나투스파의 교회론"을 다룰 때 도나투스파 신학자 중 한 사람으로 그 신학을 다루고, 여기에서는 그와 도나투스파 교회에 관한 내용만을 다루고자 한다.

68 Frend, *The Donatist Church*, 193.

이탈은 도나투스파 교회의 현실을 보여 주는 사건이었다.[69]

율리아누스 황제 이후 황제로 즉위한 발렌티니아누스(Valentinianus I)는 아프리카의 행정 장관에 로마누스를 임명하였다. 발렌티니아누스는 율리아누스 황제와 같이 종교 문제에 관용 또는 불간섭의 원칙을 채택하였다. 그러나 로마누스는 군대를 동원하여 가톨릭교회를 회복하려고 하였다.[70] 로마누스가 북아프리카를 통치하며 드러낸 부패와 착취는 북아프리카인들에게 고통을 가중시켰다. 그로 인해 다시 북아프리카의 정세는 불안정해지고, 사회적 혼란이 가중되면서 키르쿰켈리온파가 다시 등장하였다. 그리고 이들의 과격한 행동은 사회적 불안을 더욱 가중시키며 관료뿐 아니라 심지어 도나투스파 교회의 신자들까지 불안하게 만들었다. 그로 인해 모리타니아의 카테나 주교 로가투스는 그들의 과격함을 비난하며 자신을 지지하는 주교들과 함께 도나투스파 교회로부터 이탈하여 비폭력적인 순결 전통을 계승하는 공동체를 세우려고 하였다.[71] 이러한 정황을 알고 있던 파르메니아누스는 루가투스와 그 일파에 대하여 특별한 제재를 하지는 않았다. 그런데 문제는 다른 곳에서 일어났다.

372년 로마 제국의 폭정을 견디다 못해 피르무스(모리타니아의 마지막 왕 쥬바의 후손)가 주동이 되어 모리타니아에서 반란을 일으켰다. 반란자들은 피르무스를 왕으로 세웠고, 모리타니아의 도나투스파 교회가 그를 적법한 지도자로 추인하였다. 피르무스는 이에 대한 보답으로 로가

---

69 Ibid., 193.
70 Augustine, *Contra Litteras Petiliani*, 3. 25. 29.
71 Augustine, *Ep*, 93. 11.

투스의 공동체를 핍박하였다.[72] 그러나 그것도 잠깐이었다.

피르무스의 반란은 3년 후인 375년 새 행정관인 플라비우스 데오도시우스에 의해 진압되었다. 그와 더불어 피르무스를 지지한 도나투스파 교회에 대한 탄압도 이루어졌다. 발렌티니아누스 황제는 재세례를 법으로 금지하였고, 도나투스파 성직자가 도시나 시골에서 예배를 인도하지 못하게 하는 법령을 발표하였다.[73] 하지만 도나투스파에 대한 박해는 길게 이어지지 않았다. 왜냐하면 반란을 진압한 테오도시우스가 역모에 연루되어 처형되면서, 대신 열성적인 도나투스파 신자였던 플라비아누스가 부총독이 되었기 때문이다.[74] 이후 파르메니아누스 말년까지 도나투스파 교회는 평화를 누리게 되었다.

한편 레스티투스의 후임으로 카르타고의 가톨릭교회의 감독으로 선출된 게네틀리우스는 소심하고 유약하여서 도나투스파 교회와 마찰을 피하려고 하였다. 심지어는 도나투스파 교회에 법적 제재가 재개되지 않도록 도움을 요청하기도 하였다.[75]

아우구스티누스의 전임자인 발레리우스도 비슷한 성향의 사람이었다. 결과적으로 가톨릭교회와 도나투스파 교회의 관계가 매우 좋아졌다. 두 교회의 성직자들은 서로의 직분을 존중하였으며, 일부 도나투스파 교회의 성직자들은 가톨릭교회의 예배에 참석하는 모습도 보였다.[76] 그러면서도 마니교와 같은 이단에 대해서는 하나같이 혐오하였다. 실

---

72 Augustine, *Contra Epistolam Parmeniani*, 1. 10. 16.
73 *Codex Thedosianus* ⅩⅥ., 6. 1.
74 Augustine, *Ep*, 87. 8.
75 Ibid., 44. 5. 12.
76 Ibid., 33. 5.

제로 아우구스티누스와 도나투스파의 분파인 카테나의 빈센티우스 주
교는 어린 시절 친구였다.[77] 그렇게 폭넓은 시야와 지식으로 준비된 새
로운 세대들이 일어나고 있었다. 그들 중 티코니우스가 대표적인 인물
이다. 틸리이는 파르메니아누스의 지도력 아래 새로운 세대의 등장과
북아프리카의 폭넓은 지지를 받는 도나투스파 교회의 성장은 도나투스
파의 변화를 가져올 만큼 강력했다고 평가한다.[78]

교회 분열의 종식

가톨릭교회 회의 반격

그렇게 평화가 오래갈 것으로 보였다. 그러나 그것은 낭만적 생각
이었다. 또다시 역사의 변환은 황제로부터 시작되었다. 테오도시우스
(Flavius Theodosius) 황제는 386년에 과거 모리타니아에서 일어난 반란의
주동자인 피르무스의 동생 길도를 아프리카 행정관에 임명하였다. 이
후 388년 누미디아의 타무가디의 감독이 된 옵타투스와 396년 동맹을
맺고 누미디아의 극단적 도나투스파를 북아프리카에 강요한다. 398년
에 아프리카 행정 장관인 길도와 타무가디의 감독 옵타투스는 반로마
세력과 연대하여 호노리우스(Flavius Augustus Honorius) 황제에 대항하며
반란을 일으켰다.[79] 그들이 이렇게까지 할 수 있었던 것은 도나투스파
가 388년부터 398년까지 북아프리카의 지배 종교로서 절대적인 영향력

---

77 Augustine, *Ep*, 33. 5.
78 Tilley, "The Use of Scripture in Christian North Africa: An Examination of Donatist hermeneutics," *Dissertation*. 참조.
79 Frend, *The Donatist Church*, 208-209, 220-221.

을 행사했기 때문이다. 그래서 밀레비스의 옵타투스는 이때 가톨릭교회 신자들을 거의 볼 수 없다고 말했다.[80] 심지어 콘스탄틴, 히포, 칼라마 등과 같은 도시에서조차 도나투스파가 숫자적으로 절대 우위에 있었다.[81] 그러나 얼마 후 기세등등하던 도나투스파 교회가 결국 내분으로 쇠락의 길을 걷게 된 것은 역사의 아이러니이다.

도나투스파 교회는 390년 초까지 북아프리카의 대중뿐 아니라 학식 있는 엘리트 계층에까지 신앙적 삶과 신학에 있어 키프리아누스의 전통을 이어받은 온전한 '보편적(Catholic, 가톨릭)' 공동체로 인정받았다.[82] 이에 반해 가톨릭교회는 도나투스파 교회에 비해 매력이 전혀 없었다. 그러다가 390년대에 이르러 카르타고 교회에서부터 분위기가 반전되기 시작하였다. 391년 가톨릭교회의 게네틀리우스 주교가 사망하고 아우렐리우스가 카르타고의 감독이 된 후 조직력을 바탕으로 가톨릭교회를 다시 일으키기 위해 교회의 초석을 다졌다. 아우렐리우스 자신은 탁월한 신학자나 설교가는 아니었지만, 아우구스티누스와 신뢰 관계를 형성했고, 그의 도움을 받아 부족함을 보완하여 가톨릭교회를 갱신하고 도나투스파 교회와의 경쟁력을 회복하였다. 당시 뛰어난 지도자가 없었던 도나투스파 교회에 비해 아우구스티누스와 같은 뛰어난 지도자의 등장과 당시 아우렐리우스가 카르타고의 감독이 되면서 가톨릭교회의 개혁이 진행되었다. 그가 감독이 되었을 때 이미 성직 제도는 세속화되었고, 주교들은 부유한 교구를 서로 차지하려고 다투었다. 그러다 보니

---

80 Optatus, *De Schismate Donatistarum*, 7. 1.
81 Augustine, *Contra Litteras Petiliani*, 2. 83. 184.
82 Frend, *The Donatist Church*, 227-228.

주교들의 청렴함을 찾기 어려울 정도로 재정 비리가 많았고, 특히 교회의 재정을 주교들이 마음대로 유용하는 일이 생겼다. 그로 인해 고발당한 성직자들은 교회의 판단을 인정하지 않고 성직자 자신의 후견인이 있는 로마 제국의 법정에 의뢰하곤 하였다.[83]

　상황이 이러다 보니 아우구스티누스는 "다툼과 책략에 관해서 우리 조직이 회중보다 매우 심각한 상황인데, 어떤 근거로 회중에게 이러한 악을 멀리하라고 말할 수 있을까?"[84]라며 탄식하였다. 393년 아우렐리우스는 감독에 즉위하자 히포에서 종교회의를 열고 이교와 성직 매매와 같은 부도덕한 행위와 악습에 제재하는 쇄신책을 내놓았다. 그리고 지속적으로 회의를 열고, 그 회의의 결정 사항을 원동력 삼아 개혁을 진행해 나가기로 하였다.[85] 이러한 개혁 운동도 나름 의미가 있지만, 아우렐리우스가 감독이 된 후 가톨릭교회의 가장 눈에 띄는 변화는 젊고 개혁적인 성향의 사제들이 등장하였다는 점이다. 391년 아우구스티누스가 장로로 임직하면서 그가 있던 히포에 신학원을 설립해 동료들과 함께 생활하며 성직자로 갖추어야 할 자질을 길렀다.[86]

　아우구스티누스의 평생 동지였던 알피우스는 394년 타가스테의 주교가 되었다. 그리고 아우구스티누스는 396년 히포의 공동 주교가 되었다가 다음 해에 단독 주교가 되었다. 또한 아우구스티누스의 동료이자 제자인 세베루스가 397년 밀레비스의 주교가 되었다. 그리고 아우구스

83　Frend, *The Donatist Church*, 245.

84　Augustine, Ep. 22. 2. 7.
　　"De contentione autem et zelo quid me attinet dicere, quando ista uitia non in plebe, sed in nostro numero grauiora sunt?"

85　Frend, *The Donatist Church*, 245-246.

86　Possidius, *Vita*, 3.

티누스의 전기를 쓴 포시디우스는 400년경 칼라마의 주교가 되었다.[87] 이로써 누미디아 지역에 젊고 능력 있는 가톨릭교회의 주교들이 세워져 가톨릭교회의 재건을 준비하였다.

당대 최고의 가톨릭교회 신학자인 아우구스티누스는 도나투스파 교회에 대항하여 가톨릭교회가 진정한 참 교회임을 신학적으로 변증하였다. 이 일에 대한 그의 열정은 참으로 대단하였다. 420년까지 아우구스티누스는 거의 매해 도나투스파에 대항해서 변증 저술과 설교에 집중하였다.[88] 401년 이전까지 마니교에 대항해서 변증과 창세기 저술에 집중했던 그는 바타나리우스가 아프리카 행정 장관으로 부임하면서 본격적으로 반도나투스파 저술에 집중하였다. 그로부터 10년 동안의 노력이 결실을 거두어 도나투스파 교회가 생기를 잃을 무렵 펠라기우스와 아리우스 논쟁으로 관심을 돌렸다.[89]

아우구스티누스의 출현으로 가톨릭교회에 반전의 계기가 마련되는 동시에 북아프리카의 정치 상황 역시 가톨릭교회에 유리하게 돌아갔다. 길도의 반란이 실패하면서 도나투스파 교회에게 치명적인 악영향을 미쳤다. 왜냐하면 게르만족의 침입으로 시달리고 있던 로마 제국에게 북아프리카는 중요한 식량 공급지이자 유사시 주요한 피난처였다. 따라서 가톨릭교회의 승리는 종교적으로 정치적으로 그들에게 중요한 현안이었기에[90] 로마 제국은 가톨릭교회에 유리하도록 모든 상황을 도왔다. 그런데 마침 길도의 반란이 실패하면서 도나투스파 교회에 대한

---

87 Frend, *The Donatist Church*, 246-247.
88 Ibid., 248.
89 Ibid., 248.
90 Ibid., 244-245.

정부의 적대 정책이 실현되었다.

이러한 외적 상황에 만족하지 않고 아우구스티누스는 도나투스파 교회를 논박하였다. 도나투스파 교회가 여전히 북아프리카에서 숫자적으로 우세를 점하고 있는 상황에서 그들의 이단성을 강조하기보다 교회의 일치에 강조점을 두어 현명하게 논박을 이어갔다. 아우구스티누스는 우선 라틴어 사용자들의 지지를 이끌어 내려고 노력하였고, 이후에 대중의 지지와 개종을 유도하는 방향으로 논증을 진행하였다.[91]

이러한 전략이 주효하면서 상당히 많은 수의 개종자가 나왔다. 북아프리카의 가톨릭교회는 개종자의 수가 크게 늘어나 교구마다 성직자들이 부족하였다. 이를 해결하기 위해 북아프리카의 가톨릭교회는 로마 교회에 사절단을 보내어 도나투스파 교회에서 봉직했다가 개종한 성직자들을 가톨릭교회에서 수용해 줄 것을 요청하였으나 로마 교회는 거부하였다. 이에 아우렐리우스는 401년 카르타고 종교회의를 개최하여 개종한 도나투스파 교회 성직자는 평신도로 남되 예외를 두어 각 교구 상황에 따라 개종한 도나투스파 교회 성직자가 성직 제도에 들어오도록 허용하기로 하였다.[92]

또한 전 아프리카 지역에 가톨릭교회의 선교사를 파송할 것을 결정하였다.[93] 이러한 가톨릭교회의 파상 공세에 맞서 도나투스파 교회도 대응을 멈추지 않았다. 특히 아우구스티누스의 신학적인 공격에 도나투스파 교회의 페틸리아누스가 맞대응하였다. 그는 400년경 『장로에게 보

---

91 Ibid., 249-250.
92 Canon 2, *PL.* xi, col. 1197-1199.
93 Ibid., xi, col. 1198.

내는 편지』(*Epistola ad Presbyteros*)에서 집례자에 의해 세례의 유효성이 정해
진다고 하였다.

우리가 바라는 것은 수세자의 양심을 깨끗하게 하려고 [거룩한 가운데]
시행하는 집례자의 양심이다. 믿음이 없는 집례자에게서 [알면서도] 믿
음을 받은 세례자는 믿음을 받는 것이 아니고 죄를 받는 것이다. 모든
일에는 기원과 근원이 있는 것인데, 만일 어떤 것에 근원이 없으면 아무
것도 아니듯이, 세례도 좋은 씨앗으로 인하여 거듭남이 아니라면 그것
은 거듭난 삶을 온전히 받을 수가 없다.[94]

그런데 이러한 주장은 터툴리아누스와 키프리아누스가 256년 종교
회의에서 아프리카 주교들에게 밝힌 입장과 매우 비슷하다. 페틸리아
누스는 참 교회는 순결한 성례가 시행되는 곳이라고 보았다. 그러므로
교회의 표지 가운데 하나인 '가톨릭(Catholic, 보편적)'이란 말의 의미는 지
역적 크기를 뜻한다기보다는 '전부' 또는 '완전한'의 의미를 담고 있는
것[95]으로 받아들여야 한다고 주장하였다. 이러한 기준에서 보면 카이실
리아누스에게서 기원한 가톨릭교회의 뿌리는 배교자로부터 온 것이다.
박해를 모면하기 위해 복음서를 불에 던져 그리스도를 배신한 배교자의
모습은 하나님의 말씀에 대한 배신행위이다.[96] 더구나 페틸리아누스는

---

94 Augustine, *Contra Litteras Petiliani*, 2. 4.
  "Bis baptisma nobis obiciunt hi qui sub nomine baptismi animas suas reo lauacro polluerunt,
  quibus equidem obseenis sordes cuuctae mundiores sunt, quos peruersa munditia aqua sua
  contigit inquinari."
95 Ibid., 2. 38. 90.
96 Ibid., 2. 8. 17.

평화와 일치를 주장하는 아우구스티누스와 가톨릭교회에 향해 신랄하게 비판하였다. 가톨릭교회는 거룩한 입맞춤을 하면서 전쟁을 하고 일치라는 명목으로 사람들을 핍박하고 있는 진짜 사탄의 자식들이며,[97] 로마 제국의 군대를 끌어들여 수많은 사람을 순교하게 만든 책임은 가톨릭교회에 있다고 지적하였다.[98]

이러한 페틸리아누스의 작품은 대중의 인기를 얻어 빠르게 북아프리카에 퍼졌으며, 도나투스파는 그의 주장을 환영하였다. 이에 대해 아우구스티누스는 『페틸리아누스의 편지에 반대하여』(*Contra Litteras Petiliani*) 제2권을 저술하여 논박하였다. 그러자 페틸리아누스도 이에 지지 않고 『아우구스티누스에게』(*Ad Augustinum*)으로 맞섰다. 여기서 페틸리아누스는 아우구스티누스가 마니교의 성직자였으며, 마니교에서 세례를 받고 마니교도로 고발을 당할까 봐 로마로 가서 가톨릭교회의 주교가 되어 신분을 세탁했다고 주장하였다.[99] 그래서 아우구스티누스가 자신의 글을 인용하면서 [ ] 안에 있는 '*Sancte*(in holiness)'와 '*Sciens*(knowingly)'를 생략했다고 하였다. 왜냐하면 자신의 세례에 문제가 있기 때문에 그렇게 고의로 잘못 인용했다는 것이다.[100] 도나투스파는 페틸리아누스의 주장을 사실로 받아들였다.

아우구스티누스와 페틸리아누스 사이에 치열한 신학적 논쟁이 일어나고 있는 사이 한편에서는 폭력적 대치도 심해져 갔다. 공권력을 동원

---

97 Augustine, *Contra Litteras Petiliani*, 2. 92. 202.

98 Frend, *The Donatist Church*, 255.

99 Ibid., 254-255.

100 Augustine, *Contra Litteras Petiliani*, 3. 23. 27. 참조. 그러나 아우구스티누스는 고의적으로 뺀 것이 아니라 자신이 입수한 사본에 그것이 빠져 있었다고 해명한다.(*Contra Litteras Petiliani*, 3. 20. 23.)

한 가톨릭교회에 도나투스파로 구성된 키르쿰켈리온은 폭력으로 맞섰다. 그로 인해 누미디아 지역에 치안이 불안해지면서 404년 종교회의에서 가톨릭교회는 도나투스파에 대한 박해를 요청하는 사절단을 황제에게 보내기로 하였다.[101]

호노리우스 황제는 도나투스파 교회를 이단으로 공표하는 칙령을 405년에 발표하였다. 따라서 도나투스파 교회의 예배와 집회는 모두 금지되었고 도나투스파 성직자들은 추방되었다. 또한 도나투스파 교회의 재산은 가톨릭교회로 귀속하였으며, 이후 도나투스파 교회는 신자들로부터 재산이나 선물을 기부받을 수 없게 되었다. 유산 상속도 가톨릭교회의 신앙을 고백하는 자녀에게 한정하여 도나투스파 신자들을 배제하였다. 그리고 이 칙령을 이행하지 않는 관료에게도 금 20파운드를 부과하여[102] 국가적으로 도나투스파 교회를 탄압하였다. 이러한 강력한 탄압 정책에 반발한 도나투스파는 자신들이 가톨릭 신앙에 반하는 이단이 아니고 분파임을 주장하였지만 황제는 재세례의 시행으로 가톨릭교회의 성례를 무효화하였기에 이단이라고 반박하였다.[103] 이러한 정책은 도나투스파 교회에는 치명적이었다. 그럼에도 불구하고 도나투스파 교회가 강세였던 모리타니아와 남부 누미디아 지역은 도나투스파의 지배적 영향력에 흔들리지 않았다. 또한 기각되기는 하였으나 추방당했던 페틸리아누스를 비롯한 도나투스파 지도자들은 호노리우스 황제에게 406년 도나투스파에 대한 칙령을 거두어 줄 것을 탄원하기도 하였다.[104]

---

101 *Codex Canonum Ecclesiae Africanae*, 93.
102 *Codex Thedosianus* XVI., 6. 4.
103 Augustine, *Contra Cresconium*, 2. 4. 5-6.
104 Frend, *The Donatist Church*, 268.

이후 시간이 지나면서 박해의 강도는 줄어들었고 결정적으로 가톨릭교회의 큰 후견인이던 스틸리코 장군이 반역죄로 처형되면서 북아프리카에 반포된 도나투스파 교회에 대한 칙령은 유명무실해졌다. 그로 인해 가톨릭교회에 대한 보복이 일어나고, 이에 다시 가톨릭교회의 탄원이 이어지고, 반도나투스파 법령이 공포되는 일이 반복되었다.[105]

카르타고 종교회의(411년)

호노리우스 황제는 마르셀리누스 대법관을 감독관으로 세워 카르타고 종교회의를 개최하여 도나투스파 문제를 해결하려 하였다.[106] 이러한 결정은 북아프리카의 가톨릭교회에는 매우 유익한 결정이었다. 아우구스티누스는 로마 제국의 고위 관료들과 친분 관계가 깊었는데, 그중에는 마르셀리누스도 있었다. 그는 아우구스티누스의 열렬한 지지자로서 풍부한 신학적 소양을 갖춘 가톨릭교회의 신자였다. 그런 사람이 감독관으로 파견된 이상 카르타고 종교회의는 결국 요식 행위에 불과할 수밖에 없었다. 도나투스파 교회가 편파적 판결이 예상되는 상황에도 황제의 제안을 거부할 수 없었던 것은 박해와 이단이라는 낙인을 염려했기 때문이었다. 마르셀리누스는 411년 1월 19일에 그해 6월 1일 종교회의 개최를 예고하였다.[107]

도나투스파 교회의 주교들이 카르타고에 도착하였을 때 그들은 예상과 다르게 상황이 전개되어 당황하였다. 도나투스파 교회의 주교들

---

105 Ibid., 270-274.
106 Possidius, *Vita*, 13.
107 *Gesta Collationis Carthaginensis*, 1. 5.

은 서로의 신학적 입장을 평등한 위치에서 토론하는 종교회의를 예상하였으나 실상은 로마 제국의 사법 재판에 '출두'한 것과 마찬가지였다.[108]

6월 1일 예고한 대로 마르셀리누스의 주관으로 북아프리카 교회의 미래를 결정지을 종교회의를 개최하였다. 회의 시작과 함께 황제의 칙서가 낭독되었을 때 도나투스파 교회의 주교들은 실망할 수밖에 없었다. 호노리우스 황제는 이 회의의 목적이 가톨릭 신앙을 확증하는 것에 있다고 분명히 했기 때문이다. 여러 날이 흐르고 6월 8일 세 번째 회의에서 신학적 쟁점을 본격적으로 논의하였다. 페틸리아누스와 에메리투스가 도나투스파 교회의 대표로 나섰고, 가톨릭교회의 대표는 아우구스티누스가 맡았다.

그 자리에서 먼저 참 교회에 관하여 논쟁하였다. 도나투스파 교회는 교회가 참 교회라면 그 지체인 신자도 역시 진짜 신자이어야 하며, 참 신자 여부는 그 사람의 인격과 삶이 중요한 판단 근거가 된다고 보았다. 그런데 가톨릭교회의 신자들은 삶과 인격이 일치하지 않는 것을 보아 가톨릭교회는 참 교회가 아니라고 주장하였다. 그러나 아우구스티누스는 그러한 논박에 대해 교회는 거룩한 자와 죄인의 혼합체(*Corpus Mixtum*)라고 반박하였다.[109]

다음으로는 교회 본질과 관련하여 예수님의 비유로 논쟁하였다. 천국에 대한 비유 중에서 그물에 잡힌 물고기들 비유를 들어 언제 좋은 물고기와 나쁜 물고기가 되는가에 대해 도나투스파는 잡는 시점에 나뉜다

---

108 Ibid., 1. 14.
　　"Cum hoc nec mos publicus habeat nec iudicium consuetodo."
109 Ibid., 3. 258.

고 하였으나 아우구스티누스는 항구에 이를 때 비로소 알 수 있다고 하였다. 그러므로 당장 좋은 물고기인지 나쁜 물고기인지 판단하는 것은 불가하다는 것이 아우구스티누스의 입장이었다.

마지막으로 어디가 교회냐 하는 논쟁이 이어졌는데, 이와 관련하여 밀과 가라지의 비유로 논쟁하였다. 도나투스파 교회의 대표들은 들판을 세상으로 해석하였다. 그러나 아우구스티누스는 들판을 교회로 해석하였다.[110]

이 논쟁에서는 백 년 전 쟁점이 되었던 도나투스와 카이실리아누스 사건이 마르셀리누스에 의해 다시 거론되었는데, 결과는 가톨릭교회에 유리하게 전개되었다. 논쟁이 마무리된 후 마르셀리누스는 압퉁가의 펠릭스와 카이실리아누스에 대한 무죄 선언을 반박할 자료가 있는지 도나투스파 대표들에게 물었다. 그러나 도나투스파 대표들은 소실을 이유로 자료를 제출하지 못하였다.[111] 그날 밤 마르셀리누스는 양측 대표들을 불러 놓고 가톨릭교회의 입장이 옳다는 선언과 함께 회의의 종결을 선언하고는 더 이상의 회의를 허락하지 않았다.[112] 그렇게 카르타고 종교회의는 종결되었다.

이후 가톨릭교회는 429년 반달족이 침입하기까지 북아프리카에서 자신들의 승리를 유지하기 위해 노력하였다. 이 카르타고 회의가 중요한 것은 405년 반도나투스파 칙령 때와 다르게 군대와 행정 관료들의 적극적인 지원을 힘입어 로마 제국의 힘이 미치는 곳에서 가톨릭교회

---

110 Ibid., 3. 258.
111 Ibid., 3. 584.
112 Ibid., 3. 587.

가 절대적 우세를 누리며 진행되었다는 점이다. 그러나 아리우스주의
(Arianism) 신앙을 가진 반달족이 북아프리카를 점령하면서 가톨릭교회
와 성직자들은 모든 지위와 특권이 박탈된 채 제일 표적이 되어 탄압받
게 되었고 그로 인해 북아프리카에서 가톨릭교회는 급속하게 무너지게
되었다.[113]

요약

도나투스 논쟁이 일어나게 된 출발 배경과 교회 분열이 왜 일어났는
지를 그 역사의 전개 과정을 따라 주요 사건을 깊이 있게 살폈다. 그 내
용을 다음과 같이 요약할 수 있다.

도나투스파의 발원은 디오클레티아누스 황제의 박해였다. 발레리아
누스 황제의 박해 이후 반세기 가량 이어진 평화는 303년에 급격한 반
전이 일어났다. 디오클레티아누스가 제국 전체에 기독교를 향해 박해
를 선포했기 때문이다. 그로 인해 로마 제국 전체에서 배교자가 속출했
는데, 북아프리카도 예외는 아니었다. 특별히 고위 성직자 가운데서도
배교자가 발생하여 북아프리카의 교회 분열을 촉발하였다. 북아프리카
의 교회 분열은 카르타고 교회에서 시작하였다.

첫째, 카르타고 교회는 주교 멘수리우스의 사망 이후 후임자 선출
문제로 곤욕을 겪게 된다. 멘수리우스의 부제인 카이실리아누스가 후
임 주교로 임직하자 평소에 그에게 불만이 있었던 유력자 루실라를 비

---

113 Possidius, *Vita*, 28.

롯한 카르타고의 주교들에 의해 반대 운동이 전개되었다. 또한 세쿤두스를 비롯한 누미디아의 주교단이 비롯한 주교단이 와서 절차상의 문제, 곧 12명의 주교 중 3명만 참석한 것과 그중에 펠릭스의 배교 문제로 카이실리아누스의 주교 임직을 무효로 하고, 마조리누스를 후임 주교로 세웠다. 얼마 후 마조리누스가 죽자 도나투스를 주교로 세우면서 결국 카르타고의 교회는 두 개로 분열하였다.

둘째, 카이실리아누스가 로마 제국과 로마 교회에 중재를 요청하면서 상황은 달라졌다. 콘스탄티누스 황제는 카이실리아누스를 가톨릭교회의 대표로 인정하고, 도나투스파를 분파로 배척하였다. 이후 도나투스가 억울함을 호소하여 로마에서 종교회의를 개최하였으나 도나투스가 제기한 카이실리아누스의 감독 임직 절차상 하자를 주요 안건으로 다루지 않았다. 오히려 도나투스의 재세례 문제가 주요한 안건으로 등장하면서 도나투스와 그 일파는 정죄되었다. 이후 도나투스와 그 일파는 종교회의를 계속 요청하였으나 그때마다 번번이 그들의 재세례가 주요 안건이 되어 도나투스에게 불리한 결정이 내려졌고 결국 분파의 길을 걸었다.

셋째, 지중해 건너편의 가톨릭교회는 도나투스파를 정죄하고 배척하였으나 북아프리카에서 도나투스파는 계속 성장하였다. 특별히 도나투스와 더불어 이후 지도자가 된 파르메니아누스와 같은 걸출한 지도자들이 세워지면서 북아프리카에서 영향력은 확대되었다. 로마 제국은 도나투스파 교회의 성장을 억제하고, 가톨릭교회로의 개종을 유도하기 위하여 계속 핍박하였다. 그럼에도 불구하고 도나투스파의 세력이 위축되지 않고 박해가 번번이 무위로 돌아갈 정도로 북아프리카에서 도나투스파의 세력은 대단하였다.

넷째, 390년대 후반에 이르러 도나투스파는 내분으로 쇠락의 길을 걸었다. 반면 391년 아우렐리우스가 카르타고의 감독이 되면서 북아프리카의 가톨릭교회는 부흥의 초석을 닦는다. 이후 아우구스티누스와 같은 걸출한 신학자와 목회자들로 인하여 가톨릭교회는 성장하게 된다. 그러다가 도나투스파에 결정적인 타격을 가하는 사건이 일어났다. 411년 당시 황제였던 호노리우스가 도나투스파 문제를 해결하기 위해 대법관 마르셀리누스를 파견하였다. 아우구스티누스와 페틸리아누스 사이에 수차례의 격론 끝에 마르셀리누스는 아우구스티누스와 가톨릭교회의 손을 들어 주었다. 그로 인해 도나투스파 교회는 로마 제국의 대대적인 탄압을 받게 되었다.

도나투스파의 교회론

교회론의 배경

필립 샤프는 도나투스 논쟁에 대해 분리주의와 가톨릭주의(보편주의) 간의 투쟁이자, 교회의 순결주의와 절충주의 간의 투쟁이자, 교회를 중생한 신자들의 배타적 공동체로 이해하는 견해와 국가와 국민으로 이루어지는 총체적 기독교 세계로 이해하는 견해 간의 투쟁으로 정의하였다.[114]

---

114 Schaff, *History of the Christian church.* vol. Ⅲ, 361.

지금까지의 논의를 보면 도나투스 논쟁은 단순히 분열주의자들과 교회의 일치를 위한 싸움이 아닌 총체적 이해가 필요해 보인다. 그러한 관점에서 필립 샤프의 정의는 확실히 매력적이다.

순결하며 순교적 신앙의 열정을 가지고 엄숙한 고백주의적 형태를 가지고 있던 도나투스파의 역사를 보면 그리스도를 향한 희생의 열정은 때로 교회를 분리하는 원인을 제공하기도 한다는 사실을 발견할 수 있다. 이에 대해 "그리스도인의 피는 교회의 씨가 될지도 모른다. 그러나 그리스도인의 그러한 열정이 쉽게 교회를 분열시킬 수 있다"[115]라고 딜리스톤(Frederick W. Dilliston)은 말하고 있다.

도나투스 논쟁은 박해가 끝난 후 교회를 재건하는 과정에서 발생하였다. 도나투스와 아우구스티누스는 동시대 인물이 아니다. 그럼에도 불구하고 이 장에서 도나투스와 그의 제자들을 통해 세워진 도나투스파의 교회론에 관심을 가질 수밖에 없는 이유는 바로 아우구스티누스가 도나투스의 제자들에게 영향을 받았고, 또한 도나투스의 제자들과 논쟁하며 정통 교회론을 세워 갔기 때문이다.

앞에서 살폈듯이 도나투스파는 디오클레티아누스 황제의 대박해 가운데 순수한 신앙을 순교의 열정으로 지켜낸 자들이었다. 그러하기에 박해가 멈추고 교회의 평화가 찾아왔을 때 그들은 자신들이 참 교회로 인정받으려고 하였다. 그러한 욕구와 열망이 넘쳐서 그렇지 못한 자들을 배척하는 행동이 나타났고, 결국 그러한 분파주의 행동을 통해 교회를 분열시키는 결과를 낳았다. 그러나 지금까지 터툴리아누스에서 키

---

115 Frederick W. Dilliston, "The Anti-Donatist Writings," *A Companion to the of St. Augustine*, by Roy W Battenhouse (New York : Oxford University Press, 1955), 176.

프리아누스로 이어지는 서방 신학의 전통에서 교회의 하나 됨은 매우 중요한 명제였다. 그러므로 그들의 분파주의를 정리하고 교회의 하나 됨을 이끌어 내는 것이 가톨릭교회의 숙제였다.

가톨릭교회는 이 숙제를 해결하기 위해 로마 제국의 권력의 힘을 빌려 강제로 일치를 이루려는 극단적인 모습도 보였다. 그로 인해 도나투스파 교회는 큰 위기를 맞았다. 그럼에도 불구하고 도나투스파 교회는 도나투스, 파르메니아누스, 페틸리아누스, 티코니우스와 같은 저명한 학자이면서 지도자들이 나타나 도나투스파 교회를 이끌어 북아프리카 지역에 세력을 크게 떨쳤다.

아우구스티누스는 도나투스파와의 논쟁을 통해 그리스도의 몸인 참 교회를 세워감에 있어서 매우 중요한 신학적 토대를 제공하였다. 논쟁 과정에서 참 교회론을 수립해 나갔다는 점에서 도나투스파와 같은 존재가 없었다면 참 교회론을 확립하는 역사는 다른 시간 다른 모습으로 나타났을 것이다.

도나투스파 교회가 생기기 130년 전인 2세기 중반에 이레니우스(Irenaeus)는 "참된 교회는 이단들과 악한 생각을 하는 자들, 자랑과 자기만족에 빠진 분리주의자들 그리고 위선자들로부터 피하고 사도신경을 지키며 말이나 행동에 있어서 범죄하지 않는 신자들과 연합해야 한다"[116] 라고 가르쳤다.

이러한 가르침은 이후 노바티아누스와 도나투스 같은 고백주의 신앙을 따르는 분리주의자들에게 이르러서는 더 강화되어 강력한 도덕적

---

116 G. G. Willis, *Saint Augustine and the Donatists Controversy*, 145.

신앙적 규정이 되었다. 그로 인해 배교자들이 섞여 있는 가톨릭교회와 순교적 열정을 바탕으로 한 엄숙주의 신앙을 가진 자신들의 교회를 구분하기 시작하였다. 그렇게 도나투스파 교회는 태동하고 발전하였다. 이러한 도나투스파 교회는 앞에서도 살펴보았듯이 아주 많은 핍박을 받으면서도 북아프리카의 민심을 사로잡고 주요 종교로서 영향력을 미쳤다.

아우구스티누스가 이러한 도나투스파 교회에 처음부터 엄격한 태도를 보인 것은 아니다. 그러나 이후에 그가 성경을 연구하면서 인간의 삶과 인격 그리고 사회와 역사에 관한 성경의 가르침을 깨달았을 때 더 이상 도나투스파 교회에 관용적일 수 없었다.[117] 이제 도나투스파의 교회론에 대해 먼저 살펴보도록 하겠다.

Collecta[118]

히포의 감독이 된 아우구스티누스가 직면한 가장 큰 문제는 '교회 분열'이었다. 배교한 율리아누스 황제가 즉위하면서 베푼 관용 정책으로 인해 콘스탄티우스(Flavius Iulius Constantius) 황제에 의해 추방당한 도나투스파와 이단적 파벌들까지 북아프리카로 돌아왔기 때문이었다.[119] 율리아누스 황제는 아리우스파, 아폴리나리우스파, 노바티아누스파, 마케

---

117 Schaff, *History of The Christan Church* Vol. Ⅲ, 144-145.
118 Collecta는 도나투스파가 자신의 정체성을 표현하는 용어로, 스스로를 부를 때 사용하였다. "거룩한 공동체로서 도나투스파 교회"라는 의미를 담고 있다. 이후에는 번역이나 설명 없이 Collecta로 표기 할 것이다.
119 Ibid., 51.

도니아파, 도나투스파들이 로마 제국, 특히 북아프리카 지역에 기독교의 한 분파로서 기독교라는 이름으로 존재하도록 내버려 두었다.[120]

상황이 이렇게 되자 가톨릭교회는 그들과 정통성을 놓고 참 교회에 관한 논쟁을 할 수밖에 없었다. 특별히 북아프리카 전역에 걸쳐서 영향력을 미치던 도나투스파 교회 지도자들의 복귀로 로마 제국의 박해 때 배교했던 자들에게 더욱 강력한 권징을 시행하여야 한다는 주장이 힘을 얻었다. 그로 인해 관용을 베풀어야 한다고 주장하던 가톨릭교회와 긴장 관계가 형성되었고, 둘 사이에 계속해서 갈등이 일어났다.[121]

도나투스파 교회와 정통 가톨릭교회 사이에 일어난 도나투스 논쟁은 자신이 감독으로 있던 히포에서도 도나투스파 교회 신자들이 무시할 수 없을 정도로 존재하고 있었기에[122] 아우구스티누스는 이 논쟁의 중심에 서게 되었다. 도나투스 논쟁의 핵심은 가톨릭교회의 교회론과 도나투스파 교회의 교회론의 차이였다.

아우구스티누스는 도나투스파 교회의 신자들을 참 진리로 온전한 교회로 인도하기 위해서는 순리를 따라 절차에 합당하게 대화하고 때론 토론의 방법을 사용하는 것이 옳다고 보았다.[123] 아우구스티누스는 도나투스파 교회의 주장을 대화로 논박하면서 그의 포괄적인 교회론을 확립해 갔다.[124]

호노리우스 황제의 칙령으로 발생한 도나투스파 교회 문제를 해결

---

120 Ibid., 51.
121 Ibid., 362.
122 Ibid., 363.
123 Ibid., 363.
124 F. F. Bruce, *The Spreading Flame* (Grand Rapids : Wm. B. Eerdmans, 1961), 337.

하기 위해 411년 카르타고에서 가톨릭교회의 주교 286명과 도나투스파 교회의 주교 284명이 참석하여 회의가 시작되었다.[125]

도나투스파 교회와 가톨릭교회는 교회 본질에 대하여 아주 깊고 진지하게 논쟁하였다. 그러나 아우구스티누스의 지인이자 황실 법무관으로서 황제의 대리인으로 파견된 마르셀리누스는 카르타고 종교회의를 개최하는 황제의 의도에 따라 가톨릭교회의 손을 들어 주었고 도나투스파 교회의 모든 탄원을 기각하였다.[126]

도나투스파 교회들은 자신들에게 불리한 판결이 나자 이에 불복하고 계속 탄원하며 저항하였다. 이에 대해 로마 제국은 반도나투스파 법을 제정하여 도나투스파 교회의 성직자들은 추방하고, 그들의 교회 건물은 가톨릭교회로 이관하였다. 도나투스파 교회의 신자들이 개종하지 않을 때는 중과세를 부과하였다. 415년에는 도나투스파 교회의 집회를 금지하였다. 그리고 로마 제국은 이에 불복하는 자들은 사형에 처하도록 하였다. 아우구스티누스는 카르타고 종교회의의 결과에도 불구하고 끝까지 저항하고 가톨릭교회로 돌아오지 않으려는 도나투스파 교회에 대한 공권력의 사용을 수용하였다. 또한 보편적 교회 밖에는 구원이 없다고 하는 정통 교회론을 지지하면서 누가복음 14장 23절[127]을 근거로 도나투스파 교회 신자들을 강권하여 참 교회의 교제 안으로 들어오게 해야 한다고 강조하였다. 이러한 형태의 강권을 자신의 길을 따라 멸망

---

125 이현준, "초기 북아프리카 교회론 연구: 도나티스트 논쟁에 대한 역사적 재해석", 131.
126 *Gesta Collationis Carthaginensis*, 3. 587.
127 "주인이 종에게 이르되 길과 산울타리 가로 나가서 사람을 강권하여 데려다가 내 집을 채우라"(눅 14:23)

으로 가는 그들을 살리는 수술(Rescue Operation)이라고 인식하였다.[128]

도나투스파와 아우구스티누스의 대립에서 핵심은 교회 본질에 관한 이해의 차이였다. 그리고 배교자에 의해 시행된 세례와 그 효과에 대한 이해의 차이였으며, 나아가 교회와 국가 사이의 관계에 대한 이해의 문제였다.[129]

도나투스파 교회의 교회론과 가톨릭교회의 교회론의 가장 큰 차이는 바로 교회의 거룩성에 관한 인식이었다.

도나투스파 교회는 자신들을 거룩한 자, 곧 배교하지 않고 순교의 열정으로 거룩한 신앙을 지킨 자들의 모임으로서의 교회라고 주장하였다. 자신들이 구약에 등장하는 바알에게 무릎을 꿇지 않은 남은 자들이며, 자신들만이 온전한 거룩성을 유지한 자들로서 진정한 교회라고 주장하였다. 또한 아우구스티누스와의 논쟁을 통해 교회의 본질에 대한 이해의 차이도 드러났다. 도나투스파 교회는 마태복음 13장 47절과 48절[130]에 등장하는 그물의 비유에서 좋은 물고기와 나쁜 물고기를 나누는 시점을 그물이 배에 올려질 때 결정된다고 보았다. 이는 순결한 자신들만이 좋은 고기이고 천국에 들어갈 수 있다는 해석이었다. 반면 아우구스티누스는 말씀 그대로 항구에 들어가야 좋은 물고기인지 나쁜 물고기인지 나뉠 수 있다고 보았다. 즉 당장 현상에 집중하지 말고 그가 하나님 나라에 이를 때까지 어떤 신앙의 길을 걷는지 보아야 한다는 것

---

128 P. Burnell, "The Problem of Service to Unjust Regimes in Augustin's City of God," *J. H. I.* 54 (Philadelphia : Pennsylvania Univ., 1993), 177-178.
129 Gerald Bonner, *St. Augustine of Hippo : Life and Controversies* (Philadelphia : Westminster Press, 1963), 270.
130 "또 천국은 마치 바다에 치고 각종 물고기를 모는 그물과 같으니 그물에 가득하매 물 가로 끌어내고 앉아서 좋은 것은 그릇에 담고 못된 것은 내버리느니라"(마 13:47-48)

이다.[131]

또 하나의 차이는 마태복음 13장 24절에서 30절[132]에 등장하는 가라지 비유에서 밭을 도나투스파는 세상으로 이해하였고, 아우구스티누스는 교회로 이해하였다. 그래서 아우구스티누스는 예수님께서도 유다가 배반하여 자신을 팔 것을 알고 계셨으나 심판하지 않으셨다고 주장하였다. 도나투스파 교회에서는 이러한 아우구스티누스의 주장에 대해 "그렇다면 그들로 자신이 지지하는 유다와 함께 가도록 내버려 두라"[133]라고 응수하였다.

도나투스파 교회는 스스로를 철저하게 순교적 신앙으로 거룩하게 믿음의 정절을 지킨 자로서 배교자와는 다르다는 우월 의식을 가지고 교회를 바라보았다. 이러한 도나투스파 교회의 주장에 대해 아우구스티누스는 역사적이며 현실적인 측면에서 논박을 진행하였다. 먼저는 교회의 성직이 누구로부터 계승된 것이냐 하는 것이었다. 다시 말해, 아우구스티누스는 성직의 질서는 '배교자'들이 아닌 사도들로부터 계승된 것이라고 주장하였다.

아우구스티누스는 사도적 계승이 도나투스파 교회로는 이루어지지

---

131 *Gesta Collationis Carthaginensis* 3, 258.
132 "예수께서 그들 앞에 또 비유를 들어 이르시되 천국은 좋은 씨를 제 밭에 뿌린 사람과 같으니 사람들이 잘 때에 그 원수가 와서 곡식 가운데 가라지를 덧뿌리고 갔더니 싹이 나고 결실할 때에 가라지도 보이거늘 집 주인의 종들이 와서 말하되 주여 밭에 좋은 씨를 뿌리지 아니하였나이까 그런데 가라지가 어디서 생겼나이까 주인이 이르되 원수가 이렇게 하였구나 종들이 말하되 그러면 우리가 가서 이것을 뽑기를 원하시나이까 주인이 이르되 가만 두라 가라지를 뽑다가 곡식까지 뽑을까 염려하노라 둘 다 추수 때까지 함께 자라게 두라 추수 때에 내가 추수꾼들에게 말하기를 가라지는 먼저 거두어 불사르게 단으로 묶고 곡식은 모아 내 곳간에 넣으라 하리라"(마 13:24-30)
133 *Gesta Collationis Carthaginensis* 3, 258.
"Uadant ergo cum suo Iudo patrono inimici dominicae neritatis."

않았다고 보았다. 도나투스파 교회로의 사도적 계승이 이루어지지 않았기에 교회의 정통성을 부여받을 수 없고, 또한 그들이 '배교자'들을 비난하고 배척하였으나 실상 그들도 같은 죄를 범하였기에 그러한 주장을 하는 것은 맞지 않다고 하였다. 또한 스스로를 거룩하다고 하면서도 술 취함과 저급한 삶의 모습과 자기 뜻을 관철하기 위해 폭력까지 동원하며 반란을 주동한 행위와 무질서함을 보여 줌으로 그들 스스로가 거룩하지 않음을 입증하고 있다고 하였다.[134]

아우구스티누스는 여기서 한 걸음 더 나아가 도나투스파 교회가 말하는 거룩함은 과연 어디에 근거를 두고 있느냐고 반박하였다. 성경 어디에도 우리의 공로로 구원을 얻는다고 하지 않았는데 그들의 주장은 마치 자신의 행위로 거룩할 수 있다는 듯 보인다는 것이다. 그러면서 아우구스티누스는 교회의 거룩성은 신자들의 거룩성에 근거하며[135] 신자의 거룩성은 그리스도의 속죄 사역에 근거한 것이지 인간 자신의 의나 공로가 인간을 거룩하게 하는 근거가 아니라고 반박하였다. 또한 교회가 거룩함을 잃어버렸기에 그 교회로부터 분리한 자신들만이 거룩한 참 교회라고 하는 주장에 대하여 아우구스티누스는 다음과 같이 반박하였다.

교회는 곡식과 가라지가 섞여 있지만, 하나의 교회다. 이 하나의 교회를 가능하게 하는 것이 사랑이며, 이 사랑은 오직 성령에 기인한다. 따라서 교회는 사랑의 도움 속에서 이루어진 공동체이기에 오직 사랑의 정신에

134 Justo L. Gonzalez, *A History of Christian Thought* Vol. Ⅱ (Nashville : Abingdon, 1971), 24.
135 Bonner, *St. Augustine of Hippo : Life and Controversies*, 286.

입각한 권징이 시행되는 교회를 통해서만 죄인은 순결해지고, 이 일치를 깨뜨리는 것은 성령의 활동을 벗어나는 것이므로 도나투스파의 죄는 배교자보다 더 나쁘다.[136]

도나투스파 교회의 교회론이 정통 가톨릭교회와 다른 점은 성례, 특별히 세례와 관련해서도 나타난다. 도나투스파 교회는 세례와 관련하여 키프리아누스의 견해를 따르고 있었다.

앞에서 키프리아누스의 교회론을 살펴보았듯이 키프리아누스는 교회 밖에서 시행한 성례는 효용성이 없을 뿐 아니라 아무런 가치도 없으며 신자에게 유익하지도 않다고 보았다. 여기서 그가 말하는 교회는 보편적이고 거룩한 교회이다. 그런 의미에서 도나투스파 교회는 정통이라는 가톨릭교회가 배교자들을 수용함으로 거룩함을 상실했기에 그들을 보편적이라고 말할 수는 있으나 거룩한 교회는 아니며, 따라서 성례를 집례할 수 없다고 보았다.[137]

또한 도나투스파 교회는 몬타누스파나 노바티아누스파를 따르는 자들과 같이 엄숙히 권징을 시행하여 신자가 아닌 자들, 즉 대박해로 성경을 넘겨주거나 믿음을 부인한 자들을 출교해야 한다고 주장하였다.[138]

---

136 Schaff, *History of The Christan Church* Vol. Ⅲ, 365–366.
137 Ibid., 365.
138 Ibid., 365.

도나투스파 교회는 이사야 66장 2절과 3절[139]과 레위기 21장 17절[140]을 근거로 시행한 성례의 효용성은 그 성례의 집례자가 집례에 합당할 정도로 흠이 없어야 한다고 주장하였다.[141] 이런 의미에서 도나투스파 교회의 주교인 페틸리아누스는 "우리가 기대하는 것은 베푸는 자의 마음이다. 거룩한 중에서 집행할 때 받는 사람의 마음을 깨끗하게 할 수 있는 것이다. 불신앙–흠 있는 사람–으로부터 믿음을 받는 사람은 사실상 믿음이 아니라 죄를 받는 것이다"라고 주장하였다.[142]

도나투스파 교회는 배교한 자들에 의해 거룩함을 상실하여 순결하지 못한 교회에서 믿음 없는 성직자에게 받은 세례는 세례가 아니라 죄책을 받는 것이므로 모든 신자는 도나투스파 교회에서 재세례를 받아야 한다고 주장하였다.[143]

이에 대하여 아우구스티누스는 세례의 효용성(effectiveness)과 정당성(validity)을 구분하여 논박하였다. 아우구스티누스는 세례에 관한 도나투스파 교회의 주장이 매우 편협하다고 생각하였다. 그는 세례를 통한 하나님의 활동에 대해 보다 폭넓고 깊은 영적 이해를 하고 있었다.[144] 아우

---

139 "나 여호와가 말하노라 내 손이 이 모든 것을 지었으므로 그들이 생겼느니라 무릇 마음이 가난하고 심령에 통회하며 내 말을 듣고 떠는 자 그 사람은 내가 돌보려니와 소를 잡아 드리는 것은 살인함과 다름이 없이 하고 어린 양으로 제사드리는 것은 개의 목을 꺾음과 다름이 없이 하며 드리는 예물은 돼지의 피와 다름이 없이 하고 분향하는 것은 우상을 찬송함과 다름이 없이 행하는 그들은 자기의 길을 택하며 그들의 마음은 가증한 것을 기뻐한즉"(사 66:2-3)

140 "아론에게 말하여 이르라 누구든지 너의 자손 중 대대로 육체에 흠이 있는 자는 그 하나님의 음식을 드리려고 가까이 오지 못할 것이니라"(레 21:17)

141 Schaff, *History of The Christan Church* Vol. Ⅲ, 365.

142 Augustine, *Answer to the Letter of Petilian, the Donatists* Ⅱ 4-8 : *A Select Library of the Nicene and Post-Nicene Fathers of the Christian Church* Vol. Ⅳ, ed. by Phillip Schaff and tr. by Richard Stothert (Michigan : Wm. B. Eerdmans Pub., 1974), 531.

143 Schaff, *History of The Christan Church* Vol. Ⅲ, 366.

144 Bonner, *St. Augustine of Hippo : Life and Controversies*, 290.

구스티누스의 주요 주장은 다음과 같다.

그리스도는 신실하지 않은 분이 아니며, 그에게서 나는 죄책이 아닌 신
앙을 받는다. 그러므로 진정으로 일하는 이는 그리스도이며, 사제는 다
만 그의 기관일 뿐이다. 나의 기원은 그리스도이고, 나의 뿌리는 그리스
도이고, 나의 머리는 그리스도이다. 나를 태어나게 한 씨앗은 하나님의
말씀이며, 비록 그 말씀을 내게 전해준 설교자가 말씀에 순종하지 않을
지라도 나는 순종해야 한다. 나는 내게 세례를 베푼 사역자를 믿는 것이
아니라 그리스도를 믿는다. 그만이 죄인을 의롭다 하시며 죄책을 사하
실 수 있다.[145]

아우구스티누스에게 세례의 정당성과 효용성은 집례자인 사제에 의
해 결정되는 것이 아니라 예수 그리스도의 대속의 은혜에 있다. 아우구
스티누스는 거룩하고 완전한 교회론을 주장하는 도나투스파를 논박하
며, 그리스도의 몸으로 곡식과 가라지가 혼합된 것처럼 가시적 교회는
혼합되어 있지만 마지막 종말에서 완전한 참 교회로 완성된다고 하였
다. 그러므로 아우구스티누스가 보기에는 도나투스파 교회는 이상주의
적인 교회론을 가지고 현실에 부합하지도 않는 주장을 내세우며 교회를
분열시킴으로 그리스도의 몸 된 교회를 나누는 죄를 범하고 있었던 것
이다. 그리고 그러한 죄를 짓는 것으로 보아 그들에게 성령이 내주하지
않고 있으며, 구원의 모체인 어머니 교회를 떠난 것은 일반적인 죄보다
더 무거운 중죄라며 그들을 정죄하였다.

---

145 Schaff, *History of The Christan Church* Vol. Ⅲ, 366.

또한 아우구스티누스는 도나투스파 교회가 자신들을 거룩한 자들의 공동체라고 부르면서 자신들의 교회 안에 죄인이 없다고 주장하나 실상은 다르다며, 그들 가운데 악명 높은 죄인들을 열거하면서 그들의 완전주의적 교회론을 논박하였다. 도나투스파 교회의 교회론을 논박하는 아우구스티누스의 요지는 항상 일관되었다.

도나투스파 교회는 스스로 거룩한 신자들의 공동체라고 하면서 어떻게 죄인들을 구성원으로 받아들일 수 있느냐는 것이다. 이것은 아우구스티누스에게는 신학적으로 중요한 주제는 아니지만 도나투스파 교회가 가지고 있는 교회론의 본질을 논박하기에 아주 좋은 주제라고 생각하고 있었다. 이러한 예가 아니어도 그는 본질적으로 교회는 거룩한 자들의 공동체가 아니라고 생각하였다. 그는 인간론의 관점에서 인간은 본질적으로 죄인이라고 생각하였다. 왜냐하면 인간에게는 보이는 죄만 있는 것이 아니라 더 큰 죄가 있기 때문이다.

틸리이는 도나투스파 교회와 가톨릭교회가 교회를 이해함에 있어 본질적인 차이를 가져온 이유를 이렇게 설명한다. 도나투스파 교회는 모형론적 해석 방법을 취하여 스스로를 대적들 가운데 놓인 "거룩한 이스라엘의 총회" 또는 "거룩한 공동체"(*Collecta*)[146]로 인식하였다. 따라서 도나투스파 교회는 제의적 순수성의 수호자로서 하나님의 법에 대한 충성을 생명으로 여겼다. 그래서 도나투스파 교회는 예배를 위한 공동체

---

146 *Collecta*는 라틴어로 그 어원적으로는 'collection of money'와 'collection of persons at worship'라는 의미가 있는데, 도나투스파 교회가 이 의미를 사용할 때는 후자의 의미로 사용하였다. 참조, Maureen A. Tilley, "Sustaining Donatist Self-Idendity : From the Church of the Martyrs to the Collecta of the Desert,"*Journal of Early Christian Studies* 5:1 (1997), 25-26.

적 제의 모임과 그 모임의 제의적 오염을 막고자 어떠한 희생도 감수하려고 하였다.[147] 그러므로 도나투스파 교회는 '올바른 성례의 시행을 목적으로 회집한 공동체'로서의 교회 이미지를 시작부터 명확하게 규정하고 있었다.[148]

하나님의 법을 지키는 공동체로서 'Collecta'인 교회의 본질적 성격을 4세기 도나투스파 신학자들은 자신들의 책에서 명확히 하였다.

도나투스를 이은 파르메니아누스는 성경의 규범을 따라 순결하고 거룩한 도나투스파 교회에 하나님의 말씀을 불복하고 배교한 자들을 수용할 수 없다고 하였다.[149] 페틸리아누스도 도나투스파 교회 성직자들에게 하나님의 법인 성경을 제의적 순결과 연관 지어 강조하였다. 또한 도나투스파 신학자인 티코니우스는 그의 『7가지 규칙들』(Liber Regulaum)에서 7가지 큰 틀을 가지고 성경을 총괄하고자 하였다.[150] 이러한 점들로 보아 도나투스파 교회는 전체적으로 자신들을 하나님의 법을 따라 제의적으로 순결을 지키는 이스라엘 공동체와 동일시하고 있음을 알 수 있다. 따라서 페틸리아누스와 같은 도나투스파 신학자는 그러한 도나투스파의 전통을 따라 배교로 인해 제의적으로 오염된 가톨릭교회를 Collecta와 대척점에 서 있는 자들로 인식하였다.[151]

우리는 여기서 흥미로운 사실을 발견한다. 아우구스티누스는 교회의 거룩함이 인간에게서 나오지 않고 예수 그리스도로 말미암는다고 보

---

147 Tilley, "Sustaining Donatist Self-Idendity," 25-26.
148 Ibid., 26-28.
149 Optatus, *De Schismate Donatistarum*, 4. 7.
150 Tilley, "Sustaining Donatist Self-Idendity," 29.
151 Ibid., 30-31.

았기에 배교하지 않는 자신들만이 참 교회라는 주장이 잘못되었다고 논박하였는데, 정작 도나투스파 교회 신학자들도 역시 교회의 거룩함은 개인적인 것이 아니라 제의적인 것이고 공동체적이라고 주장한다는 사실이다.

도나투스파 교회는 교회 안에 죄인이 존재한다는 것을 부인하지 않는다. 그래서 파르메니아누스는 온전한 성례는 온전한 집례자가 시행했기 때문이 아니라 본질적으로 교회는 거룩한 것이기 때문이라고 말하였다. 물론 그럼에도 그가 말하는 본질적인 교회의 거룩함은 제의적 순결이 담보되는 경우를 말하고 있다는 한계는 존재하지만 그럼에도 가톨릭교회나 도나투스파 교회 모두 교회 공동체 안에 죄인이 있을 수 있음을 인식하고 있다는 것은 아이러니가 아닐 수 없다. 하지만 이러한 본질적 인식의 미묘한 차이는 행동에 커다란 차이를 가져오는데 그것은 배교자의 처리와 관련하여 나타났다.

도나투스파 신학자인 페틸리아누스는 카르타고 회의에서 그물 비유에 대한 가톨릭교회의 해석을 이렇게 비판하고 하였다.

그들[가톨릭교회들]은 좋은 고기와 나쁜 고기가 한 그물 안에 잡혀서 해안까지 가져온다는 것이 곧 의로운 자와 불의한 자가 함께 종말의 때까지 공존한다는 것을 보여 준다고 말한다. 그러나 가톨릭교회는 [여기서 나쁜 고기의 의미가 드러난 죄인이 아니라] 죄가 가려진 악한 자들을 가리키는 것인 줄은 알지 못한다. 그들은 그물의 비유를 설명하며 어부들[성직자들]이 [항구에 도착할 때까지 선별을 늦추는 것은] 항구가 있는 해안에 도착해서 잡은 고기들을 내려놓으면서 좋은 고기와 나쁜 고기를

선별하는 과정을 거칠 때까지 어떤 것이 좋고 나쁜 고기인지를 알지 못하기 때문이다.[152]

또 도나투스파 교회는 아우구스티누스가 마태복음 3장 12절[153]을 인용하여 종말론적인 심판을 이야기한 것을 가지고 감춰진 것을 혼합된 것으로 부른다[154]라고 말하면서 이와 같이 교회를 이해하는 가톨릭교회는 보이는 죄인조차 정죄하지 못하는 무능한 공동체라고 논박하였다. 죄인의 존재를 부정하지 않고 그 죄인이 드러났을 때 바로 치리하는 것이 참 교회라고 말하면서 가톨릭교회를 공격하였다.

이제 그와 같은 도나투스파 교회론이 세워진 신학적 기반을 제공한 도나투스파 교회의 두 신학자의 교회론을 살펴보록 하자.

파르메니아누스의 교회론

앞에서 이미 살폈듯이 뛰어난 영성가이자 지도자였던 도나투스를 뒤이어 도나투스파 교회를 이끌었던 지도자가 바로 파르메니아누스였

---

152 *Gesta Collationis Carthaginensis* 3. 258.
　"Pisces etiam bonos et malos uno rreticulo usque ad littus, i.e., iustos et iniustos usque in finem saeculi simul contineri et protrahi confirmant, non intuentes hoc de reis latentibus dictum, quoniam reticulum in mari positum quid habeat a piscatoribus, i.e., a sacerdotibus, ignoratur, donec extractum ad littus ad purgationem boni seu mali prodantur. Ita et latentes et in Ecclesia constituti, et a sacerdotibus ignorati, in divino iudicio proditi, tamquam pisces mali, a sanctorum consortio separantur"

153 "손에 키를 들고 자기의 타작 마당을 정하게 하사 알곡은 모아 곳간에 들이고 쭉정이는 꺼지지 않는 불에 태우시리라"(마 3:12)

154 *Gesta Collationis Carthaginensis* 3. 258.
　"De occultis eis dixit Evangelista, quod tu vis tecum permixtos."

다. 그는 도나투스가 가지고 있던 약점들, 곧 편협하고 빈약하며 거칠었던 도나투스파 교회의 신학을 기존의 가톨릭교회와 맞먹을 수 있도록 정립시켜 놓은 대표 신학자이기도 하다.[155]

파르메니아누스에 관한 연구를 살펴보면, 그는 존경스러운 인물로서 온건하며 잔인함을 경멸하여 폭력과는 거리가 먼 인물이었다.[156] 그럼에도 불구하고 그가 도나투스파 교회의 신학자라는 사실은 도나투스가 가지는 신학적 독특성을 그대로 계승한 사람인 것을 보여 준다.

파르메니아누스의 주요 저작인 『배교자들의 교회에 반대하여』 (Adversus Ecclesiam Traditorum)는 현존하지 않는다. 그러나 옵타투스나 아우구스티누스의 작품에 나오는 언급을 통해 그 내용을 대략 유추할 수 있다. 아우구스티누스는 파르메니아누스를 도나투스파 교회로의 개종을 이유로 모두에게 재세례를 베풀지 않는 온건주의자로 묘사한다.[157]

실제로 파르메니아누스는 도나투스파 교회 공동체에서 분열해 나간 로가투스 및 그의 공동체나 막시미안 및 그의 추종 세력들이 돌아왔을 때 그들의 세례를 인정하여 재세례를 베풀지 않았다. 그러나 가톨릭교회로부터 개종한 자들에게는 반드시 재세례를 베풀게 하였다. 아우구스티누스는 이러한 모습을 온건주의라고 규정하였으나 사실 파르메니아누스는 로가투스파나 막시미안파를 가톨릭교회와 동일 선상에 놓고 보지 않았다. 왜냐하면 가톨릭교회는 성령이 활동할 수 없는 배교자들의 후손이지만 로가투스파와 막시미안파는 참 교회로부터 세례를 받

---

155 Frend, *The Donatist Church*, 194.
156 Ibid., 193.
157 Augustine, *Contra Epistola Parmeniani* 1. 3. 9.

았고 그들의 성직자들도 참 교회로부터 안수를 받은 자들이기에 때문이었다.[158]

그는 교회의 본질에 대한 매우 독창적인 관점을 제시하였다. 특히 그가 주목한 것은 교회가 그리스도의 신부라는 점이었다. 이 점에 착안하여 참 교회는 그리스도의 신부답게 하나님께서 주신 특별한 선물(Dotes)을 소유해야 한다고 주장했다. 그에 의하면 하나님의 특별한 선물이 있는지에 따라 참 교회와 거짓 교회를 가릴 수 있다는 것이다. 파르메니아누스는 주님의 신부로서 하나님께 받는 특별한 선물로 감독의 권좌(cathedra), 천사(angelus), 세례 시 성수를 담는 수반(fons), 수반의 봉인(sigillum), 그리고 성결한 제단(umbilicus) 등[159]을 제시하고 있다. 그리고 파르메니아누스는 오염되지 않는 참 예물을 소유한 참 교회인 자신들만이 진정한 성례(세례, 성찬, 성직 안수)를 할 수 있다고 하였다. 이러한 주장은 그동안 가톨릭교회가 도나투스파 교회를 공격할 때 사용한 거룩함의 근거를 반격할 수 있는 혁신적인 주장이었다. 왜냐하면 이 교회론은 거룩함의 근거가 성결한 공동체에 있음을 의미하고 있기 때문이다.[160]

도나투스파 교회의 세례를 연구한 틸리이는 파르메니아누스의 성례관에 대해 "교회는 하나님으로부터 선물을 받아 성례를 베푼다. 집례자의 상태는 문제가 되지 않는다. 그러나 그 집례자가 속한 교회의 상태는 본질적인 문제이다. 참되고 온전한 하나님의 선물을 소유한 교회만이 성례를 베풀 수 있다"라고 설명하였다.[161]

---

158 Tilley, *The Bible in Christian North Africa*, 100-101.
159 Frend, *The Donatist Church*, 195.
160 Tilley, *The Bible in Christian North Africa*, 102.
161 Ibid., 103.

이와 같이 파르메니아누스는 도나투스파가 갖는 한계를 넘어 당시 파상적으로 공격하는 가톨릭교회에 대처하며 당시 북아프리카의 엘리트들에게 호소할 수 있을 만큼의 견고한 신학적 토대를 제공하였다. 특별히 재세례를 시행하는 기준, 성례자의 성결, 완전주의적 교회론에 대해 납득할 만한 명확한 설명을 제시하려고 노력하였다.

티코니우스의 교회론

파르메니아누스와 더불어 4세기 도나투스파 가운데 가장 저명한 신학자 중의 하나가 티코니우스일 것이다. 당시 서방의 가톨릭교회에는 그와 견줄 자가 없었으며 도나투스파 신학자 가운데 북아프리카를 넘어 서방 신학에 영향을 끼친 신학자는 티코니우스밖에 없다고 말할 수 있을 정도의 신학자였다.[162] 그가 저술한『요한계시록 주석』(Commentary on the Apocalypse)은 중세 기독교 신학자들 사이에 고전으로 평가를 받았고, 이후의 많은 신학자에게 영향을 미쳤다. 심지어 아우구스티누스나 프리마시우스(Primasius) 등과 같은 북아프리카의 가톨릭교회의 신학자에게 지대한 영향을 미치기도 하였다.[163]

티코니우스는 아프리카에서 330년에 태어나서 390년에 사망하였다. 그는 347년 마카리우스(Macarius) 박해 때 청년기를 보냈지만, 생의 대부분은 가톨릭교회와 평화를 유지하던 시기였다. 그는 평신도로서

---

162 W. H. C. Frend, "Donatus 'paene totam Africam decepit'. How?," *Journal of Ecclesiastical History*, 48:4 (October 1997), 621–622.
163 Ibid., 621–622.

저술 활동에 집중했는데 이 시기는 내분으로 도나투스파 교회가 큰 어려움을 겪던 시기였다. 그의 저작은 주로 게나디우스(Gennadius)의 책에 담겨 있다.[164]

게나디우스는 티코니우스의 저작을 소개하면서 그가 도나투스파 교회의 신학에 충실하였다고 했다.[165] 그러나 이러한 게나디우스의 평가에도 불구하고 도나투스파 교회는 파르메니아누스의 주도로 380년 열린 카르타고 종교회의에서 그를 출교하였다. 이에 대해 아우구스티누스는 티코니우스가 교회의 지역적 보편성과 다른 사람의 죄로 인해 어떤 사람도 거룩성이 훼손될 수 없다고 주장했기 때문이라고 설명하였다.[166] 그러나 이러한 아우구스티누스의 설명은 그가 출교를 당한 이유로서 정확하다고 보기는 어렵다. 왜냐하면 그는 출교 이후에도 도나투스파 교회의 변증가이며 신실한 도나투스파로서 활동하였기 때문이었다. 그럼에도 그가 출교 이후 기록한 『7가지 규칙들』에 드러난 그의 사상은 당시 도나투스파 교회의 지도자들이 그를 잠재적 위협으로 얼마나 크게 느꼈는지를 짐작하게 한다.

티코니우스의 『7가지 규칙들』은 서방 기독교 최초의 성경 해석학이었다. 그는 이 책의 목적이 "거대한 예언의 숲을 잘 통과 할 수 있도록 빛의 길을 찾아 신자들로 실족하지 않게 하려함(*ut quis prophetiae inmensam silvam perambulans his regulis quodam modo lucis tramitibus deductus ab errore defendatur*)" 에 있다고 설명하였다.[167]

---

164 Gennadius, *De Scriptoribus Ecclesiasticis*, 18.

165 Ibid., 18.

166 Augustine, *Ep*. 93. 10. 44.

167 Tyconius, *Liber Regularum* Reg. 1. 8–9.

그는 7가지 규칙들을 성경 본문으로부터 유기적으로 도출하였다. 그로 인해 이 신비한 규칙들은 신약과 구약 그리고 성경과 세계의 통일성을 말해 주고 있었다. 그의 규칙들 가운데 특징적인 것은 성경과 인간의 삶과 사건들을 모형론(typologically)으로 이해한다는 점이다. 그래서 그는 성경의 모든 말씀을 당시 교회의 사건들의 모형으로서 해석하였다.[168] 이러한 도나투스파 교회의 성경 해석은 성경과 현재 사건들을 멀리 떼어 놓는 가톨릭교회의 성경 해석과 거리가 먼 것이었다.

티코니우스는 성경의 사건들을 현재의 사건들과 연장선상으로 보았을 뿐 아니라 성경이 현재 기독교인들에게 말씀한다고 믿었다.[169] 그러나 그러한 말씀이 모두에게 들리는 것은 아니었다. 그러한 말씀은 의로운 자나 회개에 합당한 준비가 되어 있는 자들만 이해할 수 있는 것이었다. 따라서 7가지 규칙들은 신실한 신자에게는 교훈을, 회개할 준비가 된 자들에게는 회심을 호소하지만, 그 외의 사람들에게는 감추어진 것이라고 보았다.[170]

티코니우스는 구약의 모든 말씀이 그리스도와 교회 또는 사탄과 그의 나라와 관련이 있다고 보았다.[171] 그는 성령의 도우심 가운데 모형론, 알레고리 등과 같은 해석학적 도구와 이성을 통해 성경이 그리스도와 교회, 사탄과 그의 왕국으로 나뉘어 있음을 말하고 있다는 것을 알게 된다고 하였다.[172]

---

168 Ibid., 3. 18-19.
169 Tilley, *The Bible in Christian North Africa*, 115.
170 Tyconius, *Liber Regularum* Reg. 2; 11.
171 Tyconius, *Liber Regularum* Proemium.
172 Tyconius, *Liber Regularum* Reg. 2.

그래서 티코니우스는 이렇게 말한다.

여기에는 두 도성과 두 왕국이 있다. 하나는 세상에 있고, 하나는 그리
스도를 섬기기를 원한다. 하나는 세상을 다스리기를 원하고, 하나는 세
상으로부터 떠나기를 원한다. 하나는 슬퍼하고 하나는 기뻐한다. 하나
는 비난하고 하나는 비난받는다. 하나는 죽이고 다른 것은 죽는다. 하
나는 의롭다 함을 얻기 위해 행동하고 다른 하나는 불경스럽다. 둘 다
각각의 목적을 위해 나아가는데 하나는 구원을 얻고 다른 하나는 멸망
받는다.[173]

여기에는 특별한 점이 있다고 하였다. 그것은 그리스도와 그의 교회
도 두 가지 측면이 존재하고 또한 개인이나 개체에도 두 측면이 있다는
점이다. 그럼에도 이러한 두 측면을 설명하는 성경 말씀은 단수로 쓰였
다고 하였다. 달리 말해, 티코니우스는 여기에서 교회의 단일성을 찾아
냈다. 즉 교회 안에 나쁜 것과 좋은 것, 왼편과 오른편이 공존하지만 하
나임에는 변함이 없다는 것이다.[174] 티코니우스는 교회 안에 있는 신비
한 악을 데살로니가후서 2장 4절에 나타난 '불법의 비밀'로 불렀다.[175]
이에 대해 아우구스티누스는 교회 안에 있는 신비한 악에 대한 위대한
해석이라고 하였다.[176]
　　아우구스티누스는 여기에서 영감을 받아 두 도성과 혼합체로서 교

173　Frend, "Donatus 'paene totam African decepit'. How?," 622-623.
174　Tilley, *The Bible in Christian North Africa*, 120.
175　Tyconius, *Liber Regularum* Reg. 7.
176　Augustine, *De Doctrina Christiana* 3. 33.

회의 본질에 대한 이론을 정립한 것으로 보인다. 그러나 티코니우스는 교회의 본질을 혼합체로 설명하는 데 강조점을 둔 것이 아니었다. 그는 신비한 악, 곧 교회 안에 있는 불법의 각성과 회개를 촉구하는 과정에 초점을 맞추어 설명하는 과정 가운데 교회는 혼합체의 성격을 갖고 있다고 말하였다. 그가 교회의 본질을 연구한 것은 성경을 보는 7가지 규칙의 양식이 종말론적이기 때문이었다. 티코니우스는 롯의 탈출 사건을 해설하면서, 롯이 소돔 '가운데에서' 떠나 구원을 받은 것처럼 의로운 자는 멸망의 성전 '가운데로부터' 떠나야 한다고 강조하였다. 즉 그에게 '가운데에서', '가운데로부터'는 종말론의 핵심 단어이자 교회론의 핵심이었다.[177] 그는 교회도 같은 맥락으로 설명하였다. 교회는 의로운 자와 불의한 자의 혼합체이며, 교회 '가운데에서' 신비하게 존재하는 불의한 자는 재림의 순간에 밝혀진다고 하였다.[178] 이러한 그의 성경 해석은 도나투스파 교회의 전통을 뛰어넘는 것이었다. 그래서 그의 사후에 다른 가톨릭교회의 신학자들, 특히 아우구스티누스에게 큰 영감을 준 것으로 보인다. 이렇게 도나투스파 신학자들 가운데서도 걸출한 신학자들이 등장하였고 성경에 기초하여 자신들의 정당성을 주장하였지만, 고백주의적 신앙에 바탕한 엄숙주의적 순결함을 고수함으로써 자신들이 참 교회라고 하는 프레임을 놓지 못하였다. 결국 성경 해석에서도 그러한 관점에서 편협한 해석을 시도하였다.

물론 티코니우스는 아우구스티누스에게 영감을 줄 정도로 탁월한

---

177 P. Bright, " 'The Preponderating Influence of Augustine': A Study of the Epitomes of the Book of Rules of the Donatist Tyconius," in *Augustine and the Bible*, ed. P. Bright (Notre Dame, Indiana : University of Notre Dame Press, 1999), 49-50

178 Ibid., 49-50

시각을 가졌지만 그마저도 도나투스파라고 하는 한계로 자신들만이 참 교회라고 하는 인간 중심의 인효론적 사고를 벗어나지 못했음을 보여 준다. 그도 그럴 수밖에 없었던 것은 그들의 삶과 신앙 그리고 신학의 배경이 북아프리카였고, 또 북아프리카의 신앙적 전통이 그들에게 매우 큰 영향을 미쳤기 때문으로 보인다.

터툴리아누스와 키프리아누스를 거쳐 도나투스로 이어져 오기까지 얼마든지 주를 위해서 순교도 각오하려는 고백주의 신앙의 열정이 자신들의 신앙만이 참이라는 생각에서 벗어나지 못하였다. 그렇지 않아도 로마 문화와 로마 제국에 적대적이었던 그들로서는 가톨릭교회를 참 교회라고 인정할 수 없었던 것이다. 더군다나 도나투스에 이르러서는 로마의 권력을 등에 업은 가톨릭교회가 가한 핍박은 가톨릭교회에 대한 강력한 피해의식을 갖게 만든 요인이 되었다. 그렇게 로마적이며 로마 제국의 권력을 등에 업고 자신들을 핍박한 가톨릭교회를 바라보면서 그들은 보편적 교회라고 인정할 수 없었다. 무엇보다도 그들의 엄숙주의적인 신앙의 관점에서 보자면 분명 교회는 삶과 신앙이 일치하는 믿음의 열매로서 순결성이 담보되어야 했다. 하지만 그들이 보기에 정통이며 보편적 교회라고 주장하는 가톨릭교회는 그렇지 않았다. 결국 그로 인하여 그들은 자신들만의 길을 걸어갔던 것이다.

맥그라스(A. E. McGrath)의 말대로 그들은 교조주의에 사로잡혀 모든 인간이 치료를 받아야 한다는 것을 인정하지 않았던 것이다.[179] 그들은 자기 생각이 너무 강한 나머지 보편적 교회의 정통신학이 무엇인지, 성

---

179 A. E. McGrath, *Christian History : An Introduction* (Oxford : Wiley-Black Well, 2013), 61.

경 해석이 어떤 것인지를 보지 못하였다. 결과적으로 그리스도의 몸인 교회를 나누었을 뿐 아니라 계속해서 엇갈린 길을 가게 되었다. 그들은 북아프리카의 신앙 정서와 전통을 계승하였는지는 몰라도 정통의 바른 신학을 계승하지는 못하였고 주관적인 성경 해석과 자기들 방식의 신앙관으로 인하여 분파주의라는 오명도 벗지 못하였다.

그렇다면 똑같은 북아프리카에서 살고 목회를 하며 신학을 하였던 아우구스티누스는 어떻게 그들과 다를 수 있었는지를 그의 신학과 교회관을 통해 살펴보도록 하겠다.

요약

도나투스파 교회를 든든하게 세운 신학자들을 살펴보았다. 그 내용을 다음과 같이 정리해 볼 수 있다.

첫째, 도나투스파 교회의 교회론과 가톨릭교회의 교회론 사이에 가장 큰 차이는 바로 교회의 거룩성에 관한 인식이었다. 도나투스파는 자신들을 거룩한 자, 곧 배교하지 않고 순교의 열정으로 거룩한 신앙을 지킨 자들의 모임으로서 거룩한 자들의 교회인 'Collecta'로 인식하였다. 이렇게 인효론적 전통을 이어받은 도나투스파의 세례론을 아우구스티누스는 인정하지 않았고 도나투스파가 주장하는 재세례는 불가하다고 주장하였다.

둘째, 뛰어난 영성가이자 지도자인 파르메니아누스는 도나투스파의 신학적 독특성을 그대로 이어받은 사람이었다. 그는 교회를 그리스도의 신부라는 관점에서 이해했다. 주님의 신부로서 하나님께 받은 특별한 선물, 곧 감독의 권좌, 천사, 수반, 수반의 봉인, 성결한 제단을 받고 오염되지 않게 선물을 지킨 자가 참 교회라고 주장했다. 곧 배교하지 않는 자신들의 교회만이 참 교회라고 인식하였다.

셋째, 도나투스파와 가톨릭교회 모두에 영향력을 끼친 도나투스파 신학자가 있었는데 그가 티코니우스이다. 그의 『7가지 규칙들』은 최초의 성경 해석학으로 성경 본문으로부터 유기적으로 7가지 규칙을 도출하였다.

또한 그는 북아프리카에 존재하던 혼합적 교회관의 개념을 바탕으로 두 도성 이론을 체계화하였다. 그럼에도 불구하고 그는 도나투스파라고 하는 시대의 한계 아래 인효론적 사고를 벗어나지 못하였다. 그러한 교조주의에 사로잡혀 모든 인간이 치료를 받아야 한다는 것을 인정하지 못하고 자신들만의 길을 걸어가게 되었다.

04
/

정통으로서 아우구스티누스의 교회론

Augustine's Ecclesiology

04
정통으로서 아우구스티누스의 교회론

교회의 본질적 이해

지금까지 연구를 통해 대박해 시대에 배교하였다가 회심하고 교회로 돌아오려는 성직자들 문제로 교회는 교회의 본질을 깊이 상고하며, 교회론을 세워 가는 과정을 갖게 됨을 알게 되었다. 그 중심에 있던 것이 바로 도나투스 논쟁이다. 이 논쟁은 도나투스파 교회는 가톨릭교회가 회심하고 돌아오려는 신자와 성직자들을 수용함으로 오염되었다고 주장에서 시작되었다. 또 그러한 성직자들이 시행하는 세례는 무효라고 주장하면서 가톨릭교회는 참 교회가 아니라고 주장하였다. 이에 대하여 교회의 본질에 대한 성경적 이해를 바탕으로 성경 해석의 오류를 바로잡으며 정통신학으로서 아우구스티누스의 교회론이 세워진 것을 살펴보았다. 이제 그의 교회론은 구체적으로 무엇인지 이 장에서 살펴보려고 한다.

아우구스티누스와 도나투스파의 차이는 바로 정통과 전통에 대한 이해와 적용에 있다. 도나투스파는 정통을 계승했다고 하였지만 전통을 계승한 것이었고, 아우구스티누스는 정통을 계승하며 전통을 혁신함으로 참 교회론을 세웠다.

그럼 어떻게 정통과 전통을 구분할 수 있는지에 관한 질문이 나올 수 있는데, 이러한 구분의 핵심은 올바른 성경 해석에 있다.

당대에 아우구스티누스만큼 탁월한 해석적 관점을 가지고 성경을 주해하는 신학자는 없었다. 그는 수많은 설교와 편지를 통하여 목회하는 목회자로서 교회의 신학자[1]임을 우리에게 보여 주었다.

무엇보다도 그는 정통적 성경 해석에 근거하여 올바른 성경 해석을 발전시켰다. 그러므로 그는 정통적 성경 해석에 근거하여 정통과 전통을 구분하고, 성경으로부터 이탈한 전통은 혁신하고 성경에 근거한 정통은 계승하면서 이단과 분파주의자들과 싸웠다. 이러한 관점에서 아우구스티누스가 어떻게 교회를 이해하게 되었는지를 살펴볼 것이다.

앞서 살펴보았듯이 도나투스파는 데키우스 황제의 박해로 배교자가 속출하였고, 박해가 종식된 이후 교회의 재건 시기에 회개하고 돌아온 이들을 어떻게 처리해야 하는가의 문제로 북아프리카를 기반으로 분열을 일으킨 도나투스와 그의 추종 세력을 말한다.

"그리스도인들의 피는 씨(Semen est sanguis Christianorum)"[2]라고 한 터툴리아누스의 말처럼 그리스도인들의 피는 교회를 성장시키는 동력이 되었다. 그럼에도 그들이 지닌 배타성은 대규모의 박해가 끝나고 나면 여지없이 교회에 분열의 원인을 제공하였다. 그 대표적인 예가 노바티아누스와 도나투스에 의해서 형성된 노바티아누스파와 도나투스파였다. 반면 가톨릭교회는 4세기 말 북아프리카에서 다수파가 된 도나투스파 교

---

1 Brown, *Augustine of Hippo : A Biography*, 441–473.
2 Tertullian, *Apologeticum* 50. 16.

회와 논쟁을 통해 교회론을 확립하였고, 분파주의로부터 교회를 지키기 위해 교회론 개념을 명확히하며 발전시켰다.

터툴리아누스의 교회론 전통을 계승한 키프리아누스는 삼위일체론적인 교회 일치, 즉 가시적이고 외형적 교회 일치를 위한 교회론을 세웠다. 아우구스티누스는 한 걸음 더 나아가 가시적인 교회의 일치는 물론이고, 도나투스파들의 공격에 맞서 거룩한 의인과 불의한 자와의 혼합체로서의 교회론을 확립하였다. 그는 또한 가시적인 교회의 일치를 이루기 위해서 사랑(Caritas)으로 하나 되어야 함을 강조하였다. 왜냐하면 아우구스티누스에게 있어서 사랑은 겸손의 다른 측면이기에 사랑과 겸손은 개인적인 윤리의 차원뿐만 아니라 교회론적으로도 중요하였다. 그래서 아우구스티누스는 교회의 하나 됨은 항상 사랑의 결과물이라고 인식하였다. 그리고 그 사랑은 교회 가운데 내주하시는 성령의 역사로 나타나는 열매임을 주장하였다. 그러하기에 교회의 하나 됨을 위해 성령의 역사로 나타나는 사랑은 교회 안에 내주하시는 성령의 역사를 보여 주는 특별한 증거였다. 왜냐하면 하나님은 교회가 일치를 이루도록 사랑의 마음을 부어 주셔서 교회가 하나 되기를 하나님께서 원하기때문이다.[3] 그러므로 사랑이 있는 교회가 참 교회인 것이다. 바로 이 지점에서 아우구스티누스가 키프리아누스를 무작정 따른 것이 아니라는 점을 확인할 수 있다.

키프리아누스는 교회가 감독을 중심을 외형적으로 하나 됨을 추구하였지만, 아우구스티누스는 하나님의 사랑에 기초한 기독론적인 교회

---

3 Walter Simonis, *Ecclesia visibilis et invisibilis* (Frankfrut : Josef Knecht Verlag, 1970), 81.

아우구스티누스의 교회론

의 하나 됨을 주장하였다. 이는 키프리아누스의 교회론보다 아우구스티누스의 교회론이 훨씬 더 강력한 교회 지상주의를 가리키고 있음을 보여 준다.[4] 그러므로 교회의 하나 됨을 깨뜨리는 이단과 분파주의자들은 교회의 몸으로부터 분리될 것임을 분명히 하고 있다.

> 하나 된 그리스도의 몸 안에 있는 사람, 그리스도인이 제단에서 성찬을 받는 그 몸의 지체가 된 사람은 진정으로 그리스도의 몸을 먹고 피를 마신다. 따라서 이단자, 분열주의자들은 하나 된 이 몸으로부터 분리되었기 때문에, 같은 성례를 받을 수는 있어도 아무런 유익을 얻을 수 없고 도리어 해를 받게 된다. 그러므로 오랜 고통 후에 해방되기는 고사하고 도리어 더한 심판을 받는다. 왜냐하면 그들은 저 성례전이 상징하는 평화의 매는 줄에 연결되지 않았기 때문이다.[5]

이와 같은 아우구스티누스의 견해는 그가 교회의 일치에 단순히 외형적 일치를 추구한 것이 아님을 보여 준다. 그는 교회의 일치를 통해 교회와 교회 그리고 신자와 신자 사이의 외적인 연결을 넘어서서 온전하고 거룩한 그리스도의 몸에 연합함으로써 성령이 보이지 않는 방법으로 신자들을 교회 안에 들어오게 하심으로 이루어지는 것이라고 보았다. 그러면 이제부터 그의 교회론에 있어서 교회의 정의를 살펴보도록 하겠다.

---

4 L. Berkhof, *The History of Christian Doctrine* (Carlisle, Pennsylvania : Banner of Truth Trust, 2002), 228–229.

5 Augustine, *De Civitate Dei* XXI. 25.

그리스도의 몸(*Corpus Christi*)

아우구스티누스는 교회를 그리스도의 몸(*Corpus Christi*)으로 정의하였다. 이는 그의 사상 중심에 있으며, 아우구스티누스가 강조하고 있는 것이기도 하다.[6]

교회에서 일어나고 행해지는 모든 거룩한 의식과 구원의 역사는 그리스도로 말미암기 때문이다. 그러한 정의가 가능한 이유는 성경의 정의대로 교회의 머리는 그리스도이고, 교회는 그리스도의 지체이며, 그리스도는 교회와 한 몸을 이루고 계시며, 교회는 그리스도의 몸으로 활동하고 있기 때문이다(고전 12:27). 교회에 대한 아우구스티누스의 정의를 통하여 우리는 그가 교회를 이해하는 가장 중요한 원리로 그리스도 중심이라는 원리를 채택하고 있음을 알 수 있다. 이는 인간의 구원을 위한 교회의 모든 활동은 그리스도를 기초로 하고 있으며, 모든 성례전에서도 그리스도가 활동한다고 이해하고 있다는 것을 의미한다. 그리고 교회가 성례를 시행하지만, 그 성례는 성직자들이 시행하는 것이 아니고 그리스도가 교회를 통해 성례를 시행한다고 이해하였다.[7]

아우구스티누스의 교회론은 책상 위에서 만들어 냈거나 교부들의 교회론을 그대로 답습한 것이 아니라 성경에 기초하였다. 특히 아우구스티누스는 바울 서신에 근거하여 기독론적 원리로 그의 교회론을 풀어내고 있다.

---

6 S. L. Grabowski, *The Church : An Introduction to the Theology of St. Augustine* (London : Herder Book, 1957), 5.

7 Augustine, *Contra Cresconium* 2. 21. 26.

아우구스티누스는 로마서와 고린도전서에서 교회를 '그리스도의 몸'이라고 언급한 말씀에 착안하였다. 아우구스티누스는 성경이 그리스도의 몸을 언급할 때 이는 순전히 신자들의 교제만을 말씀하는 것이 아니라고 생각하였다. 즉 그리스도의 몸이라고 할 때는 교회와 그리스도 자신의 교제가 일차적이고 본질적[8]이라고 보았으며, 따라서 그리스도의 몸으로서 교회를 그리스도와 본질적으로 동일시하고 있었다(고전 12:12). 이는 하나의 몸에 많은 지체가 있듯이 많은 지체로 구성된 교회는 그리스도와 하나라고 하는 생각에 기초한 것이다.[9]

아우구스티누스는 에베소서 5장 30절에서 32절[10]을 그의 저술에 35번을 인용하고 있는데 그중 34번을 교회와 그리스도의 신비적 연합에 대한 예표로 신랑과 신부의 연합을 들어 해석하고 있었기 때문이다.[11] 이를 종합해 보면 아우구스티누스는 구원을 위한 교회 사역의 근거를 그리스도의 사역으로부터 기원하는 것으로 보고 있다. 이러한 그리스도의 사역 아래 구원을 이루는 교회의 사역이 이루어지고 있음을 확신하고 있기에 그는 교회를 그리스도의 몸이라고 정의하고 있다.

이러한 아우구스티누스의 견해는 칼뱅에게 그대로 계승되고 더 발전적 모습으로 나타나고 있다. 교회의 본질을 이해할 때 그리스도의 몸으로서 영적이고 신비적인 정체성에 대하여 "그리스도인들은 단순한

8 H. Ridderbos, *Paul : An Outline of His Theology*, trans. by John Richard De Witt (Grand Rapids : Wm. B. Eerdmans pub., 1975), 393-394.

9 G. E. Ladd, *A Theology of The New Testament* (Grand Rapids : Wm. B. Eerdmans pub., 1993), 590.

10 "우리는 그 몸의 지체임이니라 그러므로 사람이 부모를 떠나 그의 아내와 합하여 그 둘이 한 육체가 될지니 이 비밀이 크도다 나는 그리스도와 교회에 대하여 말하노라"(엡 5:30-32)

11 Grabowski, *The Church : An Introduction to the Theology of St. Augustine*, 11.

정치적 모임을 구성하는 것이 아니라 그리스도의 영적이고 신비적인 모임(corpus: body)이기 때문"[12]이라고 설명하였다.

또한 칼뱅은 "그리스도의 몸"으로서 교회의 영적이고 신비적인 정체성을 그리스도와의 관계에서 세워진 "비가시적 교회(ecclesia invisible)"와 연결시키고 있다.[13] 다시 말해, 교회는 시대를 초월하여 그리스도의 몸으로서 택함을 입어 그리스도와 연합한 모든 신자의 공동체이다.[14] 그리고 그리스도의 몸으로서 교회에 대한 이해를 기초하여 칼뱅은 머리이신 그리스도로 인하여 교회는 하나 되어야 함을 강조하였다. 과거 아우구스티누스가 사랑의 일치를 논하며 가시적 교회의 하나 됨을 주장하였는데, 칼뱅은 그 명확한 근거로서 성경적 원리에 기초하여 더 본질적으로 교회를 이해하였다.

성령의 친교(Communio Spiritus Sancti)

아우구스티누스가 주장하는 교회에 대한 두 번째 정의는 성령의 친교라는 개념을 사용하고 있다. 그는 교회를 그리스도의 몸으로서의 성령의 친교라고 정의하였다. 아우구스티누스는 '그리스도의 몸'이라는 개념에서 출발하여 기독론적인 교회론을 발전시키면서 조금 더 세부적으로 교회를 통해 이루어 가는 구원 역사의 원동력으로서 성령의 역할

---

12 John Calvin, *Commentary 1 Cor.* 12:12
"Verum inter Christianos longe alia est ratio: neque enim corpus politicum duntaxat efficient: sed sunt spiritual et arcanum Christi corpus"
13 황대우, "그리스도의 신비한 몸: 부써와 칼빈의 교회론 비교 연구," 「칼빈연구」 3 (2005), 180-188.
14 John Calvin, *Institues of the Christian Religion*, Ⅲ. 1. 1.

에 주목하였다. 인간의 몸에 생기를 불어넣어 생령이 되게 하신 하나님께서 인간에 불어넣으신 영혼이 존재하고 그 영혼에 의해 몸이 활력을 가지듯 성령이 그리스도의 몸인 교회에 내주하면서 그 몸이 활동하도록 활력을 가지게 한다는 것이다.[15] 그리고 같은 맥락에서 몸에 영혼이 있듯이 그리스도의 신비한 몸인 교회에 있어서 영혼은 성령이라고 정의하였다.[16] 따라서 신자가 교회의 영인 성령을 소유하고자 한다면 본질적으로 신자들의 공동체인 그리스도의 몸에 거해야 한다는 점을 강조하였다.

영과 육이 분리될 수 없는 것처럼 성령이 그리스도의 몸인 교회의 모든 신자에 내주하면서 사랑의 원리로 모든 사람을 하나로 연합하게 하고 그들에게 구원을 통한 영생을 주신다고 정의하였다.[17] 그러므로 아우구스티누스는 그리스도의 몸인 교회는 성령에 의해 사랑으로 하나 된 성령의 친교가 드러나는 곳으로 정의하였다.

아우구스티누스는 성령에 의해 부어지는 사랑이 신비한 그리스도의 몸인 불가시적 교회 안에서 가장 중요한 역할을 한다고 보았다. 성령에 의한 그 사랑으로 하나 된 교회이기에 아우구스티누스는 교회의 어떠한 분열도 용납할 수 없었다.[18]

아우구스티누스에게 있어서 교회의 하나 됨은 성령이 부어 주시는 사랑의 결과물이었기에 교회의 일치는 곧 사랑의 열매라고 생각하였다. 따라서 만일 교회를 분리 또는 분열시킨다면 이것은 그 성령이 부

---

15 Jay, *The Church*, 85.
16 Augustine, *Sermons* 258. 2.
17 이장식, 『현대교회학』 (서울 : 대한기독교서회, 1990), 109-110.
18 Augustine, *Contra Faustum Manichaeum* 29. 4.

어 주시는 사랑이 없기 때문이라고 아우구스티누스는 생각하였다. 그래서 아우구스티누스는 도나투스파가 교회를 분열시키는 것은 교회를 미워하는 것이고, 이는 곧 그리스도를 미워하는 적개심의 분출이며, 그렇게 교회를 미워하는 것은 그들 안에 성령이 내주하여 그에게 사랑을 부어 주지 않기 때문이라고 이해하였다. 즉 그들 안에 성령이 부어 주시는 사랑이 없고, 그리스도에 대한 사랑이 없으므로 그리스도의 몸인 교회를 대적하고 결국 그리스도의 몸을 분리하는 것이라고 이해하였다.

도나투스파가 교회를 분열하는 행동을 할 수 있는 것은 그들 안에 성령이 내주하지 않는 것으로 볼 수밖에 없다고 아우구스티누스는 결론 지었다. 따라서 그들이 아무리 그리스도를 믿는다고 고백하며 자신들이 거룩한 참 교회라고 주장하여도 그것은 말뿐이며, 실제 그들의 삶의 모습은 그러한 고백을 부정하는 거짓말쟁이들이라고 아우구스티누스는 도나투스파를 논박하였다.[19]

아우구스티누스는 가톨릭교회로부터 이탈하여 교회를 분리하여 나간 자들을 하나님의 은혜로부터 분리된 자라고 보았고, 은혜로부터 분리되었기에 그러한 분리주의자들에게는 온전한 구원이 있을 수 없으며, 그들이 다시 보편적 교회로 돌아와 하나 됨을 이루어야 한다고 교회의 일치를 강력하게 권면하였다. 왜냐하면 아우구스티누스 본인이 그렇게 성령의 강권에 이끌려 보편 교회로 돌아왔기 때문이었다. 그러므로 아우구스티누스에게 있어서 가톨릭교회는 하나님의 은총의

---

19 Augustine, *Homilies on 1 John, 7-8 : The Library of Chritian Classics.* Vol. VIII, tr. and ed. by John Burnaby(London : SCM Press, 1955), 282.

수단이었고, 그 통로로 인하여 우리는 하나님의 부르심에 순종하고, 이로 인해 우리가 구원에 이르도록 하며, 무엇보다도 우리는 교회를 통해서 성경의 가르침을 받고 그 받은 것을 믿을 수 있도록 한다고 정의하였다.[20]

아우구스티누스는 자신의 교회관을 기준으로 볼 때 오로지 보편적 교회에만 구원이 있기에 강압적 방법을 사용해서라도 그들이 보편적 교회로 들어올 수 있도록 해야 한다고 생각하였다. 이러한 교회의 이해는 칼뱅도 동의하고 있다.

칼뱅은 에베소서 4장 16절을 주석하면서 "이 본문에 나타난 세 가지 요점 가운데 첫째는 머리로부터 지체들을 통해 모든 삶과 건강이 퍼져가는 것처럼 지체들은 상대적으로 머리를 돕는 역할 외에 다른 것이 없다는 것이다. 둘째는 머리로부터 분배된 삶과 건강이 각 지체들에 맞게 제한된 역할을 감당하기 위해서는 지체 상호 간에 교제가 필수적이라는 것이다. 셋째는 서로 사랑하지 않고서는 몸의 건강이 유지되지 않는다는 것이다"[21]라고 하였다. 김요셉은 이러한 주석에 근거하여 칼뱅이 "그리스도의 몸"으로서 교회를 이해하면서 교회 안의 영적 원리에 대하여 그리스도의 머리이심, 지체 간의 상호 교통의 필요성, 지체 간의 사랑을 말하고 있다고 주장하였다.[22] 그만큼 그리스도의 몸으로서 성령의 은

---

20 대한기독교서회 편집부, "현대의 신학적 상황," 『기독교 사상 강좌 I』(서울 : 대한기독교서회, 1971), 286.

21 John Calvin, *Commentary Eph.* 4:16.
"Verum tria notanda sunt. Primum, illud quod dixit, quidquid vitale est aut salubre quod per membra spargitur, id a capite manare: ut in membris nihil sit praeter administrationem. Secundum, quod talis sit distribution, ut inter se communicare opus habeant propter finitam cuiusque mensuram, Tertio, quod sine mutua caritate salvum esse nequeat corpus"

22 김요셉, "그리스도의 몸인 교회: 칼빈의 교회 제도 제안의 신학적 기초," 『개혁논총』 제15

사가 주어지고 그 몸의 지체로 역할에 맞는 은사를 사용하기 위해 상호 교제한다는 것을 원리적 개념으로 이해한 것이다. 이는 아우구스티누스의 그리스도의 몸인 교회와 교회 안에서 성령의 친교가 이루어진다는 원리를 계승하며 발전시킨 것이라 여겨진다.

어머니 교회(*Ecclesia mater*)

아우구스티누스가 교회를 정의할 때 첫 번째가 그리스도의 몸으로서 교회를 말했다면, 두 번째는 성령의 친교로서 교회를 정의하였고, 세 번째는 구원의 모체이자 구원의 산실로서 교회를 어머니라고 정의하였다.

하나님은 아버지, 교회는 어머니라는 개념이 터툴리아누스[23]와 키프리아누스 그리고 아우구스티누스에게 나타나고 있다. 그리고 후에 칼뱅에게도 이 개념이 나타난다.[24] 사실 아우구스티누스에게 있어서 어머니로서 교회라는 개념은 터툴리아누스와 키프리아누스가 교회에 사용한 은유를 아우구스티누스가 수용하여 사용한 것으로 볼 수 있다. 그러나 아우구스티누스가 어머니를 교회에 대한 은유로 사용한 것은 교부들이 사용한 개념이기 때문에 그대로 답습한 것이 아니라 교회가 그리스도인을 출산하고 양육하는 어머니의 역할을 하는 곳이기에 사용하

권 (2010년 9월), 193-225.

23 Tertullian, *Ad martyres*, ed. by Alexander Roberts, James Donaldson(Whitefish, Montana : Kessinger Publishing, 2004,) 1.

24 John Calvin, *Institues of the Christian Religion*, trans. by Fore Lewis Battles (Philadelphia : The Westminster Press, 1965), Ⅳ. 1. 1.

였다.[25]

키프리아누스는 어머니로서의 교회를 설명하면서 "교회를 어머니로 가지지 않는 자들은 하나님을 아버지로 가질 수 없다(*habere non potest Deum patrem qui ecclesiam non habet matrem*)"[26]라고 말하였다. 그러면서 키프리아누스는 구약의 족장들, 예언자들을 낳았던 동일한 어머니로서의 교회는 사도들과 순교자들 그리고 좋은 그리스도인들을 낳았다고 보았다. 그러므로 모든 신자는 하나님을 아버지라 부르듯이 교회를 어머니라고 불러야 한다고 주장하였다.[27] 정통적인 키프리아누스의 어머니 교회론을 수용하여 아우구스티누스는 어머니로서의 교회라는 개념을 자신의 교회론으로 발전시켰다. 그래서 아우구스티누스는 "하나님을 아버지로, 그의 교회를 어머니로 지닌 너희는 안전하다"[28]라고 말하면서 어머니 교회(*Ecclesia Mater*)를 말하였다.[29]

아우구스티누스는 아버지인 하나님과 어머니인 교회는 구원받은 영원한 생명을 낳는다고 하였다. "보라, 어머니 교회가 산고를 치르고 있다. 보라, 어머니 교회는 당신을 낳기 위하여, 믿음의 빛으로 당신을 인도하기 위하여 고통 가운데 신음하고 있다"[30]라고 설교하면서 어머니인 교회가 구원받은 영혼을 출산하는 고통의 과정을 설명하였다.

아우구스티누스는 어머니인 교회가 우리를 낳았고, 지금도 우리를 신령한 자양분으로 양육하고 있다고 하였다. 그런데 아우구스티누스가

---

25 Eric G. Jay, *The Church* (Atlanta : John Knox Press, 1978), 90.
26 Cyprian, *De Ecclesiae Catholicae Unitate*, 6.
27 Augustine, *Contra Litteras Petiliani*, 3. 9. 10.
28 Ibid., 3. 10.
29 Augustine, *De vera religione*, 4. 6.
30 Augustine, *Sermons*, 216. 7. 7.

교회를 어머니라고 한 것은 일차적인 은유에 그치지 않았다. 아우구스티누스는 더 나아가 어머니는 교회이기에 이 어머니를 떠나면 구원받을 수 없다는 교회 일치의 원리로 사용하였다. 그러므로 어머니인 교회는 그리스도인을 낳을 뿐 아니라 천국에 들어갈 때까지 그 교회 안에 있어야 한다는 것을 주장하는 중요한 근거로 사용하였다.

이러한 사상을 계승한 칼뱅은 『기독교 강요』(Institues of the Christian Religion)에서 "모든 신실한 자들의 어머니인 교회"[31]라고 하였다. 칼뱅의 "어머니 교회"에 관한 비유 연구 중에서 가장 중요한 연구는 레오폴드 쉬머(Leopold Schümmer)가 제시하였다. 그는 칼뱅이 "교회를 어머니라고 비유하며 신랑이신 아버지 하나님과의 관계 속에서 그리스도의 신부"로서 신비적 정체성에 주목했다고 말하였다.[32] 그리고 이에 대한 근거로 칼뱅이 기독교 강요 2권 8장 18절에서 교회와 그리스도의 결혼 관계를 언급한 것과 갈라디아서 4장 26절[33]을 교회론적으로 해석한 것을 제시하였다. 김요섭은 이러한 칼뱅 연구를 통해 "칼뱅은 교회가 가지는 신비적 정체성을 통해 자기 충족적 권위를 드러내기보다는 가시적 교회가 참 교회로 나타나기 위한 역할적 정체성을 강조하려 했다"라고 말하였다.[34] 이러한 측면에서 보면 종교개혁의 후예들도 아우구스티누스의 교회론을 계승하고 있다고 볼 수 있다. 그러나 종교개혁자들은 명성에 기대거나 정통의 편에 서 있기에 아우구스티누스를 따른 것이 아니라

---

31 John Calvin, *Institues of the Christian Religion*, Ⅳ. 1. 1.

32 Leopold Schümmer, *L 'Ecclesiologie de Calvin à la lumière de l'Ecclesia Mater* (Bern : Peter Lang, 1981), 9.

33 "오직 위에 있는 예루살렘은 자유자니 곧 우리 어머니라"(갈 4:26)

34 김요섭, "모든 신자들의 어머니로서의 교회," 「성경과 신학」 52권 (2009년), 37-38.

성경에 기초하여 정통을 계승하고 전통을 혁신하며 그들도 시대에 맞는 성경적 신학을 추구하였던 것이다.

지금까지 아우구스티누스가 가지고 있는 교회에 대한 개념을 살펴보았다. 이제 조금 더 세부적으로 들어가서 그가 가졌던 교회의 이해에 본질적인 개념들을 살펴보도록 하겠다.

요약

이상과 같이 아우구스티누스가 북아프리카의 도나투스파와 논쟁을 통해 세운 그의 교회론을 살펴보았다. 도나투스파 교회는 정통을 계승했다고 하였지만 전통을 계승하였고, 아우구스티누스는 올바른 성경 해석에 근거하여 정통을 계승하고 전통의 혁신하여 정통 교회론을 세워 갔다. 그 내용을 다음과 같이 정리할 수 있다.

첫째, 북아프리카의 정통 신학자인 터툴리아누스의 교회론적 전통을 계승한 키프리아누스는 삼위일체론적인 교회 일치, 즉 감독 중심의 외형적 교회 일치를 이루는 교회론을 세웠다. 아우구스티누스는 거룩한 의인과 불의한 자와의 혼합체로서 혼합적 교회론을 세웠다. 혼합적 교회론을 통해 가시적 일치를 주장하는 것에서 한 걸음 더 나아가 하나님의 사랑에 기초한 기독론적인 교회의 하나 됨을 추구하며 더 강력한 교회 지상주의를 세워 전통을 혁신하였다.

둘째, 아우구스티누스는 교회를 그리스도의 몸으로 인식하였다. 그는 구원을 위한 교회 사역의 기원을 그리스도의 사역에서 찾았다. 교회의 모든 거룩한 의식과 구원의 역사는 그리스도로 말미암는다고 보았기 때문이다.

셋째, 아우구스티누스는 그리스도의 몸이라는 개념에서 기독론적 교회론을 발전시키면서 구원 역사의 원동력으로서 성령의 역할에 주목하였다. 그는 그리스도의 몸인 교회는 성령에 의해 사랑으로 하나 된 성령의 친교가 드러나는 곳이라 인식하였다.

넷째, 아우구스티누스는 구원의 모체이자 구원의 산실로서 우리를 낳았고 신령한 자양분으로 양육하는 어머니 교회라고 인식하였다. 이 개념은 터툴리아누스와 키프리아누스 그리고 아우구스티누스뿐 아니라 칼뱅에게도 나타난다.

교회론적 이해

아우구스티누스가 교회에 대하여 가지고 있는 이해는 마니교와의 논쟁(Manichaean controversy)과 도나투스파와의 논쟁을 통해 잘 드러났다. 우리는 이 두 논쟁을 통해 그의 교회론을 이해할 수 있다.

아우구스티누스는 마니교와의 논쟁을 통해서 역사적인 사실과 성경의 권위를 근거로 하여 교회론을 논하였다. 그리고 도나투스파와 논쟁을 통해 아우구스티누스는 신비로운 그리스도의 몸으로서 교회와 그 몸 안에서 성령의 친교라는 측면에서 교회와 구원의 모체이자 구원의 산실로서 어머니 교회론을 펼쳤다.

아우구스티누스를 연구하면서 그의 모든 저작과 신학이 그렇듯 조직적이거나 체계적이지는 않다는 특징을 발견할 수 있다. 따라서 그의 신학을 특정하기는 쉽지 않다. 그러나 그를 연구하면서 그의 신학이 통합적이라는 사실을 알 수 있다. 그러므로 그의 저작 전체를 통합적으로 살펴야 그의 신학을 개념화할 수 있다. 그렇게 개념화한 그의 신학 중심에는 신비로운 실체로서 교회의 이해가 놓여 있음을 알 수 있다. 따라서 그가 가진 교회에 대한 실체적 이해를 정통의 계승이라는 측면에서 니케아–콘스탄티노플 신경의 교회 이해의 개념[35]에 비추어 살펴보려고 한다.

교회의 기원

이제 그가 인식하는 교회의 기원에 대해 살펴보려고 한다. 교회사적으로 보았을 때 예수 그리스도의 승천 이후 오순절 성령강림 사건을 계기로 하여 교회는 실제적인 조직을 이루고 구체적인 확장을 이루었다고 할 수 있다. 그러나 아우구스티누스에게 오순절 성령강림 사건이 교회의 시작을 의미하는 것은 아니었다. 그에게 있어서 교회의 시작은 삼위일체 하나님이라고 할 수 있다. 왜냐하면 삼위일체 하나님(The Trinitarian God)이 최초의 공동체를 만드신 분이기 때문이었다. 그는 총제적인 교회, 곧 천상과 지상의 교회는 삼위일체 하나님의 전으로 이해하였다. 그리고 아우구스티누스는 성경의 시기를 율법 이전(ante legem), 율법 아래(in lege), 은혜의 시대(tempus gratiae)로 나누었다.[36] 그러면서 구약의 의

---

35 Schaff, *The Creeds of Christendom* Vol. I , 29.
　　"In one holy catholic and apostolic church"
36 Augustine, *Sermons* 72. 2. 3.

로운 자들도 성령에 의해 의롭게 되었다고 말하였다.

아우구스티누스는 하나님의 백성이 없었던 시기가 없었고, 그리스도 초림 이전에도 하나님의 백성이 존재했다고 이해하였다. 그래서 그는 "교회가 예수의 출생 이후 거룩하게 된 사람에게만 존재한다고 생각해서는 안 된다. 모든 시기의 모든 성도(Saint)는 교회에 속한다. 따라서 아브라함이 교회에 속하지 않는다고 말할 수 없고, 우리는 아브라함을 따름으로써 교회로 받아들여지는 것이다"[37]라고 말하였다.

아우구스티누스는 아브라함이 오실 그리스도에 대한 믿음을 보였는데 그것이 명시적인 것이 아니기에 '내가 무엇인지는 모르나 무엇인가 영적인 것'과 연관되었다고 보았다.[38] 그러면서 그 믿음의 내용이 하나님의 신실하신 언약들에 대한 믿음이라고 보았다. 그리고 아우구스티누스는 더 나아가 아벨까지 소급하여 적용하며 모든 시대의 모든 의로운 자로 교회가 존재했다고 주장하였다. 이러한 아우구스티누스의 견해는 구원의 범위와 직접적으로 연결되었다. 그는 키프리아누스의 '교회에 구원은 없다(Extra ecclesiam nulla salus)'를 원용하면서 동시에 세례를 받지 않는 순교자들, 세례를 받기 전 사망한 세례 교육 대상자들, 부당하게 피살된 가톨릭교회의 신자들에게도 구원이 있다고 선언하였다.[39] 그러나 성령 강림 이전과 이후를 나누어 성령 강림 이후의 교회는 그리스도에 의해 만들어진 보편적 공동체임을 분명히 하면서 교회를 구원의 길로 겸손히 받아들여야 한다고 생각했다. 다시 말해, 도나투스파 교회

---

37 Ibid., 4. 11.
38 Ibid., 4. 11.
39 Augustine, *De Baptismo contra Donatistas* 4. 17. 24.

의 주장처럼 그리스도로 온전해진 교회가 인간에 의해 불완전해질 수 없다는 것이다.[40] 그러므로 교회를 나누지 말고 참 구원의 길로 겸손히 받아들여 신앙할 것을 권면하였다.

아우구스티누스의 교회론이 가지는 핵심은 교회는 그리스도의 임재로 인하여 거룩해진 공동체라는 것이다. 따라서 교회 그 자체로 선하며 온전하다고 생각하였다. 그러므로 아우구스티누스는 또한 교회의 구성원에 의하여 교회가 불완전하거나 거룩하지 않을 수 없다고 확신하였다.

보편적 교회

최초로 '보편적(Catholic)' 교회를 언급한 교부는 안디옥의 이그나티우스(Ignatius of Antioch)였다. 그는 '예수 그리스도가 계신 곳에는 보편적 교회가 있다'라고 하였다. 그리고 이레니우스는 '교회가 있는 곳에 성령이 계시고, 성령이 계신 곳에는 교회와 모든 은혜가 있다'라고 하였다. 이들은 기독론과 성령론에 기초하여서 교회의 보편성을 추구하였다. 터툴리아누스와 오리게네스(Oregenes)는 여기서 한 걸음 더 나아가 사도적 전승과 '신앙적 교범(Regula fidei)'에 입각한 교회의 보편성을 추구하였다. 그러나 키프리아누스에 이르러서는 감독들의 연속성과 역사적 전통성과 '수위권(primus inter pares)'에 근거하여 감독주의 교회의 보편성을 추구하였다.[41]

---

40 Ibid., 4. 17. 24.
41 이형기, "고대교부들의 교회론에 대한 평가," 『기독교 사상사 I』 (서울 : 대한기독교서회,

아우구스티누스도 교회에 대한 본질적 이해에 있어 교회는 보편적
이라는 것에는 동의하였다. 왜냐하면 아우구스티누스 역시도 지금까
지 발전해 온 교회론에 근거하여 자신의 교회론을 펼쳐 나갔기 때문이
었다. 그러나 아우구스티누스는 어디까지나 사변적 개념으로서의 교회
론이 아닌 성경적이고 정통적 성경 해석에 입각한 교회론을 펼쳤다. 특
히 아우구스티누스는 교회의 본질을 이해할 때 325년 니케아(Councils
of Nicaea)에서 감독 318명이 모여 회의한 내용[42]과 381년 콘스탄티노플
(Councils of Constantino ple)에서 감독 150명이 공회로 모여 확증한 니케
아–콘스탄티노플 신경[43]이 말하는 교회의 표지에 근거하여 교회를 하나
의, 거룩하고, 보편적이며, 사도적인 교회라고 이해하였다.[44]

아우구스티누스는 정통 신조에서 벗어나지 않는 교회관에 기초하여
교회의 본질을 이해하였다. 그렇다면 교회 본질에 대한 그의 이해 가운
데 보편적 교회에 대한 생각을 살펴보려고 한다.

아우구스티누스가 말하는 '보편적'이라고 하는 말의 의미는 그 내용
에 있어 신학적으로 정통(orthodox)적이며 역사상의 시간적 측면과 지역
적 측면에서 보편적(universal)임을 뜻하고 있었다. 그래서 아우구스티누
스가 이해하는 보편적 교회는 역사적, 신학적, 지역적으로 정통적인 다
른 지역 교회들을 모두 포함하는 개념이었다. 그러하기에 그는 단순히

2015), 469.

42 Schaff, *The Creeds of Christendom*, Vol. Ⅰ, 28
  "The holy catholic church"

43 Ibid., 29.
  "In one holy catholic and apostolic church"

44 H. Bettenson, *Document of the Christian Church* (New York : Oxord University Press, 2011),
  37.

교회 개념으로 보편적이라는 말을 쓰기보다는 총체적 교회라는 의미를 부여하여 권위의 개념으로 보편적 교회라는 말을 사용하였다. 아우구스티누스는 성경과 성령에 의해 세워진 교회의 관습과 보편적 교회로서 모든 교회가 함께 내린 결정들을 권위로 받아들였다.[45]

아우구스티누스는 역사적 신학적 지역적 보편적 교회들의 회의에서 내려진 결정과 성경의 권위에 근거해 재세례 시행을 반대하였으며, 키프리아누스의 신학적 전통에 근거하여 펼쳤던 도나투스파 교회의 재세례에 대한 주장을 논박할 수 있었던 것이다.

사실 북아프리카에서 키프리아누스의 위치는 절대적이었다. 그러므로 도나투스파는 당연히 키프리아누스의 신학적 전통을 계승하려고 하였다. 당시 북아프리카에서 비록 명성이 높았던 키프리아누스였지만 그의 신학에 내포된 여러 가지의 한계를 보지 못하고 전통을 무비판적으로 수용하였던 도나투스파의 오류를 아우구스티누스는 논박을 통해 반론의 여지없이 밝혀냈다.

아우구스티누스에게 있어서 교회는 하나이고, 거룩하며, 보편적이고, 사도적인 공동체로 존재하였다. 이것이 교회에 대한 그의 신학적 이해이고 믿음이었다. 그래서 이 믿음에 기초하여 교회의 모든 신자는 하나 되어야 한다고 보았다. 그리고 또한 교회는 다음 세대로 믿음과 성경의 내용을 충실히 전달하는 공동체여야 한다고 이해하였다. 이러한 교회에 대한 이해에 기초하여 볼 때 아우구스티누스에게 보편적 교회란 정통적 신앙을 계승하며 보존하고 유지하는 것을 의미하며, 이러

---

45 김영도, "도나투스주의 논쟁에 나타난 어거스틴의 은총의 수단(교회) 이해," 「신학과 목회」 제24집 (영남신학대학교, 2005.11), 15-20.

한 보편적 신앙 때문에 신자들이 박해받는 것이라고 주장하였다.[46]

아우구스티누스는 "이방 나라를 네 유업으로 주리니"[47]라는 성경 말씀과 "땅의 모든 족속이 너로 말미암아 복을 얻을 것이라"[48]는 성경 말씀으로 인해 교회는 본질적으로 보편적이어야만 하는 공동체로 이해하였다. 그리고 이 보편적이고 사도적 교회들의 교제 가운데 북아프리카 교회가 들어가야 한다[49]라고 확신하였다.

아우구스티누스는 성경에서 교회는 머리이신 그리스도와 몸인 교회로 이루어져 있다고 보았다. 따라서 교회의 모든 신자는 그리스도의 몸인 교회의 지체들이다.[50] 그러므로 그리스도의 성장과 교회의 성장은 일치하며, 반대로 교회를 배척하고 거부하는 것은 그리스도의 몸인 교회를 거부하는 것이므로 그리스도를 거부하는 것을 의미하는 것이었다.[51]

아우구스티누스는 교회는 성경이 말하는 온전한 믿음에 대한 집단적인 증인이라고 보았다. 따라서 그리스도의 몸인 교회는 전 세계에 보편적으로 존재하며, 그리스도의 몸인 교회로서 세계에 보편적으로 존재하는 지역 교회들은 서로 하나 됨을 이루어야만 한다.[52] 그런데 도나투스파들은 한 분 하나님을 믿으며 교회가 하나인 것을 믿으면서도 교

---

46 Augustine, *Ep.* 105. 3.
47 시 2:8.
48 창 12:3.
49 Augustine, *Ep.* 53. 1.
50 Augustine, *Sermons* 341. 1. 1.
51 Augustine, "Tractates on the Gospel of John," *A Select Library of the Nicene and Post-Nicene Fathers of the Christian Church* Vol. Ⅳ. ed. by Phillip Schaff and tr. by Richard Stothert (Michigan: W. B. Eerdmans Publishing. 1974), 4. 4.
52 김영도, "도나투스주의 논쟁에 나타난 어거스틴의 은총의 수단(교회) 이해," 19.

회가 가지는 최고의 표징은 '순결'이라고 확신하였다.[53] 그래서 도나투스파들은 북아프리카의 정통 신학자인 키프리아누스의 신학적 전통을 따라 순전한 성례를 주장하고 시행하는 자신들이 정통 교회의 진정한 계승자라고 주장하였다.[54]

또한 곡식과 가라지에 대한 성경의 비유에서 '들판'을 북아프리카로 이해하였고, 참 교회는 북아프리카 교회뿐이라고 생각하였다.[55]

교회를 분파적이고 지엽적으로 이해한 도나투스파는 세상에서 분리되어 거룩한 공동체로 자신들과 같은 순결한 사람들만 '모이는 교회'를 추구하였다.[56] 그렇게 순교적 열정으로 대박해를 견뎌 낸 자기 의를 통해 자신들만이 우월하다고 자랑하며 분파적이고 지엽적인 교회를 순결을 근거로 참 교회라고 내세우는 도나투스파의 주장에 아우구스티누스는 북아프리카의 한 지역 교회가 다른 지역의 역사적이고 정통적인 보편적 교회들과 교제를 끊어버리고 참 교회는 자신들 뿐이라고 하는 것은 모순이라고 논박하였다.[57] 왜냐하면 아우구스티누스가 보는 교회의 보편성은 역사적이고 지역적인 보편적 교회들끼리의 교제에 있기 때문이었다.

아우구스티누스의 관점에서 교회의 보편성은 반드시 다른 지역 교회들과의 교제가 수반되는 연대성이 핵심 내용이다. 그렇기 때문에 도

---

53 Donald K. McKim, *Theological Turning Points : Major Issues in Christian Thought* (Atlanta : John Knox Press, 1988), 56.

54 Augustine, *Against the Letters Parmenian : The Faith of the Early Fathers: A Source- book of Theological and Historical Passages* Vol. 3, tr. and ed. by W. A. Jurgens (Minnesota : Liturgical Press, 1970), 63.

55 Tony Rane, *Christian Thought* (New York : T & T Clack, 2006), 49.

56 Frend, *Saint and sinners in the Early Church* (Wilminton : Michael Glazier, 1985), 111.

57 Augustine, *Ep.* 49. 3.

나투스파 교회들이 자신들만 참 교회라고 하는 주장을 인정할 수도, 수용할 수도 없었다. 도나투스파 교회가 보편적 교회로부터 분리하여 교회의 일치를 깨뜨리고 다른 지역 교회들을 배교한 교회라며 배제하고 자신들만 참 교회라고 주장하는 것은 그 주장 자체로 '보편성'과 거리가 멀다고 아우구스티누스는 보았다. 다시 말해, 아우구스티누스의 교회론에 비추어 보았을 때 일치를 깨뜨리는 분리와 배타성은 교회의 본질이 아니었다. 이것은 아우구스티누스만 주장한 것이 아니라 이미 이전에 밀레비스의 옵타투스가 주장하였고, 아우구스티누스는 그의 견해를 수용하여 더 발전시켜 보편 교회에 관한 교회론을 세웠다.

거룩한 교회

아우구스티누스가 이해하는 교회의 본질로서 거룩한 교회는 두 방향으로 논증을 이어갔다.

아우구스티누스가 이해하는 교회의 거룩성은 그리스도의 대속적 죽음으로 말미암은 속죄와 믿음으로 말미암는 칭의에 근거한 거룩성이었다. 초대 교부들은 도덕주의를 지향하며 복음과 칭의에 관심을 두지 않았다. 특히 초대 교부들 가운데 이레니우스는 그리스도의 장성한 분량에 이르는 것을 구원으로 보았고, 터툴리아누스와 키프리아누스 역시 성화를 구원의 조건으로 보았다. 물론 이상의 교부들에게 세례와 성찬은 모두 필수적인 은총의 수단으로서 믿는 자들을 성화로 인도한다고 보았다. 결론적으로 초대 교부들은 교회의 거룩성을 머리이신 예수 그리스도와 성령에게 나아가 삼위일체 하나님께 있는 것이라고 보기보다

는 도덕적 성취에 달린 것으로 보았다.[58]

이러한 견해는 도나투스파 역시 별반 다르지 않았다. 도나투스파는 배교 행위를 했는지, 그렇지 않았는지에만 관심을 두고 거룩성을 판단하였다. 그러므로 이미 한 번 배교한 자들은 자신들의 죄를 돌이킬 수도 용서받을 수도 없다고 하였다. 또한 그들을 용서하고 받아들이는 자들도 역시 믿음이 없으므로 그들은 배교자들에게 믿음을 부여할 수도 죄인들에게 무죄를 선언할 수 없다고 하였다.[59] 그러나 이러한 도나투스파의 주장에 대해 아우구스티누스는 배교했다고는 하지만 다시 뉘우치고 회개하며 돌아온 죄인들에 의하여 교회가 오염될 수 없다고 생각하였다. 이것이 교회의 거룩성에 대한 아우구스티누스의 본질적 이해였다. 즉 죄인들이 교회의 거룩성을 훼손하여 오염시키거나 교회의 정체성을 깨뜨리지 못한다고 본 것이다.

아우구스티누스에게 있어서 거룩한 교회로서의 본질은 어떤 개인의 특성으로 인해 바뀌는 것이 아니라 그리스도의 거룩함에서 비롯되는 것이라고 보고 있기 때문이었다. 또한 세례와 성찬과 같은 성례전은 그것을 제정하신 주님에게서 기원한다고 보았기 때문에 그것 역시도 집례자에 의해 좌우될 수 없다고 생각하였다.[60]

아우구스티누스가 교회의 거룩성에 대하여 이렇게 이해한 것은 역사적이고 가시적 교회들은 절대적으로 완전할 수 없기 때문이었다. 완전할 수 없는 교회가 어떻게 완전을 논할 수 있느냐 하는 것이 아우구스

---

58 이형기, "고대교부들의 교회론에 대한 평가," 467-468.
59 김영도, "도나투스주의 논쟁에 나타난 어거스틴의 은총의 수단(교회) 이해," 73-74.
60 Augustine, *Sermons* 292. 6.

티누스의 고민이었다. 다시 말해, 완전할 수 없는 자들이 모인 공동체
인 교회가 완전함을 기준으로 삼는다면 과연 구원받을 수 있는 자들이
얼마나 되겠느냐 하는 것이다. 그러하기에 그는 성경에 눈을 돌려 교회
를 거룩하다고 말할 수 있는 이유를 찾는다. 그리고 그가 찾은 답은 교
회의 머리이신 예수 그리스도께서 교회에 내주하시기 때문이라고 보았
던 것이다. 따라서 교회의 참된 지표인 거룩성은 감독이나 성직자 또는
신자 개개인에 달린 것이 아니라 교회를 세우신 예수 그리스도에게 있
다고 그는 이해하였다.[61]

이러한 교회의 본질에 대한 아우구스티누스의 이해는 이후 성례의
효용성에 관한 그의 생각과도 연관된다. 그런 의미에서 아우구스티누
스의 성례에 대해서는 따로 심도 있게 고찰하고자 한다. 아우구스티누
스에 의하면 교회의 신자들은 성례에 참여함으로 서로 성령 안에서 교
제하고, 교회는 성례의 시행을 통해 교회의 일치를 나타낸다.[62] 그리고
이러한 성례전의 토대는 바로 예수 그리스도라고 하는 것이 아우구스티
누스의 교회론이다.

아우구스티누스의 관점에서 하나님의 백성으로 부르심을 입은 신자
들은 교회의 머리이신 예수 그리스도의 삶에 동참하는 것을 특징으로
한다. 특히 예수 그리스도의 죽음과 부활에 동참하는 것이 신자의 삶이
다. 그리고 이것이 바로 교회에서 시행하는 성례전의 기초가 된다고 믿
었다.[63] 따라서 아우구스티누스가 확신하기는 교회는 성례전을 통해 그

---

61 Ibid., 292. 6.
62 Augustine, *De Baptismo Contra Donatistas* 17. 22.
63 Michael Schmaus, *Dogma 5 : The Church as Sacrament* (Lanham : Rowman & Little field
Pub., 2004), 4.

리스도의 구원 사역을 이루어간다고 보았고, 그 구원 사역을 바로 예수 그리스도께서 인도하신다고 생각하였다. 다시 말해, 교회가 성례를 시행하지만 이러한 사역의 주체는 그리스도이시라고 보았다.[64]

성례를 통해 구원 사역이 이루어져 믿는 자들이 늘어감으로 교회가 성장하는 것은 그리스도의 몸이 확장되는 것이므로 그리스도가 성장하는 것이며, 반대로 교회를 반대하는 것은 그리스도를 거부하는 것이었다.[65] 결국 교회에서 시행하는 성례전의 진정한 집례자이신 예수 그리스도가 성례에 참여함으로 얻는 신자의 거룩성과 성례에 참여함으로 누리는 하나님과의 연합과 교회의 하나 됨의 근원이 되신다.[66]

아우구스티누스는 그의 거룩한 교회의 관점에서 교회의 모든 거룩한 예식은 성례전에 포함된다고 보았다. 그중에서도 세례와 성찬은 가장 중요한 예전이며, 교회는 이러한 예전을 통해 하나로 결속된다고 보았다.[67] 그러므로 성례를 통해 신자들은 그리스도와 하나가 되고, 그리스도의 몸인 교회와 하나가 되므로 성례는 교회 그 자체가 되는 것이다.[68] 이러한 이유로 아우구스티누스는 교회를 성례와 동일시하였고, 교회는 성례를 통해 그리스도와 하나가 된다는 것이 거룩한 교회로서의 본질이었다. 그러므로 이러한 아우구스티누스의 관점에서 교회를 나누는 것은 곧 그리스도를 나누는 것이었기 때문에 그의 관점을 따르는 정

---

64 Augustine, contra *Cresconium* 2. 21. 26.
65 Augustine, *Tractates on the Gospel of John*, 4. 3-5.
66 Mary T. Clark, *Augustine* (London and New York : Continuum, 2005), 76.
67 W. Walker, *A History of the Christian Church* (New York : Charles Scribner's Sons, 1959), 166.
68 Augustine, *Sermons* 272.

통 가톨릭교회는 교회의 분열을 절대로 용납할 수 없었다.[69]

그런데 도나투스파 교회는 가톨릭교회를 떠나 자기들에게 들어오는 자들에게 재세례를 강제로 시행하였다. 북아프리카의 가톨릭교회가 배교자인 펠릭스와 그에게서 안수를 받은 카이실리아누스로 인하여 오염되었기 때문에 가톨릭교회에서 받은 세례는 정당성도 효용성도 없다고 하였다. 따라서 배교한 자들로 인하여 그들의 거룩은 상실되었고, 오직 거룩성을 유지한 도나투스파 교회만이 참 교회이며, 참 교회에서 주는 세례만이 정당성과 효용성을 가지는 진정한 세례라고 주장하였다.

그럼에도 아우구스티누스는 도나투스파 교회로부터 가톨릭교회로 들어오는 자들에게 재세례를 시행하지 않았다. 왜냐하면 세례는 집례하는 자의 거룩과 상관없이 그리스도에게 기초하므로 그리스도의 이름으로 교회가 베푸는 것이라면 그 자체로 거룩한 것이며 유효한 것이라고 믿었기 때문이다.[70]

그래서 아우구스티누스는 "만일 세례가 복음의 말씀에 따라 축복이 선포되고 세례를 받는 사람이 믿음을 가지고서 기만 없이 세례를 받았다면, 세례를 받은 모든 사람은 어느 장소에서 세례를 받았든 누구로부터 받았든 간에 진정한 세례를 소유하고 있다고 나는 주저 없이 말한다"[71]라고 하였다. 이처럼 아우구스티누스는 도나투스파가 주장하는 세례의 주관적 요소인 인격적 거룩성을 객관적 요소인 성례전 자체의 거

---

69 안인섭, "어거스틴의 교회론," 『성경과 개혁신학 : 서철원 박사 은퇴 기념 논총』, 서철원 박사 은퇴기념 논총위원회 편 (서울 : 쿰란출판사, 2007), 539.

70 H. R. Boer, *A Short History of the Early Church* (Michigan : Wm. B. Eerdmans Pub., 1990), 161.

71 Augustine, *De Baptismo contra Donatistas* 3. 15. 20.

룩성으로 대체하였다.[72]

삼위일체 하나님의 이름으로 베풀어지는 세례의 정당성과 사랑으로 그리스도와 연합할 때 세례의 효과가 나타난다는 효용성을 분리하여 설명하였다. 삼위일체 하나님의 이름으로 베풀어지는 세례는 정당성은 있지만, 그 세례의 효용성까지 누리기 위해서는 당시 다른 지역 교회와의 교제를 통해 이루어지는 보편 교회인 가톨릭교회와 연합해야 했다. 그래야만 세례의 효과가 있다고 보았기 때문이었다.[73]

그리고 아무리 세례가 삼위일체 하나님의 이름으로 베풀어져도 그리스도에 대한 사랑에 기초하지 않으면 그 세례는 아무런 효과가 없다고 아우구스티누스는 보았다. 그러므로 아우구스티누스는 교회를 분열시키고 그리스도의 몸을 나누어 그리스도와 연합하지 않는 분리주의자는 결코 구원을 받을 수 없다고 이해하였기 때문에 죄 사함의 효용성을 누리기 위해서는 회개하고 진정한 보편적 교회인 가톨릭교회로 복귀해야 한다고 하였다. 만일 그렇게 하지 않는다면 여전히 그 안에 형제에 대한 미움이 있기 때문에 그것을 스스로 증거 하는 것이라고 이해하였다. 따라서 아우구스티누스는 도나투스파 교회를 향하여 가톨릭교회로 돌아와 사랑의 매는 줄로서의 일치를 이루고 사랑을 나눔으로 진정한 구원을 얻으라고 주장하였다.[74]

또한 거룩한 교회의 완성된 모습으로 종말에 완성될 거룩한 신자들의 모임을 들고 있다. 재미있는 것은 아우구스티누스가 이전의 신학자

---

72 Paul Tillich, *A History of Christian Thought*, ed. by Carl E. Branten (New York : Touchstone, 1968), 133.

73 Augustine, *De Baptismo contra Donatistas*, 3. 25.

74 Ibid., 3. 18-23.

들에 의해 희미하게 드러난 가시적이고 불가시적인 혼합적 교회에 대한 이해를 확립하는 새로운 통찰을 갖는 데 도나투스파 신학자인 티코니우스의 영향이 있었다는 사실이다.

티코니우스는 아우구스티누스에게 신국론의 두 도성 이론을 확립하는 데 결정적 통찰을 제공하였다. 티코니우스는 교회의 거룩성이 죄인들로 인하여 부인될 수 없다고 하였다. 이는 아우구스티누스가 두 도성 개념을 세울 수 있었던 신학적 토대가 된 것이다. 두 도성 개념에서 중요한 것은 아우구스티누스는 늘 그렇듯이 티코니우스의 영향을 받기는 하였으나 답습하지는 않았다는 것이다. 여기서 그의 천재성이 다시 한 번 빛을 발하였다. 아우구스티누스는 교회의 거룩성을 신자들의 행위에 기원을 두지 않고 종말론적으로 파악하였다.[75]

아우구스티누스는 교회의 거룩성에 대하여 종말에 완성될 신자들의 모임으로 거룩한 교회를 파악하였다.

사도적 교회

이레니우스는 영지주의의 비밀 전승에 대응하며 교회의 사도성이란 교회를 통해서 계승되는 사도들의 복음과 성경의 가르침에 대한 전승, '신앙적 규범(Regula fidei)'에 있다고 하면서 교회의 사도성을 규정하는 데 크게 공헌하였다. 이후 이러한 사도성은 영원한 교회의 자기 정체성의 규정이며, 모든 이단과 잘못된 사상을 분별하는 진리의 기준이 되었다.

---

75 R. A. Markus, *Saeculum: History and Society in the Theology of St Augustine* (London : Cambridge Univ. Press, 1988), 117.

이레니우스는 그러한 사도적 전승을 감독들이 수호해 왔다고 말한다. 이는 감독들의 사도적 전승의 역사적 계승에 초점을 맞춘 것이라기보다는 사도적 전승의 중요성을 강조한 것이라고 보아야 한다. 이러한 전통은 터툴리아누스, 오리게네스, 아우구스티누스로 이어졌다.[76]

그런 전통 아래에서 아우구스티누스가 교회를 이해하는 본질적 개념 중 하나가 사도적 교회라는 개념이다. 이 개념은 도나투스파 교회와의 논쟁에서 중점적으로 부각되지는 않았다. 그럼에도 이 개념이 중요한 것은 사도적 전승의 계승이 무엇이냐를 놓고 후대의 가톨릭교회, 동방정교회, 개혁교회 간에 계속해서 논쟁이 이어지기 때문이다.

교회의 사도성, 즉 사도적 교회는 교회가 참된 교회에 속하느냐 그렇지 않느냐를 구분하는 중요한 요소였다. 교회의 사도적 전승의 계승은 교회의 권위를 드러내는 것이기 때문이었다. 아우구스티누스의 삶을 살펴볼 때 그가 교회로 돌아오게 된 2가지 요소가 있다면 그것은 바로 은총과 교회의 권위 때문이었다. 그에게 교회의 권위가 중요했던 것은 인간은 불완전한 이성을 소유하고 있기에 그러한 인간이 온전한 구원을 얻기 위해서는 온전한 계시와 교리가 꼭 필요하였다. 그리고 그러한 계시와 교리는 교회의 전통과 성경 말씀을 통해서 얻어지는 것이었다. 그러므로 인간이 구원받기 위해서는 객관적으로 교회의 가르침과 권위에 순종하고, 주관적으로 절대적인 은총의 체험이 필수적으로 있어야 한다고 아우구스티누스는 주장하였다.[77]

아우구스티누스는 이러한 객관적 요소로서 교회의 가르침이 권위로

---

76 이형기, "고대교부들의 교회론에 대한 평가," 470.
77 김영도, "도나투스주의 논쟁에 나타난 어거스틴의 은총의 수단(교회) 이해," 24–25.

작용할 수 있게 해주는 것이 사도성이며, 또한 이러한 사도적 전승의 계승으로 보장된 권위가 보편적 교회인 가톨릭교회에 무오류(Infallibility)를 보증한다고 보았다.[78]

아우구스티누스는 보편적 교회의 감독을 통해 사도적 가르침과 직책이 보존되어 왔다고 생각했다. 그는 베드로의 좌(座) 곧 로마 감독에 대하여 키프리아누스와 옵타투스처럼 수위권을 인정하였지만, 그렇다고 해서 로마 교회의 감독에게 특별한 위상을 부여하지 않았다. 이는 그가 보편적 교회를 이해함에 있어서 사도적 전승의 계승에 방점을 찍고 있음을 보여 준다. 그럼에도 사도적 교구라 인정받는 로마 교회의 권위를 부정하지는 않았다. 실제로 교리적 문제를 해결할 때는 베드로의 좌의 권위에 기대고 있는 것을 볼 수 있다.[79] 이는 아우구스티누스에게 있어서 키프리아누스와 같지는 않지만, 그럼에도 베드로에게까지 소급되지는 않는다 할지라도 로마의 사도적 책무 승계는 가톨릭교회를 통해 교회의 일치를 주장할 수 있는 근거가 되었다. 아우구스티누스는 가톨릭교회의 감독을 교회 연합의 상징으로 보았다.[80]

아우구스티누스에게 있어서 이단은 신앙적 오류가 있는 것이 아니고, 신앙의 규범과 교회의 권위를 인정받는 교회의 회의를 반대하는 사람들이라고 설명하였다.[81] 그럼에도 펠라기우스 논쟁 때보다 도나투스파 논쟁에서 이 부분이 쟁점이 되지 않았던 이유는 도나투스파 교회가

---

78 Augustine, *De Baptismo Contra Donatistas*, 2. 7. 12.
79 Augustine, *Sermons* 131. 10.
80 김영도, "도나투스주의 논쟁에 나타난 어거스틴의 은총의 수단(교회) 이해," 26.
81 Augustine, *De Baptismo Contra Donatistas* 4. 16. 23.

북아프리카에서 나타나는 지엽적인 현상[82]이어서 가톨릭교회의 역할과 권위는 매우 제한적일 수밖에 없었기 때문이었다. 그럼에도 불구하고 이 지점에서 아우구스티누스가 복음의 증거보다 더 중요하게 여긴 것이 무엇인가 하고 생각해 본다면, 그는 도나투스파와의 논쟁에서 감독의 권한을 더욱 중요하게 여겼던 것으로 보인다.

아우구스티누스는 사도적 전승을 보존하고 계승하는 교회의 권위가 없는 분파의 감독은 유사 감독이라고 비난을 서슴지 않았던 키프리아누스의 견해[83]를 수용하여 도나투스파 교회는 온전한 교회가 되지 못한다고 논박하였다.

하나의 교회

로마의 클레멘트(Clement)와 안디옥의 이그나티우스 그리고 키프리아누스는 모두 '교회의 일치'라는 주제에 대해 그들 각자 삶의 자리에서 단편적 교회론을 펼쳤다. 이들은 성직의 위계질서에 따른 교회의 통일성을 주장하였다. 안디옥의 이그나티우스는 감독-장로-집사라는 3중직을 교회의 일치와 질서의 근간으로 보았다. 키프리아누스는 감독직의 정통성을 교회 일치의 표준으로 생각하고 수위권을 제시함으로 하나의 감독 아래 모든 감독이 일치할 것을 주장하였다. 그로 인해 교부들에게는 가톨릭이란 말이 직제를 통한 교회의 일치를 주장하는 단어로 들렸던 것이다.

---

82 Dillistone, "The Anti-Donatist Writings," *A Companion to the of St. Augustine*, 188-189.
83 Cyprian, *De Ecclesiae Catholicae Unitate* 4.

교회의 일치는 하나의 교회라는 개념으로부터 출발한다. 이러한 개념은 교회가 그리스도의 몸이라는 개념에 근거하고 있다. 아우구스티누스와 키프리아누스는 이러한 바탕 위에서 교회의 하나 됨을 강조하였다. 특히 키프리아누스 시대의 노바티아누스파와 아우구스티누스 시대의 도나투스파로 인해 교회는 매우 혼란스러운 시간들을 겪어야 했었다. 키프리아누스와 아우구스티누스는 그들을 논박하며 그리스도의 몸이 분리되지 않게 하려고 분투하였다. 특히 키프리아누스는 『교회의 일치에 관하여』(De Ecclesiae Catholicae Unitate)에서 교회를 노아의 방주로 보았다. 그래서 홍수에서 방주 밖에 있던 자들이 멸망했듯이 교회 밖에 있으면 구원을 받지 못하고 멸망할 것이라고 하였다.[84]

또한 교회를 어머니로 갖지 않으면 하나님을 아버지라 할 수 없다[85]라고 하면서 분리주의자들을 간음한 여인으로 부르고 그들에게 가는 자는 구원을 받지 못하는 외인이라고 보았다. 이러한 분리주의에 대한 강경한 노선을 아우구스티누스도 그대로 유지하였다.

아우구스티누스는 앞에서도 살펴보았듯이 북아프리카라고 하는 정서적 독립성이 강한 지역에서 태어나 자랐고 그곳에서 사역하였음에도 시대적 조류나 정서를 따르지 않고 보편적 교회를 섬기며 정통적 신학을 세워 갔다. 그렇기 때문에 그가 키프리아누스 등 앞선 자들의 입장을 받아들이면서도 그들의 신학을 답습한 것이 아니라 성경에 근거하여 보다 상식적이며 정통적인 신앙에 입각한 신학을 세울 수 있었다. 그런

---

84 Ibid., 6.
85 Ibid., 6.
"habere non potest Deum patrem qui ecclesiam non habet matrem."

의미에서 교회 일치에 대한 그의 개념은 매우 중요하다. 그는 교회의 본질을 이해함에 있어 그리스도의 몸이 하나이듯 교회도 하나라고 인식하고 있었다. 특히 그가 사역하던 시대는 많은 이단과 분파들이 있었기 때문에 하나 됨을 더욱 강조하였고, 마니교 이단과 펠라기우스 이단 그리고 도나투스파 등과 끝없이 논쟁하며 참된 교회를 세워 나갔다. 그가 사역하던 당시 북아프리카의 상황 속에서 도나투스파는 그를 아프게 하는 가시와 같았을 것이다. 특히 도나투스파 교회에 있는 성직자 중에서 그의 친구들도 있었다. 그럼에도 개인감정을 넘어 그들의 잘못된 행태를 바로잡고 그들의 구원을 위해 교회를 하나 되게 하고자 노력하였던 아우구스티누스였다. 그래서 그의 삶의 궤적을 살펴보면 그는 다양한 방법을 동원하여 도나투스파 교회와 직접 논쟁을 하거나 대화를 하거나 아니면 강제적인 진압을 통해서라도 교회의 일치, 곧 하나 됨을 이루고자 노력하였던 모습을 찾아볼 수 있다.

도나투스파 교회는 가톨릭교회와 로마 제국이 시도하는 화해의 노력에 응하지 않았다. 그러한 도나투스파를 보면서 아우구스티누스도 대화나 논쟁의 한계를 느끼며 교회의 일치를 위한 수단의 하나로 강경한 대책, 곧 치료를 위한 수술에 동의하지 않을 수 없었다.[86] 결국 로마 제국은 그들을 강제적으로 하나 되게 하고자 박해하였다.

가톨릭교회가 도나투스파 교회를 박해할수록 박해받는 그들은 북아프리카의 순교적 열정으로 더욱 자신들의 생각을 강화하며 박해에 굴복하지 않고 강하게 저항하였다. 그러면서 도나투스파 교회는 그렇게 자

---

86 Burnell, "The Problem of Service to Unjust Regimes in Augustin's City of God," 177–178.

신들을 박해하는 가톨릭교회는 보편적 교회일 수 없고 핍박받는 자신들만이 참 교회이자 보편적 교회라고 주장하였다.[87] 그러나 아우구스티누스는 이에 대하여 의를 위해 핍박받는 것이 참된 박해[88]인데 지금 도나투스파 교회는 하나님의 의가 아니라 자신들의 의를 위해 박해받는 것이기에 교회를 위해, 복음을 위해, 주님을 위해 박해받는 것이 아니라고 반박하였다. 나아가 아우구스티누스는 도나투스파 교회가 참 교회로서 진정한 의를 위해 박해받는 것이 아니라 진리에서 벗어남으로 하나님의 징계로 받는 핍박이기에 오히려 도나투스파 교회는 보편적 교회로 돌아와야 한다고 주장하였다.

또한 아우구스티누스는 이전에 키프리아누스도 주장했던 바와 같이 어떤 경우에도 교회를 떠나 그리스도의 몸을 분리할 수 없고, 교회는 하나 됨, 곧 일치를 이루고 그 일치를 유지해야 한다고 주장하였다. 이는 아우구스티누스에게 있어서 '교회는 오직 하나만 있으며, 그리스도도 하나이고 그리스도의 신부도 하나'이기 때문에 정당성을 부여받을 만한 다른 교회는 있을 수 없었다.[89] 따라서 아우구스티누스에게 있어서 분파주의자인 도나투스파는 교회로부터 분파를 이룸으로 몸인 그리스도를 나누는 일을 하는 것이었다. 그리고 그러한 일은 이단과 같은 죄를 짓는 것이며, 이 모든 일은 그들에게 진정한 사랑이 결핍되었기 때문에 나타나는 것이라고 이해하였다. 그래서 그는 교회를 이해할 때 교회에 있어서 '사랑과 평화가 뼈대'임을 중요하게 여겼다.[90]

---

87 김영도, "도나투스주의 논쟁에 나타난 어거스틴의 은총의 수단(교회) 이해," 67.

88 Augustine, *Ep.* 69. 2. 1.

89 Augustine, *Sermons*, 192. 2.

90 Augustine, *De Baptismo contra Donatistas* 1. 10. 4.

교회가 가지는 사랑은 바로 하나 됨으로 누리는 것이며, 그것이야말로 진정한 사랑이다. 그러한 관점에서 아우구스티누스는 연합의 적은 사랑의 적이라고 보았으며, 보편적 교회와 하나 되지 않는 연합 밖에서의 사랑은 진정한 평화를 이루지 못하는 것이었다. 신자들에게 있어 진정한 사랑은 오로지 교회의 하나 됨 안에서만 있을 수 있다고 보았다. 아우구스티누스는 "교회의 하나 됨 안에서 사랑하지 않는 자는 하나님의 사랑을 소유하고 있지 않다"[91]라고 주장하였다. 그리고 여기서 한 걸음 더 나아가 아우구스티누스는 '하나님의 사랑을 갖고 있지 못하므로 교회의 가시적 일치를 벗어나 있는 사람은 그리스도 안에 거하지 않는다'라고 하며 연합을 벗어난 사람은 그리스도 안에 있지 않다고 선언하였다.[92]

아우구스티누스에게 있어서 이단은 진리의 일치(*Unitas Veritatis*) 또는 믿음의 일치(*Unitas Fidei*)를 깨뜨려 신자들을 넘어뜨리는 자들이었고, 분리주의자들은 사랑의 일치(*Unitas Caritas*)를 통한 교회의 일치를 깨뜨리는 자들이었다. 따라서 아우구스티누스는 형식상 이단(Haeresis)과 분파주의(Schisma)를 구분하였지만, 그럼에도 본질적으로 교회의 하나 됨을 깨뜨리는 존재들이었기에 이 둘을 같은 존재로 보았다.[93]

아우구스티누스는 이러한 이단들과 분리주의자들은 모두 교만으로 인해 발생하는 존재라고 생각하고 있었다. 따라서 아우구스티누스의 입장에서 그러한 자들은 교회 밖에 있는 자들이었고, 이 둘 가운데 이

---

91 Ibid., 3. 16. 21.

92 Augustine, *In Epistolam Joannis ad Parthos tractatus*, Ⅹ.1.12, 재인용, 김영도, "도나투스주의 논쟁에 나타난 어거스틴의 은총의 수단(교회) 이해," 68.

93 Augustine, *Contra Cresconium* 2. 6.

단보다 분리주의자들이 사랑의 연합인 교회의 일치를 깨뜨리는 것이기에 더욱 악한 것으로 여겼다. 이는 아우구스티누스에게 있어서 사랑의 일치를 깬다는 말은 그리스도의 몸(Corpus Christi)을 나누는 행위로 인식하였기 때문이었다.[94] 따라서 아우구스티누스의 신학에서 교회는 일치, 곧 하나 됨을 유지하는 것이 중요하였고, 또한 신자는 교회 안에 거하는 것이 중요하였다.[95]

아우구스티누스는 키프리아누스의 구원론을 계승하여 오로지 교회 안에 거하는 자만이 그리스도의 지체 안에 있는 자로 여겼다. 이는 교회와 연합된 자들만이 그리스도와 연합된 자들이라고 생각하였기 때문이다. 그래서 아우구스티누스는 어떻게든 그들을 교회로 돌아오게 하고자 노력하였다. 그래서 처음에는 도나투스파를 향해 화해를 위한 유화책을 쓰며 그들과 대화하려고 노력하였다. 그러나 그렇게 할수록 더욱 자신의 길을 고집하며 가톨릭교회로 돌아오는 것을 거부하였다. 그러한 도나투스파를 바라보면서 아우구스티누스는 그들이 교회를 분리하였고, 분열의 상황을 고착화시키는 그들의 행위가 변하지 않을 것이라고 보았다. 그래서 도나투스파 교회를 가톨릭교회와의 강제적 일치를 통해서라도 성령 안에서 성령이 주시는 사랑으로 이루는 연합과 교제 안으로 다시 들어오게 하여 다시금 구원의 백성으로서 살게 하려고 노력하였다. 그러한 노력의 일환으로 그들을 살리기 위한 수술로서 로마 제국의 공권력을 사용하는 일도 수용하였다.[96]

---

94 Cyprian, *De Ecclesiae Catholicae Unitate* 7.
95 Augustine, *Ep.* 185. 10.
    "ut enim constitueretur in ecclesia"
96 Burnell, "The Problem of Service to Unjust Regimes in Augustin's City of God,", 177–178.

교회 일치의 중요성

그리스도의 몸 된 교회를 나누는 분열주의자들을 치료하기 위한 공권력을 사용한 박해라는 방법을 받아들일 만큼 아우구스티누스는 강권적으로라도 교회의 일치를 추구한 사람이었다. 그런 면에서 그의 교회론은 교회 일치와 연관되어 있다고 해도 과언이 아닐 것이다. 즉각적인 치료를 로마 당국에 요청할 만큼 아우구스티누스의 교회관은 교회 일치에 대하여 확고하였다. 이는 그의 교회론이 도나투스파 교회와의 논쟁 속에서 확립되었기 때문이며, 또한 그 스스로 보편 교회와의 하나 됨이 교회의 본질이라고 확신하였기 때문이다. 그러한 측면에서 아우구스티누스가 세운 교회론은 교회의 일치를 위한 교회론이었다. 지금까지 살펴보았지만, 그가 가진 교회의 일치를 향한 교회론을 관통하는 원리를 다음과 같이 제시할 수 있다.

첫째, 교회는 그리스도의 몸이자 성령 하나님의 전이기 때문이다. 다시 말해, 교회는 그리스도의 몸이며, 성령은 신비적 그리스도의 몸에 영으로 역사하여 교회가 살아 있는 몸이 되게 만든다는 것이다.[97] 이렇게 교회 일치의 원리를 필연적으로 성립시키는 바탕에는 교회는 '그리스도의 몸'이라는 교회의 본질에 대한 발전된 개념이 자리잡고 있었다. 이러한 원리를 따라 하나 된 그리스도의 몸과 그 몸을 움직이는 성령의 친교가 오늘 보편 교회들을 하나 되게 하는 것이다. 인간에게 영을 불어 넣어지자 그 몸이 생령이 된 것처럼 성령이 그리스도의 몸인 교회에

---

[97] Augustine, *Sermons* 267. 4.

거하므로 교회는 역동성을 갖고 살아 역사하는 교회가 되는 것이다.[98] 그리고 그 교회를 살게 하는 성령 안에 거하려면 원리적으로 신자들의 공동체로서 교회, 곧 그리스도의 몸 된 교회 안에 거해야 한다.

아우구스티누스가 이렇게 말할 수 있는 것은 신비한 그리스도의 몸으로서의 가시적 교회에서 가장 큰 역할을 하는 것이 사랑이라고 믿었기 때문이다. 성령에 의해서 사랑으로 하나 된 교회라는 교회의 본질에 대한 이해가 너무 확고하여 교회 안에서 어떤 분열도 있을 수 없었다.[99]

아우구스티누스는 성령으로 인한 성부와 성자의 사랑의 교제에 기초하여 교회는 하나 된다고 보았다. 그러므로 지역 교회 간에 사랑의 교제로 연대하는 보편적 교회만이 그리스도의 몸이며 이 몸 밖에서 성령의 감화를 받을 수 있는 사람은 없다. 따라서 교회 밖에는 구원이 있을 수 없다고 보았다. 진정한 보편적 교회만이 성령의 사역에 의해 베풀어진 세례를 통해 생명을 부여한다. 그렇게 세례를 받아 구원을 얻은 신자들은 하나 됨을 추구한다. 왜냐하면 성령이 사랑으로 하나 되게 하시기 때문이다. 사랑은 성령의 의사이고 성령의 역사는 사랑 안에서 일어난다.[100] 그러므로 아우구스티누스는 교회 밖에 있는 자들은 성령 안에 거하지 않는 것이고 그러한 자들은 성령 안에 거하지 않기에 사랑이 결여되어 있는 상태에 놓인 것으로 여겼다.[101]

아우구스티누스의 관점에서 볼 때 그들이 사랑이 있었다면 그리스도의 몸을 나눌 수 없다는 확신이 있었기 때문이다. 따라서 구원받은

---

98 Jay, *The Church*, 85.
99 Augustine, *Contra Faustum Manichaeum* 29. 4.
100 Augustine, *Ep.* 185. 50.
101 Augustine, *De Baptismo Contra Donatistas* 2. 16. 21.

하나님의 백성인 교회는 공권력을 동원해서라도 '보호해야 하고 또 분파주의자들이 교회 안으로 들어가도록 강권적으로 인도해야 한다'라고 주장하였다.[102]

둘째, 교회는 구원의 모체인 어머니이기 때문이다. 우리의 몸이 부모로부터 오듯이 우리는 영적으로 하나님과 교회로부터 난다. 그러므로 구원의 모체로 어머니인 교회만이 구원의 적자를 출산할 수 있고, 그들을 성경 말씀과 신앙의 영적 자양분으로 양육할 수 있다.[103] 모든 신자의 구원은 교회를 통해서만 이루어지며, 교회를 떠나서는 구원받지 못하기에 보편적 교회로 돌아와 하나 됨을 이루어야 한다고 주장하였다.

셋째, 교회는 보편적이기 때문이다. 아우구스티누스에게 있어 교회란 특정 지역의 특정 교리를 가진 자들이 아니다. 아우구스티누스에게 보편적 교회는 신학적으로 정통적이라는 의미를 지닐 뿐만 아니라, 지리적이며 시간적인 측면에서 보편적(universal)이라는 것을 의미하였다. 따라서 보편적 교회는 역사성을 가지고 있으며, 시간적 지리적 연대성을 가지는 다른 지역 교회들과 연합한 교회를 가리켰다. 이러한 보편적 교회를 아우구스티누스는 권위의 개념으로 받아들였다.[104] 그래서 도나투스파 교회와 같은 분파 교회는 보편적 교회가 아니라 모든 교회를 아우르고 있는 가톨릭교회가 보편적 교회이고 보편적 교회는 그 회의의 결정이 그 자체로 권위를 갖는다고 주장하였다. 그러나 도나투스파 교

Klotsche, *The History of Christina Doctrine*, 192.
Augustine, *Tractates on the Gospel of John*, 98.
김영도, "도나투스주의 논쟁에 나타난 어거스틴의 은총의 수단(교회) 이해," 17-18.

회들은 자신들이 세력권을 형성하는 북아프리카 지역에 한정되어 있으면서도 자신들만이 완전하고 순결한 거룩을 유지하며 온전한 성례전을 소유하고 있기에 이것이 보편적 교회의 기준이라고 주장하였다.[105] 그리고 그러한 기준을 따라 자신들만이 참 교회이며 도나투스파 교회의 신자들만이 보편적 교회의 신자들이라고 주장하였다. 이에 대해 밀레비스의 옵타투스는 보편적 교회의 신자들은 교제의 보편성을 유지해야 한다고 하였다. 아우구스티누스도 그러한 면에서는 옵타투스의 입장을 따랐고 그러한 옵타투스의 교회론을 발전시켜 보편적 교회를 이루기 위해 분파주의를 타파하고 지역 교회와의 일치를 통한 보편적 교회를 이루기 위해 노력하였다.

넷째, 사도적 교회인 보편 교회 안에서 일치를 이루어야 하였다. 그가 말하는 사도적 교회란 사도적 전승과 사도적 책무의 계승을 의미한다. 그러나 사실 아우구스티누스는 사도적 전승의 계승에 방점을 찍고 있지만, 그것이 이루어지기 위해 보호하고 보존하는 책무를 감당해야 하는 사도적 책무가 있다고 보았다. 그러면서도 아우구스티누스는 베드로에게까지 소급하는 로마의 사도의 좌에 대해 권위를 부여하였고, 그러한 권위에 기초하여 가톨릭교회를 중심으로 교회의 일치를 주장하였다. 그리고 그러한 일치된 교회 연합의 상징은 로마 감독이었다.[106] 그에 반해 도나투스파 교회는 로마 감독으로부터 분열하여 사도적 계승을 잃어버린 상태에 놓였기 때문에 아우구스티누스는 도나투스파 교회의 감독들을 유사 감독이라 선언하였다. 따라서 그들에게 참 교회로 돌아

---

105 Optatus, *De Schismate Donatistarum*, 2. 4.
106 김영도, "도나투스주의 논쟁에 나타난 어거스틴의 은총의 수단(교회) 이해," 26.

올 것을 권면하였다.

다섯째, 거룩한 교회의 개념을 통해서 일치를 주장하였다. 도나투스파 교회는 거룩한 교회에 대해 정확한 설명도 없이 배교하지 않은 교회만이 참 교회이고 거룩한 교회라고 생각했으며, 자신들만이 베푼 성례가 효용성이 있다고 주장하였다. 그들은 교회의 거룩성을 배교를 기준으로 판단하였다. 그래서 배교하지 않는 자신들이 참 교회이고 자신들만이 참 성례를 베풀 수 있다고 주장한다. 그러나 아우구스티누스는 자신의 신학에서 교회의 거룩한 모든 의식은 성례전에 포함되고, 그러한 성례전 가운데 세례와 성만찬은 매우 중요한 성례로서 이러한 성례전을 통해 교회는 하나가 될 수 있다고 보았다.[107]

아우구스티누스에게 있어서 성례는 교회와 동등한 것이었다. 그리고 모든 신자는 성례 안에서 그리스도와 하나가 된다고 생각하였다. 또한 그리스도의 몸은 성례를 통해 교회와 하나가 된다고 생각하였다. 종합하면 성례는 그리스도의 몸과 교회를 하나로 만드는 것이다.[108] 그리고 그는 도나투스파 교회의 주장처럼 성례의 거룩성의 기준을 인간에게 두지 않고 성례의 참된 시행자인 성령에 두었다. 교회의 거룩의 기준을 도덕적 가치로 보았던 도나투스파와 달리 아우구스티누스는 성례의 참된 시행자는 예수 그리스도이며, 따라서 그리스도의 이름으로 거행되는 성례는 유효하며 성례를 시행하는 주체는 그리스도의 몸이라고 강조하였다. 그러므로 성례를 거부함은 그리스도를 거부하는 것이며, 교회를 분리하는 것은 그리스도의 몸을 찢고 그리스도의 거룩함에서 분리되

---

107 Walker, *A History of the Christian Church*, 166.
108 Augustine, *Sermons*, 272.

는 것이기에 그는 교회 분열을 용납할 수 없었다. [109]

여섯째, 교회 안에 가시적 교회와 불가시적 교회가 서로 긴장 관계를 이루고 있기에 가시적 교회 안에서 일치를 이루어야 한다고 보았다. 아우구스티누스는 교회를 가시적 교회와 불가시적 교회로 나누고, 가시적 교회는 불완전한 혼합체이며 따라서 완전한 교회는 불가시적 교회라고 주장한다. 이 말은 현재의 교회는 불완전한 존재이기에 마지막 종말의 때에 불가시적 교회가 완성될 때 참 교회가 실현된다는 의미이다.

결국 아우구스티누스는 교회의 합법성을 거부하고 가시적 교회와 불가시적 교회를 구분하지 못한 도나투스파 교회에 맞서 지상의 교회는 완전하지 않으며 불완전한 혼합체이므로 완전한 교회는 가시적 교회의 일치를 이룸으로써 실현될 것이므로 교회의 하나 됨을 이루어야 한다고 주장하였다.

요약

지금까지 정통의 계승이라는 측면에서 아우구스티누스의 저서에 담긴 교회에 대한 실체적 이해를 살펴보았다. 즉 정통의 계승이라는 측면에서 니케아-콘스타니티노플 신경의 교회 이해를 기반으로 논하였다. 그리고 그 내용을 다음과 같이 요약해 볼 수 있다.

첫째, 아우구스티누스는 삼위일체 하나님으로부터 교회는 시작된다고 보았다. 또한 구약의 의로운 자들도 성령에 의해 의롭게 되고 그리

---

109 안인섭, "어거스틴의 교회론.", 539.

스도의 초림 이전에도 하나님의 백성이 있었다고 보았다. 그는 교회 밖에는 구원이 없다는 원리에 동의하면서도 세례를 받지 않는 순교자들, 세례를 받기 전 사망한 세례 교육 대상자, 부당하게 피살된 가톨릭 성도들에게도 구원이 있으며, 성령 강림 이후의 교회는 그리스도에 의해 만들어진 보편적 공동체이자 그리스도의 임재로 인해 거룩해진 공동체로 이해하였다.

둘째, 아우구스티누스는 이그나티우스가 언급한 'Catholic'이라는 교회의 본질에 동의하면서도 보편적 교회는 역사적 신학적 지역적으로 정통적인 다른 지역 교회를 포함하는 개념으로 인식하였다. 따라서 아우구스티누스에게 있어서 보편적 교회는 총체적인 교회를 의미하는 권위의 개념으로 받아들여졌으며, 보편적 교회는 그에게 있어 권위의 정점에 있는 것이었다. 그러므로 신자는 교회의 권위에 순종해야 했다.

셋째, 아우구스티누스는 교회는 거룩한 교회라고 이해하였다. 그는 교회의 거룩성을 그리스도로 구속 사역으로 말미암아 성도들에게 주어지는 칭의에 근거하여 거룩한 교회를 말하였다. 또한 교회가 거룩한 것은 불완전한 가시적 교회가 장차 종말에 완성되는 완전한 불가시적 교회로서 성도들의 모임이라고 여겼기 때문이다. 따라서 현재 불완전한 모습으로 거룩함과 거룩하지 않음을 따질 수 없다고 보았다.

넷째, 아구스티누스는 사도적 전승을 계승하는 사도적 교회가 참 교회라고 인식하였다. 그에게 있어서 교회의 사도성은 보편성과 함께 교회의 권위를 드러내는 권위의 개념으로 이해되었다. 아우구스티누스는 객관적으로 교회의 가르침을 권위로 작용할 수 있게 해주는 것이 사도성이며, 또한 이러한 사도적 전승의 계승으로 보장된 권위가 보편적 교

회인 가톨릭교회에 무오류를 보증한다고 보았다.[110]

다섯째, 아우구스티누스는 교회가 그리스도의 몸이라는 이해에서 출발하여 그리스도가 하나이듯 교회는 하나라고 이해하였다. 그는 분파는 그리스도의 몸을 나누는 것이고, 그리스도의 몸을 하나 되게 하는 성령의 은혜로서 사랑의 일치를 깨뜨리는 것이며, 교회를 떠나는 것은 하나님의 사랑을 갖지 못한 것이기에 그리스도 안에 거하지 않는다고 생각하였다.

여섯째, 그리스도의 몸으로서 교회, 성령의 친교로서 교회에 대한 이해에 기반하였기에 아우구스티누스의 입장에서 교회의 일치를 깨뜨리는 것은 구원받지 못한 자라는 증거라고 생각하였다. 반면 구원받은 하나님의 백성들은 교회 안에서 일치를 이룬다고 이해하였다.

교회론적 기여

가시적 교회와 불가시적 교회

아우구스티누스의 교회론이 전통을 혁신하는 데 기여한 점은 혼합적 교회라는 창의적 개념을 정립한 것이다. 과거 이미 두 도시에 대한 개념이 존재하였다. 칼리투스나 옵타투스에게서 혼합체로서의 개념[111]을 찾을 수 있었다. 그리고 티코니우스에 이르러 명확한 교회 개념으로

---

110 Augustine, *De Baptismo Contra Donatistas* 2. 7. 12.
111 Gerald Bonner, *St. Augustine of Hippo : Life and Controversies*, 244-245.

등장하면서 아우구스티누스에게 통찰력을 주었다. 하지만 아우구스티누스는 그대로 답습한 것이 아니라 자신만의 독특한 교회론 개념으로 혁신하였다.

불완전한 가시적 교회

아우구스티누스의 교회론에서 더 생각할 것은 현존하는 가시적 교회와 장차 종말 때에 완성될 불가시적 교회를 구분하였다는 점이다.

아우구스티누스는 보편 교회로서 가톨릭교회를 부정하고 자신들만이 거룩한 교회라고 주장하는 도나투스파 교회를 논박하며 현재 존재하는 지상의 교회는 불완전한 가시적 교회로서 그리스도의 몸이며, 선인과 악인이 공존하는 혼합체라고 주장하였다.[112]

아우구스티누스에게 있어서 교회란 역사적인 시간 안에서 존재하며 종말에 완성되는 종말론적 성격을 갖고 있기에 교회는 가시적이면서 동시에 불가시적이었다.[113]

그러하기에 아우구스티누스에게 있어 현존하는 가시적 교회는 외형적 조직체로서 교회이기에 온전할 수 없지만, 장차 종말의 때에 이루어질 불가시적 교회는 참 신자들만의 공동체이기에 온전한 교회를 의미하였다. 따라서 현존하는 가시적 교회는 구원의 외적 표징인 세례를 통해 신자들을 모이게 하고, 은혜의 수단인 성례전에 의해 양육하고, 사도적 전승의 계승자이자 사도적 전승을 보호하는 감독들에 의해 세워져 가는 교회로서 하나뿐인 하나님의 가정이다. 보편 교회는 이 가정에 속한

---

112 Augustine, *De Doctrina Christina* 3. 32. 45.
113 Augustine, *De Civitate Dei* XX. 9.

다.[114] 그러나 종말에 완성될 불가시적 교회는 하나님의 예정을 통해 미리 선택된 구원받은 진정한 신자들이 서로 사랑하며 존재하는 완전한 공동체이다.[115]

따라서 가시적 교회와 불가시적 교회는 서로 다른 두 개의 교회를 지칭하는 것이 아니고 역사 속에서 현존하는 교회와 이 교회가 장차 종말의 때에 완성될 종말론적인 교회를 의미한다. 즉 본질은 같은 것이나 둘 사이에는 긴장이 존재하고 있음을 말한 것이다.[116]

아우구스티누스는 이러한 가시적 교회와 불가시적 교회를 이미지화하여 『하나님의 도성』(De Civitate Dei)에서 잘 드러내고 있다. 아우구스티누스는 『하나님의 도성』을 통해 완성될 온전한 불가시적 교회와 하나님의 도성, 천국과 그리스도의 몸, 가톨릭교회를 반복해서 동일한 개념으로 사용하였다.[117]

혼합된 교회로서의 교회를 말할 때 아우구스티누스는 교회의 상징적이고 성례전적인 특징을 강조하였다. 다시 말해, 현재 보이는 교회는 다가올 무엇을 상징한다는 것이다. 그의 상징론에 따르면 보이는 교회는 실제인 참되고 종말론적인 교회를 가리키고 있다. 상징은 불완전하고 이 상징이 가리키는 실제는 완전하다.[118] 그런데 이 두 도성은 시간 속에서 서로 섞이고 얽혀 있다.[119] 따라서 아우구스티누스가 이해할 때

---

114 지동식 외 편저, 『서양중세사상론』 (서울 : 한국신학연구소, 1981), 54.

115 J. L. Neve, *A History of Christian Thought* (Philadelphia : The Muhlenberg Press, 1946), 103.

116 Augustine, *De Civitate Dei* XX. 9.

117 Ibid., XX. 9.; XX. 7.; XXI. 20.

118 Serge Lancel, *St Augustine*, trans, Antonia Nevill (London : SCM, 2002), 200.

119 Augustine, *De Civitate Dei* XI. 1.

그리스도의 몸인 교회에는 선인과 악인이라는 두 존재, 그리고 거룩한 것과 사악한 것이 서로 혼재해 있는 상태이다.[120] 그리고 이러한 두 도성은 한 몸 안에 종말의 때까지 지속된다고 생각하였다.[121]

이러한 포괄적 관점에서 볼 때 그가 생각하는 역사는 이 두 도성의 관계에 대한 해석이라고 볼 수 있으며, 이 두 도성은 사랑의 종류에 의해 구별된다고 보았다. 멸망할 지상의 도성은 하나님도 멸시하며 자기를 사랑하는 그 사랑이 만들었으나, 자기 자신을 멸시하면서까지 하나님을 사랑하는 그 사랑이 하나님의 도성을 만들었다는 것이다.[122]

이렇게 두 도성을 설명한 아우구스티누스는 하나님을 향한 온전한 사랑에 의해 만들어진 하나님의 도성을 가톨릭교회와 동일시하고 있었다.[123] 아우구스티누스는 아래와 같이 말하였다.

> 하나님의 도성이란 거룩한 교회를 가리키는 것이 아닌가! 서로 사랑하고 그들 안에 임재하시는 하나님을 사랑하는 사람들을 위한 한 도성이 하나님 안에서 구성된다. 그 도성은 어떤 법에 의해 결합하는데 그 법이란 바로 사랑이다. 그리고 그 사랑 자체가 하나님이다. 따라서 "하나님은 사랑"이라고 공개적으로 말할 수 있는 것이다. 사랑이 가득한 사람은 하나님 안에 온전히 거하는 것이다. 사랑이 가득한 다수가 완전한 하나님의 도성을 완성한다.[124]

---

120 Markus, *Saeculum: History and Society in the Theology of St Augustine*, 116.

121 Ibid., 116–118.

122 Augustine, *De Civitate Dei* XIV. 28.

123 Augustine, *De Civitate Dei* XVI. 2.

124 Augustine, *Expositions on the Psalms* CXVIII. 4. 재인용, Jay, *The Church*, 100.

아우구스티누스는 하나님의 도성과 가톨릭교회를 동일시하면서도 완전한 보편적 교회는 종말에 완성될 것이라고 보았다. 따라서 현재 교회의 상태는 혼합체로서 그리스도의 몸인 교회[125]라는 옵타투스의 개념을 받아들여 불완전한 상태라고 보고 있다. 즉 현재 존재하는 보이는 교회 안에 존재하는 사람들이 선인과 악인으로 영적인 구분은 되지만, 가시적이고 경험적인 분리는 되지 않기 때문에 교회는 그 존재 자체로 항상 거룩하다. 하지만 현존하는 보이는 교회는 내부에 구분되지 않는 악한 존재로 인하여 완전한 하나님의 도성이라고 말할 수 없다는 생각을 내포하고 있다.

완전한 불가시적 교회

아우구스티누스는 상징으로서 불완전한 교회는 장차 완성된 실체로서 나타날 하나님의 나라를 보여 주기 때문에 종말에 이루어질 것으로 예정된 완전한 교회를 이루는 백성으로서 하나님의 도성이라고 인정하고 있다. 따라서 가시적 교회는 불가시적 교회를 포함하며, 현존하는 가시적 교회는 그리스도의 통치 아래에 있는 하나님의 나라이자 그리스도의 몸이다.[126]

아우구스티누스는 현재의 가시적 교회는 다가올 무엇의 상징으로 이해하였다.[127] 물론 역사적으로 존재하는 가시적 교회에 속한 사람들 가운데 경험적으로 누가 구원받았는지는 정확하게 구분되지 않으므로

---

125 Gerald Bonner, *St. Augustine of Hippo : Life and Controversies*, 244-245.

126 Augustine, *De Civitate Dei* XX. 9.

127 Frederic van Meer, *Augustine the Bishop*, trans. by B. Battershaw and G. R. Lamb (London : Sheed and Ward, 1961), 307.

아무도 알 수 없으며, 그들을 교회 안에서 인위적으로 구분하는 것도 불가능하다. 그러기에 현존하는 보이는 교회는 불완전하다. 그러나 종말의 때에는 반드시 구분된다. 온전히 구원받은 참 신자들로 구성된 하나님의 나라가 완성될 것이다. 그러므로 모든 신자는 이 종말적 구원의 완성과 하나님의 도성을 누리기 위해 당장 현재의 보편적 교회 안에 거해야만 한다.

이와 같은 아우구스티누스의 종말적 교회에 대한 독특한 이해를 종합해 보면 참으로 구원받은 온전한 신자는 가시적 교회 안에 있는 신자 모두를 가리키는 것은 아니지만, 가시적 교회 안에 존재하는 사람들 가운데 장차 완성될 하나님의 도성에 거하는 참된 신자가 되는 것이다. 따라서 가시적 교회와 불가시적 교회 사이에는 미묘한 긴장이 흐른다. 그럼에도 진정한 신자는 가시적 교회인 현재의 보편 교회 안에 들어와 있어야 하고 가시적 교회인 보편 교회로부터 이탈하거나 분리해서는 안 된다. 만약 가시적 교회인 보편 교회로부터 분리하여 이탈하면 그들은 모두 불가시적 교회에 들어갈 수 없으므로 참 신자가 될 수 없다.

결론적으로 아우구스티누스는 진정한 신자라면 그리스도의 몸인 보편적 교회를 나누거나 분리해서는 안 되고, 어떻게 해서든지 교회의 하나 됨을 위해 노력해야 할 것을 주장하였다.

세례의 해석

4세기 말 무렵 도나투스파 주교인 페틸리아누스는 "믿음 없는 사제로부터 믿음을 받은 자들은 믿음이 아니라 죄를 받은 것"[128]이라며 가톨릭교회가 도나투스파 교회를 향해 보내는 관계 개선을 위한 유화책을 거부하였다. 그에 대하여 아우구스티누스는 "나는 그리스도로부터 믿음을 받았고, 그는 부정하지도 죄가 있는 분도 아니다. 나는 내게 세례를 베푼 사제들에게 믿음을 받은 것이 아니라 홀로 죄인을 의롭게 하시는 그분에게서 받는다"[129]라고 하며 논박하였다. 이는 그가 교회와 성례를 어떻게 이해하고 있는지를 단적으로 보여 준다.

아우구스티누스는 교회와 교회에서 신자들을 구원하는 사역으로 시행하는 성례의 기초를 기독론에 근거하여 자신의 교회론을 펼쳤다. 자격이 없다고 여겨지는 성직자들에 의해 그리스도의 신성에 근거한 교회와 성례가 더럽혀지지 않는다고 하였다. 그래서 아우구스티누스는 성례의 유효성(Validity)은 집례자의 인격과 삶에 의해 좌우되지 않는다는 입장을 견지하고 하였다.

가톨릭교회가 가지는 세례와 성례에 대한 입장은 밀레비스의 옵타투스를 통해 잘 드러나고 있다. 아우구스티누스는 이에 한 단계 더 발전한 독창적 신학을 정립하였다. 그의 독창성은 성례, 특히 세례에 있어서 정당성과 효용성을 구분하여 설명한 점이 있다. 아우구스티누스는 세례의 정당성과 효용성 논증을 통하여 도나투스파 교회의 공격을 방어하고 가톨릭교회가 집례하는 성례의 진리성을 논증하였다.

---

128 Augustine, *Contra Litteras Petiliani* 1. 7. 8.
"cum audierit : Qui fidem a perfido sumpserit non fidem percipit sed reatum, respondebit: 'non est perfidus Christus a quo fidem percipio, non reatum'."
129 Ibid., 1. 7. 8.

세례의 정당성

아우구스티누스는 분파주의 공동체나 심지어 이단 공동체일지라도 세례를 베풀 때 삼위일체 하나님의 이름으로 바르게 시행되면 그것은 정당성을 갖는다고 보았다. 그러나 그것이 정당할 수는 있어도 그 세례가 가지는 효과인 죄 사함이나 구원을 보증하지는 않는다는 것이다. 왜냐하면 세례는 참 교회인 보편적 교회에서만 그 효력이 나타나기 때문이다. 그러므로 진정한 구원을 받기를 원한다면 보편적 교회로 돌아올 것을 권면하였다. 그러면서도 이미 베풀어진 세례에 대해 그 정당성이 인정된다면 다시 세례를 베풀어서는 안 된다고 하였다. 또한 같은 맥락에서 성직 안수도 마찬가지라고 하였다.[130] 아우구스티누스는 재세례를 반대하는 이유로 '지워지지 않는 세례의 특성(Indelible Character)'과 '성례의 상징성'을 들었다.

아우구스티누스는 또한 도나투스파의 재세례를 논박하면서 그들의 재세례가 잘못된 또 다른 근거로 성례의 상징성을 들어 설명하였다. 성례는 실체를 보여 주는 상징이라는 것이다. 우리는 상징을 시행하여 약속된 것의 실체를 받게 되는 것이다. 따라서 성례는 우리에게 유익이 되는 것이다.[131] 그러기에 의식의 불완전함이 주어지는 실체를 훼손하지 않는다[132]는 것이 세례에 대한 그의 주요 논점이었다.

아우구스티누스는 이러한 생각을 따라 세례 의식을 무효화하지도 절대화하지도 않았다. 세례가 아무리 중요해도 실체를 드러내는 상징

---

130 Augustine, *De Baptismo contra Donatistas* 1. 1. 2.
131 Augustine, *Ep*. 138. 1. 6.
132 Augustine, *De Doctrina Christina* 1. 2. 2.

또는 은혜의 수단일 뿐이고 아무리 세례가 무미건조해도 실체를 끌어오는 유일한 매개체라고 하였다.[133] 또한 아우구스티누스는 세례 외에도 신조나 주의 기도 혹은 입교 의식 같은 것이 우리에게 은혜의 통로가 된다고 하였다.[134] 이와 같은 논거에 의해 아우구스티누스는 상징들의 불완전함이 그것이 가리키는 실체 또는 무조건적 은혜를 훼손하지 못한다고 하였다. 그러므로 교회의 약점은 은혜의 매개체로 성례가 존재하는 데 아무런 상관이 없다고 주장하였다.

아우구스티누스는 이단의 세례든 보편적 교회에서 행해지는 세례든 상관없이 그것이 삼위일체 하나님의 이름으로 행해진 것이라면 그것은 결코 지워지지 않는 특성을 부여받는 것이라고 보았다. 그래서 아우구스티누스는 세례를 베푸는 자들에 의해 구분될 수 없다고 보았다. 왜냐하면 세례는 언제나 하나님과 교회의 세례이기 때문이다.[135] 그럼에도 재세례를 주장하는 것은 곧 세례를 시행하시는 하나님이 자신의 세례를 무효로 하지 않았음에도 인간이 자신의 기준으로 무효화하는 것이기에 하나님을 모독하는 것이 된다고 이해하였다. 그리고 삼위일체 형식으로 시행된 성례의 정당성을 인정하는 전통은 아우구스티누스가 만들어냈다기보다는 3세기 중엽 스테파누스 1세에 의해 확립된 가톨릭교회의 전통이었다.

스테파누스 1세는 키프리아누스와의 논쟁에서 삼위일체 하나님의

---

133 Augustine, *De Doctrina Christina* 3. 8. 13.
134 Augustine, *Sermons* 228. 3.
135 Augustine, *De Baptismo contra Donatistas* 1. 14. 22.
　　"quia non est baptismus ille schismaticorum uel haereticorum sed dei et ecclesiae, ubicumque fuerit inuentum et quocumque translatum."

이름으로 시행된 세례를 받은 자들에게 재세례를 베푸는 것은 혁신이라고 단정지었다. 물론 그렇다고 해서 모든 분파나 이단들의 세례를 다 인정한 것은 아니었다. 삼위일체 형식을 따르지 않았던 사벨리우스주의(Sabellianism)[136]나 몬타누스의 세례는 그 정당성을 인정하지 않았다.[137]

이렇게 세례의 정당성은 오랜 보편적 교회의 전통이었는데 여기에 아우구스티누스는 세례의 효용성이라는 측면에서 신학적 설명을 보완함으로써 완전한 교리를 세웠다.[138]

아우구스티누스가 세례의 정당성과 효용성을 분리하여 생각한 것은 세례를 하나님께서 당신의 백성에게 인을 치시는 작업으로 이해했기 때문이다. 그는 세례를 통해 수세자가 구원자이자 세상의 왕인 하나님으로부터 구원자의 검인(Signaculum Redemptoris) 또는 왕의 도장(Regio Charactere)을 받는다고 보았다.[139] 다시 말해, 세례는 누가 집례하든 간에 수세자에게 주님의 도장을 찍는 의식이라는 것이다.[140]

그래서 아우구스티누스는 세례를 설명하면서 그리스도의 세례임을 강조하며 조금 더 극단적인 표현도 아끼지 않았다. 도둑이나 살인자에 의해 거행되었어도 정당성을 가진다고 하였다.[141] 물론 여기에 수세자의

---

136 로마의 장로로 여겨지는 사벨리우스(Sabellius)가 주창하였다. 사벨리우스는 삼위일체를 거부하며 하나님의 신격은 단일체(monad)로서 3가지 활동으로 자신을 드러낸다고 가르쳤다. 창조 사역에서는 성부 하나님으로, 구속 사역에서는 성자 하나님으로, 구원 사역에서는 성령 하나님으로 드러낸다는 것이다. 교황 칼릭스투스(Pope Callixtus I)는 사벨리우스를 정죄하고 파문하였다. 서춘웅, 『교회와 이단』(서울 : 크리스챤서적, 2010), 109-110. 참조.

137 George D. Smith, *The Teaching of the Catholic Church: A Summary of Catholic Doctrine*, Vol. 2 (New York: Burns & Oates, 1958), 788.

138 Smith, *The Teaching of the Catholic Church: A Summary of Catholic Doctrine*, vol. 2, 788.

139 Augustine, *Ep.* 185. 6. 23.

140 Augustine, *De Baptismo contra Donatistas*, 6. 1. 2.

141 Ibid., 5. 21. 29.

믿음의 고백은 또 다른 필수적 요소였다. 이렇게 아우구스티누스는 세례에서 삼위일체 형식과 수세자의 믿음의 고백은 필수적 요소이고, 집례자는 부수적 요소로 보았다. 그러므로 성례 자체로 거룩하다고 논증하였다. 또한 아우구스티누스는 같은 맥락에서 유아세례의 정당성도 인정하였다. 분파주의 세례가 정당성을 가지는 것처럼 유아세례도 정당성을 상실하지 않는다고 하였다. 왜냐하면 성례전 자체가 그들의 믿음이기 때문이다.[142]

아우구스티누스는 하나님의 인도하심으로 세례를 먼저 받은 유아들의 경우 먼저 영적 갱신의 성례가 오고 나중에 마음의 회심이 온다고 보았다.[143]

아우구스티누스는 세례가 우리를 삼위일체의 하나님과 친밀한 연합으로 인도한다고 믿었다. 그래서 삼위일체 형식을 따라 세례를 베푸는 것이다. 그리스도인들은 성례전을 통해 하나님과 연합하며 성례전의 교제를 나누게 되는 것이다.[144]

세례의 효용성

아우구스티누스는 도나투스파를 논박하는 내용을 세례의 효용성으로 확장하였다.

일반적으로 세례는 신자에게 죄 사함을 얻게 하고, 영적 갱신을 일

---

142 Augustine, *Ep.* 95. 9.
"sicut ergo secundum quendsm modumsacramentum corporis Christi est, ita sacramentum fidei fides est."
143 Augustine, *De Baptismo contra Donatistas* 4. 24. 31.
144 Augustine, *De Civitate Dei* Ⅲ. 32. 45.

으키며, 성례전적 교제에 참여하게 만드는 효력을 발생하는데 아우구스티누스는 이러한 효력은 참 교회, 곧 보편적 교회만이 갖는 특징이라고 주장하였다. 다시 말해서, 분파주의 교회나 이단이 삼위일체 형식을 따라 세례를 베풀어서 정당성은 획득할 수 있을지는 모르나 참 교회, 곧 보편적 교회에 들어오지 않는 이상 그 효용성을 보증할 수 없다는 것이다. 그러므로 그 세례가 온전한 세례로서 기능을 하려면 보편적 교회로 들어와야 한다고 주장하였다.[145]

아우구스티누스는 도나투스파 교회들이 가지는 세례의 근본적 문제는 세례의 정당성이 아니라 그리스도의 몸으로부터 분리하여 나감으로 세례의 효용성이 사라진 상태에 있다고 보았다. 그래서 아우구스티누스는 도나투스파에게 세례를 전혀 베풀지 말라고 한 것이 아니라 그들이 그리스도의 몸인 교회로부터 분리한 채로 세례를 베풀지 말라고 하였다.[146]

아우구스티누스는 도나투스파 교회를 향하여 '적법한 세례를 적법하지 않게 시행한다'[147]라고 하면서 그들의 분열주의를 비판하였다. 그는 '다른 세례가 아니라 같은 하나의 세례에 의해' 교회 밖에 있는 자들은 멸망하고, 교회 안에 있는 자들은 구원을 받는다[148]고 말하면서, 다시 한 번 교회 안에서만 세례는 효력이 발생함을 강조하며 교회와 성례에 대

---

145 Augustine, *De Baptismo contra Donatistas* 1. 12. 18.
146 Ibid., 5. 8. 9.
147 Ibid., 5. 8. 9.
　　 "Baptismum ergo legitimum habent, sed non legitime habent."
148 Ibid., 5. 28. 39.
　　 "sicut ergo non alia sed eadem aqua et in arca positos saluos fecit et extra arcam positos interemit, sic non alio sed eodem Baptismo et boni catholici salui fiunt et mali catholici uel haeretici pereunt."

한 독창적 이해와 설명을 하였다.

이상의 내용을 보면 왜 그가 정통 교회론 신학자로 우뚝 섰는지 이해할 수 있다. 시대의 아들도 당시 북아프리카 교회의 신학적 영향을 받고 성장하였으면서도 올바른 성경 해석에 근거하여 상식적이며 보편적인 진리를 따라 어느 한쪽에 치우치지 않고 올바른 신학으로 참 교회를 세우고자 하였던 아우구스티누스를 보게 된다.

아우구스티누스는 앞선 교부들의 신학적 정통을 계승하면서 무조건적으로 답습하기보다 한 차원 높은 신학적 진보를 이루어 냈다. 그러면서도 잘못된 것은 분별하여 단호하게 거부하였던 그의 모습을 보면 은총의 스승이라 부르기에 합당하다. 그렇다면 이제 그가 가진 교회론적 관점을 어떻게 이해해야 하는지를 살펴보도록 하겠다.

요약

아우구스티누스가 정통 교회론의 고유한 개념을 정립하는 데 기여한 점이 무엇인지에 살펴보았다.

첫째, 아우구스티누스의 교회론이 전통을 혁신한 혼합체로서의 교회관이라는 창의적인 개념을 정립한 점이다. 과거에 이미 두 도성이라는 개념이 존재하였다. 하지만 칼리투스, 옵타투스, 티코니우스의 개념을 그대로 답습한 것이 아니라 자신만의 독특한 교회론적 개념으로 혁신하였다.

둘째, 세례에 대한 새로운 해석이다. 그동안 북아프리카의 전통은 인효론에 기반한 세례론이었다. 그러나 아우구스티누스는 세례의 정당성을 말하며 그리스도의 이름으로 시행되어진 세례는 집례자에 따라 무효화되지 않는다고 주장하며 사효론에 기반한 세례론을 제시하였다.

셋째, 세례의 효용성 측면에서 아우구스티누스는 세례는 신자에게 죄 사함을 얻게 하고 영적 갱신을 일으키며, 성례전적 교제에 참여하게 만드는 효력을 발휘한다고 하였다. 아우구스티누스는 이러한 효력은 참 교회, 곧 보편적 교회만이 갖는 특징이라고 주장하며 보편적 교회에 있을 때만 세례가 온전한 세례로 기능한다고 하였다.

05

/

정통의 계승,
전통의 혁신

Augustine's Ecclesiology

05
정통의 계승, 전통의 혁신

아우구스티누스의 교회론을 연구하며 그가 정통을 계승하고, 전통은 혁신하였다는 점을 살펴보았다. 정통신학의 견지에서 보편적 참 교회론을 세웠을 뿐만 아니라 북아프리카의 교회와 도나투스파와의 논쟁 과정에서 이들 모두를 뛰어넘는 그의 독특한 교회론을 살펴보았다. 더불어 그의 교회론을 연구하면서 그도 시대의 아들이었다는 점을 확인할 수 있었다.

또한 아우구스티누스의 교회론의 독창성은 무에서 만들어진 것이 아니라 선배들의 신학적 성과들을 수용하면서도 철저히 성경의 올바른 해석에 바탕을 둔 그의 치열하고 올곧은 신앙적 삶의 산물임을 확인하였다.

정통이라고 무작정 계승한 것도 아니고, 전통이라고 무작정 반대한 것도 아니었다. 그는 성경의 올바른 해석적 기준과 사도적 가르침을 따라 정통을 계승하였고, 그 기준에서 벗어나면 아무리 좋은 전통이라도 거부하였다. 분파주의자들과는 끝없이 논쟁하며 흔들림 없이 참되고 건강한 교회를 세워 갔다. 싸우며 참 교회, 건강한 교회를 세워 갔다. 이런 일이 가능하였던 것은 아우구스티누스 역시 성경을 이해하고 주해할 줄 아는 학자이며, 성경에 대한 바른 해석학적 관점을 가지고 있었기 때문이었다.

올바른 성경 해석의 기준으로 사도적 전승을 계승한 가톨릭교회의 해석을 존중하며 교회론을 세워 갔다. 그렇다면 과연 어떤 점이 전통을 넘어서 정통을 계승하여 참 교회론을 세워 가는 계기가 되었는지를 제2차 바티칸 회의 이전까지도 로마가톨릭교회의 정통 교회론으로 받아들였던 키프리아누스의 교회론과 비교하여 살펴보도록 하겠다.

정통의 계승 : 니케아-콘스탄티노플 신경의 교회론 계승

첫 번째로 살펴볼 점은 어떤 것을 계승하였는가이다. 다시 말해, 정통신학의 관점에서 아우구스티누스가 계승한 교회론은 앞서 무엇을 계승하였는가이다.

정통의 계승이라는 측면에서 니케아-콘스탄티노플 신경에 나타난 4가지 교회 개념[1]을 크게 두 개로 개념화하면 아우구스티누스가 교회론에서 무엇을 강조하였는지를 알 수 있다. 따라서 그러한 구조 속에서 무엇을 계승했는지 본질적 이해의 측면에서 살펴보도록 하겠다.

---

1 Schaff, *The Creeds of Christendom*, Vol. I, 29.
"In one holy catholic and apostolic church"

권위의 계승(보편적이며 사도적 교회)

니케아-콘스탄티노플 신경의 교회론[2]에서 아우구스티누스가 계승한 첫 번째는 보편적이며 사도적 교회를 강조한 권위의 계승이었다.

교회는 보편적이며 사도적이라는 고백이 아우구스티누스가 이해한 교회의 핵심이다. 그런데 아우구스티누스는 교회는 보편적이며 사도적이라고 이해하면서 이 개념을 권위의 개념으로 받아들였다.

왜 그에게 가톨릭교회가 권위의 근거로 받아들여졌는지는 도나투스 논쟁을 통해 알 수 있다.

초대 교회의 역사를 살펴보면 키프리아누스 시대의 노바티아누스파와 아우구스티누스 시대의 도나투스파가 자신들의 교회만이 참 교회라고 주장하며 분열하여 교회를 떠나갔다. 그들에게 키프리아누스와 아우구스티누스가 교회의 일치를 위해 내세운 중요한 원리가 바로 보편적 교회였다.

키프리아누스는 그의 서신에서 "비록 교회의 생산력이 증가함에 따라서 교회가 멀고 넓게 퍼져서 수많은 교회로 퍼져 있으나 교회는 그처럼 하나로 전체이다. … 주님의 빛을 받은 교회는 온 세상에 걸쳐서 그 광선을 퍼트린다. 그러나 사방에 퍼져 있는 그 빛은 하나의 빛이며 몸의 단일성은 깨어지지 않는다"[3]라며 교회의 보편성을 말하였다. 이는

---

2 Ibid., Vol. I , 29.
 "In one holy catholic and apostolic church"
3 Cyprian, *De Ecclesiae Catholicae Unitate* 5.
 "ecclesia una est quae in multitudinem latius incremen to fecunditatis extenditur ⋯ sic et ecclesia Domini luce perfusa per orbem totum radios suos porrigit : unum tamen lumen est quod ubique diffunditur, nec unitas corporis separatur.".

특수하고 지엽적인 교회관이 아니라 전체적이고 보편적인 교회관을 말한 것이다.

키프리아누스는 교회를 설명할 때 부분이 아니라 전체로 보는 관점에 서 있었다. 그러나 분리주의자들의 교회론은 전체가 아닌 부분을 보고 자신의 주장을 합리화한 지엽적 교회론이었다. 분리주의자들은 그래서 마태복음 18장 20절[4]을 인용하여 주님은 자신들과 함께하신다고 하였다. 키프리아누스는 그 말씀의 핵심은 두세 사람이라는 숫자에 있는 것이 아니라 제자들에게 평화와 일치를 촉구하신 말씀이라고 하면서 그들의 논리를 반박하였다.[5] 뿐만 아니라 로마의 감독 스테파누스 1세와의 재세례 논쟁에서 스테파누스 1세가 자기 논리를 관철하기 위하여 베드로의 직을 계승한 로마 감독의 수위권을 주장하며 키프리아누스의 주장을 반대하였지만, 키프리아누스는 로마 감독의 권위를 인정하면서도 명예 차원으로 인정하고 사도의 계승을 이어받은 모든 주교단에 사도성이 있다고 주장하였다.[6]

그로 인해 키프리아누스는 교회의 베드로 좌를 로마에 한정하지 않고 사도성에 근거를 두며 보편성을 추구하였다. 이러한 그의 보편적 교회론을 아우구스티누스가 이어받았다.

앞에서 살펴보았듯이 아우구스티누스는 지리적 보편성과 함께 역사성 그리고 정통성을 기초하여 다른 교회들과 연대 속에 보편성을 논하

---

4 "두세 사람이 내 이름으로 모인 곳에는 나도 그들 중에 있느니라"(마 18:20)
5 Ibid., 12.
　"Domini enim cum discipulis suis unanimitatem suaderet et pacem"
6 Ibid., 4.
　"hoc erant utique et ceteri apostoli quod fuit Petrus"

고 있다. 따라서 그에게 있어 교회의 보편성은 교회의 권위를 기초하는 것이었다.

아우구스티누스는 성경, 교회의 관습, 보편 교회의 결정 사항을 권위의 단계로 생각하였다. 그러나 지역 교회의 회의가 보편 교회 회의의 결정을 앞설 수 없다고 보았다.[7]

아우구스티누스가 이렇게 생각한 것은 키프리아누스가 보편적 교회의 개념으로 노바티아누스파의 논리를 반박했듯이 도나투스파 교회가 가톨릭교회를 반박했기 때문이다.

아우구스티누스는 이에 충격을 받고 이러한 보편적 교회의 권위를 근거로 그들의 주장을 논박하였다. 보편적 교회는 성경과 교회의 전통에 근거하여 신앙을 세웠다고 보았다. 그래서 아우구스티누스는 성경과 전통을 교회가 계승하고 보호하였다고 여겼다. 그래서 북아프리카의 교회는 사도적 교회와 교제를 계속해야 하며[8] 거부해서는 안 된다고 생각하였다. 그런 측면에서 도나투스파 교회의 교회관은 지엽적이며 폐쇄적이기 때문에 보편적 교회가 아니라고 보았다.

키프리아누스는 노바티아누스파를, 아우구스티누스는 도나투스파를 보편성을 근거로 논박하였다.

아우구스티누스가 보편적이며 사도적인 교회론을 주장한 것은 바로 초대 교회로부터 내려오는 권위를 보편적 교회와 사도적 전승과 신앙적 규범을 계승한 사도적 교회에 있음을 말하고 있는 것이다. 지리적 보편성과 역사적 정통성을 기초로 다른 교회들과의 연대 속에서 보편성과

---

7 Augustine, *De Baptismo contra Donatistas* 1. 18. 28.
8 Augustine, *Ep.* 53. 1.

사도적 전승과 가르침의 계승을 통한 사도성을 정통 가톨릭교회는 분파들이 넘볼 수 없는 초대 교회의 권위로 계승했다는 주장이다.

일치의 강조(하나 된 거룩한 교회)

니케아–콘스탄티노플 신경의 교회론[9]에서 아우구스티누스가 계승한 두 번째는 일치의 강조이다.

아우구스티누스는 교회의 거룩성과 단일성을 통하여 교회의 일치를 강조하였다. 노바티아누스파와 도나투스파는 신앙의 순결을 지킨 자들로서 그러한 거룩성이 교회를 거룩하게 만들고, 거룩성을 유지한 교회들인 자신들은 배교자들이 있는 교회에서 분리해야 한다고 생각하였다. 그러나 키프리아누스와 아우구스티누스는 거룩성의 개념을 다르게 보았고, 더 높은 차원에서 정의하였다.

키프리아누스는 이단이 베푼 세례의 유효성과 관련하여 거룩성을 설명하였다. "세례는 확실히 교회 밖에서 받을 수 없다. 거룩한 교회 안에 제정된 세례는 오직 하나뿐이기 때문이다. … 그리고 사제에 의해 물이 정결해지고 거룩하게 되어서 세례를 받는 자의 죄를 씻어야 한다. … 어떻게 성령이 없는 자가 물을 정결하게 만들고 거룩하게 할 수 있겠는가?"[10]라며 반어적으로 설명하였다.

여기서 키프리아누스의 주요 논점은 교회는 성령의 내주로 인하여

---

9 Schaff, *The Creeds of Christendom* Vol. I, 29.
  "In one holy catholic and apostolic church"

10 Cyprian, *Ep.* 69, 1.

거룩한 곳이 된다는 것이다. 따라서 성령이 내주한 교회만 합당한 성례를 집례할 수 있다. 그렇게 성령과 친교 안에 거하여 하나 됨을 유지하는 자만이 거룩하다.[11]

한편 아우구스티누스는 키프리아누스보다 거룩한 공동체로서의 교회 개념을 더 명확하게 하였다. 아우구스티누스는 교회의 거룩함을 교회 구성원의 거룩함으로 보지 않았다. 거룩성은 그리스도에게 있는 것이지 구성원에 있지 않기 때문이다. 아우구스티누스는 교회를 알곡과 가라지, 의인과 죄인 등이 섞여 있는 혼합된 몸으로 인식하였다. 그래서 아우구스티누스는 가시적 교회와 불가시적 교회로 확장된 개념을 갖게 되었다. 현존하는 불완전한 가시적 교회와 종말에 완성될 완전한 불가시적 교회로 구분하였다. 그래서 본질적이고 종말론적인 완전한 교회는 거룩하지만 현존하는 교회는 혼합된 몸으로 불완전하기에 거룩하지 않을 수 있다고 도나투스파를 논박하였다.

결과적으로 키프리아누스와 아우구스티누스는 교회 자체의 거룩성을 주장하였다. 이러한 개념은 키프리아누스의 개념을 아우구스티누스가 계승한 것으로 볼 수 있다.

요약

지금까지 아우구스티누스가 정통을 계승하는 교회론을 정립하였다고 주장하였는데, 그가 계승한 정통이 무엇인지를 살펴보았다. 아우구

---

11 Cyprian, *De Ecclesiae Catholicae Unitate*, 8.

스티누스의 교회론이 도나투스 논쟁을 통해 정립되었다면, 아우구스티누스는 니케아-콘스탄티노플 신경에 고백된 교회론적 개념을 계승하여 정통 교회를 수호하는 데 기여하였다. 그 내용은 다음과 같이 요약할 수 있다.

첫째, 그는 교회가 보편적이고 사도적 교회라고 보았다. 이는 권위의 개념이라고 볼 수 있다. 보편성 및 사도적 전승과 신앙적 규범의 계승이라는 사도성이 정통 교회의 근거가 된다고 보았다. 따라서 아우구스티누스는 신자에게 권위의 정점이 정통 교회이고, 이 교회를 통해 구원이 이루어짐으로 모든 신자는 보편적이고 사도적인 교회의 권위를 따라야 한다는 권위의 계승을 주장하였다.

둘째, 구원의 문제와 연관하여 교회의 거룩성과 단일성을 계승하여 분파를 배격하고 교회 일치를 강조하였다. 아우구스티누스는 교회를 그리스도의 몸이자 그리스도의 몸을 통해 구원을 이루시는 성령의 친교가 이루어지는 곳인 어머니 교회라고 보았다. 따라서 교회를 깨뜨리거나 분리하여 나갈 때 세례의 효력이 나타나지 않는다고 주장하면서 교회의 일치를 깨드리는 그 어떤 시도도 용납하지 않으며 일치의 강조를 계승하였다.

전통의 혁신 : 관용주의 교회론

아우구스티누스는 정통 교회론의 계승으로 교회의 보편성과 사도성을 강조하여 가톨릭교회가 가지는 권위를 계승하였다. 또한 교회의 거룩성과 단일성을 계승하여 교회의 일치를 강조하며 견고한 교회론의 틀을 제시하였음을 살펴보았다.

이제 그가 정통 교회론에 있어 전통의 혁신으로서 관용주의 교회론을 발전시킨 점을 살펴보도록 하겠다.

초대 교회를 관통하는 교회론의 역사를 들여다보면, 중요한 원리들을 발견할 수 있다. 바로 엄숙주의 교회론과 관용주의 교회론이다. 거대한 박해 앞에서 교회는 너무도 무기력하게 넘어지고 말았다. 그러나 끝까지 순교적 열정을 가지고 신앙을 지킨 사람들이 있었다.

문제는 박해가 지나 교회를 안정적으로 재건해야 하는 시점에서 발생하였다. 과연 거룩해야 할 교회와 그 구성원들이 보편적으로 행한 배교를 어떻게 처리할 것이냐 하는 문제였다. 박해가 끝나고 대다수는 교회로 돌아오기를 원했다. 그때 교회론은 두 개로 갈라지고 말았다. 바로 엄숙주의 교회론과 관용주의 교회론이다. 그리고 4백 년에 걸쳐 흘러오던 이 큰 흐름이 아우구스티누스를 통해 어떤 것이 정통의 흐름인지 명확해지게 되었다. 그러면 이제 북아프리카에서 나고 자랐으며, 나중에 회심하고 돌아와 북아프리카에서 사역하였던 아우구스티누스라고 하는 목회자이자 학자가 어떻게 북아프리카의 토양을 넘어 전 세계적으로 영향을 끼치며 보편적이고 정통적인 참 교회론을 세우게 되었는지를 하나씩 살펴보도록 하겠다.

엄숙주의와 관용주의 교회론의 대립

초대 교회는 임박한 주님의 재림을 기다리며 종말론적 긴장감 속에서 살았다. 그래서 그들은 재림하실 그리스도 앞에서 거룩함을 지키는 것이 가장 급선무였다. 그러면서 교회의 거룩함을 지상 명령처럼 여기는 엄숙주의자들이 등장하였다. 그들은 성경의 몇몇 구절에 등장하는 말씀을 극단적으로 이해하여 그 구절이 지목하는 중죄를 범한 죄인들을 교회 공동체로부터 제거해야 한다고 생각하였다.[12] 초대 교회에서는 세례자가 저지른 간음과 살인, 배교는 용서받을 수 없는 죄, 곧 죽을죄라고 생각하였다. 성경에도 성령 훼방 외에는 용서받지 못할 죄가 없다고 하셨는데 엄숙주의자들은 간음, 살인, 우상 숭배에 대하여 중죄로 여기며 예수 그리스도의 복음이 아닌 유대주의 전통에 더욱더 가까웠음을 볼 수 있다. 아무튼 용서받지 못할 중죄가 있다고 하였고, 이러한 그들의 교회론이 초대 교회의 첫 시작을 지배하고 있었다. 그러다 보니 세례를 죽음의 순간까지 미루는 일이 생겼다. 그러나 재림이 지연되면서 종말론적인 신앙이 느슨해지기 시작했고, 또 여러 이유로 중죄인에 대한 관대한 관행도 생기기 시작하였다. 그러다가 세례 후 중죄도 한번으로 기회가 제한되었지만 용서받을 수 있다고 제시하였다.

그렇게 엄숙주의적 교회관이 교회의 중심부에 흐르던 중 헤르마스가 관용주의의 물꼬를 튼 자리에 칼리투스 교황이 새로운 방향을 제시하였다. 칼리투스는 '곡식과 가라지 비유'[13]와 '노아의 방주'[14]의 말씀을 바탕으로 관용주의적 교회론을 내세웠다.

칼리투스는 곡식과 가라지가 뒤섞여 자라나듯이 교회 안에 거룩한

---

12 고전 5장; 히 6:4-6; 10:26-31; 12:16-17; 요일 3:6; 5:16-17; 행 5:1-11.
13 마 13:23-30.
14 창 7-8장.

사람들과 죄인이 함께 머물러 있다고 하였다. 그리고 이 말씀은 다른 교부들의 교회론에서 특별한 위치에 놓이게 된다. '거룩한 사람들과 죄인들이 섞여 있는 교회'에 대한 새로운 이해는 이후 밀레비스의 옵타투스와 히포의 아우구스티누스에 걸쳐 교회론의 중심축이 된다. 또한 칼리투스는 노아의 방주에 정결한 짐승과 부정한 짐승이 함께 있었던 것처럼 교회 안에도 의인과 죄인이 섞여 있다고 주장하였다. 물론 이에 반발하여 히폴리투스와 터툴리아누스는 더욱더 엄숙주의 교회론을 세워 갔다. 히폴리투스는 '의로운 사람들의 모임'인 교회에 죄인이나 이단은 설 자리가 없으며, 교회는 타락한 자들을 배제한 지상의 에덴이라는 주장을 하였다.[15] 칼리투스와 같이 죄인들에 대해 가톨릭교회가 관용적 입장을 취하는 것을 터툴리아누스도 매우 못마땅하게 생각하고 신랄하게 비판하였다.[16]

터툴리아누스는 가톨릭교회에 속해 있는 동안은 세례 후 '한 번 더' 참회의 기회가 있다고 인정하였지만,[17] 이후 몬타누스파에 완전히 귀의한 다음에는 회개의 가능성 자체를 아예 부정하였다. 더 나아가 그는 중죄를 짓고 용서받을 기회를 얻지 못한 자들에게 용서받을 길을 제시하고 있는 『헤르마스의 목자』(The Shepherd of Hermas)를 향하여 "간통범의 목자"라며 비난하였다.[18] 이렇게 시작한 엄숙주의 교회론과 관용주의 교회론 간의 긴장은 초대 교회에서 정통의 교회론이 정립되고 발전하는데 매우 중요한 역할을 하는 큰 축이 되었다. 이 엄숙주의 교회론과 관

---

15 Kelly, *Early Christian Doctrines*, 201.
16 Tertullian, *De Pudicitia* 1. 16.
17 Tertullian, *De Poenitentia* 7. 10. 63.
18 Tertullian, *De Pudicitia* 10.

용주의 교회론을 고찰하면서 아우구스티누스의 위대함이 드러났다. 그의 신학과 신앙의 자양분은 분명 엄숙주의 교회론을 주장한 터툴리아누스와 키프리아누스 같은 신앙의 선배가 있던 북아프리카 교회였다. 그러나 아우구스티누스는 이러한 북아프리카의 신학적 영향에도 불구하고 보다 성경적이고 보다 상식적인 정통신학의 기초 위에 참 교회론을 세워 갔다. 그러면 북아프리카의 두 번째 위대한 신학자라고 할 수 있는 키프리아누스의 엄숙주의 교회론을 아우구스티누스가 어떻게 혁신하였는지를 살펴보도록 하겠다.

엄숙주의 교회론의 혁신

키프리아누스 교회론[19]의 혁신

초기 교회 시대 교부들은 교회의 본질만을 따로 놓고 연구하거나 이에 대한 어떤 저작을 저술하지는 않았다. 그러나 노바티아누스로 인하여 벌어진 스테파누스 1세와 키프리아누스 사이의 논쟁이라든지 도나투스파와 아우구스티누스와의 논쟁을 통해 교부들의 생각이 체계화되었다.[20]

터툴리아누스와 오리게네스에게 사도적 계승의 핵심은 사도적 전승과 신앙적 규범이었다. 그러나 키프리아누스는 교회의 사도성[21]에 기초한 사도적 전승을 계승한 감독 중심의 교회와의 연합과 일치를 추구하

---

19 최원오, "치프리아누스 바로보기–치프리아누스의 교회론과 성사론에 대한 비판적 연구," 『神·世界·人間–정달용 교수 신부 은퇴기념논총』 (왜관 : 분도출판사, 2004), 241–282.
20 Jay, *The Church*, 29.
21 이형기, "고대교부들의 교회론에 대한 평가," 469.

였다. 그러나 이러한 사도성과 일치성을 지나치게 강조하여 배타적인 엄숙주의 교회론과 완고한 성례론을 주장하게 되었다. 그런데 이러한 그의 배타적이고 엄격한 교회론과 성례론은 결국 도나투스파 교회가 탄생할 때 결정적인 신학적 근거가 되었다.[22]

우리가 여기서 한 가지 생각할 것은 그가 어떻게 엄숙한 교회론을 주장하게 되었느냐 하는 점이다. 이는 키프리아누스의 신학 사상의 핵심이 '교회'였기 때문이다. 그래서 그의 관심은 언제나 교회의 온전함을 추구하는 것이었다. 그러므로 그는 교회의 일치와 연합을 매우 강조하였고, 그의 신학 속에서 기독론이나 삼위일체론마저도 교회론 아래에 놓이게 되었다.[23]

교회의 일치와 연합을 강조하기 위한 신학적 근거로 그는 사도적 전승을 주장하였고, 결국 이를 따라 가시적 일치와 재세례를 주장하였다. 또한 성례전의 유효성과 관련해 인효론을 주장하였다. 그러나 교회의 가시적 일치를 위해 교회를 안과 밖으로 나누고 성령을 제한하며 성례의 유효성조차도 무효화하는 그의 강력한 교회론에는 교회의 보편성과 거룩성을 저해하는 측면이 존재하였다. 다시 말해, 그의 교회론에는 보편성과 거룩성에 한계를 지니고 있었다. 물론 그 당시의 시대적 상황이 대박해의 시대임을 고려할 때 이와 같은 교회론에 대한 성찰을 높게 평가할 수 있다.

그는 A.D. 247년경 북아프리카 카르타고의 주교가 되어 뛰어난 학식과 뜨거운 신앙의 열정으로 하나님과 교회를 섬겼다. 그러다가 A.D.

---

22 최원오, "교부들의 교회론 : 엄격주의와 관용주의의 대결," 140-141.
23 Ibid., 141-142.

258년 발레리아누스 황제의 박해 시 순교하였다. 명망 있는 신학자요 목회자로 살다가 마지막에 순교자로서 인생을 마감한 그의 이름은 북 아프리카에 널리 퍼졌고 가장 사랑받는 인물 중 하나가 되었다. 그러면 서 그의 교회론과 성례론이 큰 권위를 부여받게 되었다. 다시 말해, 엄 숙주의 교회론과 완고한 성례론까지 큰 권위를 갖게 된 것이다. 하지만 키프리아누스의 성례론적 오류는 4세기에 이르러 더 이상 받아들여지 지 않았다. 그럼에도 '북아프리카의 교황'이라고 불리던 순교자 키프리 아누스를 반박할 수 있는 사람은 없었으며, 배타적 교회론과 순결주의 성례론은 결국 도나투스파 교회를 탄생시키는 원동력을 제공하였다.

키프리아누스를 교회론의 신학자라고 해도 과언이 아닐 정도로 그 의 신학 중심은 항상 '교회'였다. 그의 기독론이나 삼위일체론도 교회론 아래에 있다고 할 정도이다. 그는 가혹한 박해를 정면으로 받으면서 이 단과 싸워야 하는 상황에서 카르타고의 주교로서 북아프리카 교회의 수 장의 역할을 감당해야 했다. 위태로운 현실 속에서 내적으로는 교회의 정체성을 지켜 내야 했기에 그의 관심은 오로지 교회일 수밖에 없었다. 그리고 박해가 심할수록 교회는 하나로 뭉치는 일이 더욱 시급한 문제 였다. 그러므로 키프리아누스에게 참 교회는 가톨릭교회만 있을 뿐이 었다. 그는 항상 교회의 일치를 지상 과제로 생각하였다. 그래서 교회 를 분열하고 떠나는 자를 용납할 수 없었다. 그의 초기 편지에도 "교회 안에서가 아니면 누구도 구원받을 수 없다"라고 분명히 주장하였다.[24]

---

24 Cyprian, *Ep.* 4. 4. 3.
   "neque enim oiuere foris posssunt, cum domus Dei una sit et nemini salus esse nisi in ecclesia possit."

그러므로 교회를 떠난 자들은 돌아와야 한다고 하였다. 키프리아누스는 그의 저서『교회의 일치에 관하여』에서 말하고 있듯이 교회의 일치를 강력하게 주장하였다. 그에게 있어서 교회의 일치는 단순히 하나 됨을 넘어 교회는 하나밖에 없음을 뜻하는 것이었다. 다시 말해, 그가 말하는 교회의 일치는 교회만이 유일한 구원의 장소라는 뜻을 내포하였다. 그러므로 교회의 일치 또는 유일성을 강조함으로 교회 '바깥'에 있는 사람들에게 타협의 여지를 주지 않으며, 어떤 구원의 가능성도 허용하지 않았다. 교회가 아니면 하나님도 섬길 수 없고,[25] 따라서 분파주의자들은 그리스도인이라고 불릴 수도 없다고 하였다.[26] 그러다 보니 키프리아누스의 저술에는 '교회 안'을 뜻하는 *Intus*'와 '교회 바깥'을 뜻하는 *Foris*'라는 개념이 반복적으로 등장한다. 그것은 '그리스도에 대한 사랑이냐'와 '세상에 대한 사랑이냐', '구원이냐'와 '멸망이냐'의 사이에서 교회가 관대한 태도를 보일 때 교회는 정체성을 잃어버린다고 생각했기 때문이다.[27] 키프리아누스는 교회를 비유할 때도 방주, 항구, 집 등의 이미지를 사용해서 안과 바깥을 강조하고, 안에서만 구원을 얻을 수 있음을 계속 강조하였다. 그로 인해 결국 세상과 담을 쌓고 말았다. 이는 그의 성령론이 문제인데, 그는 교회 밖에서의 성령 활동을 제한적으로 여겼다. 그래서 교회 밖에서는 성령과 함께 머물 수 없고,[28] 교회 밖에 있는 이단과 분파주의자들은 성령을 모시지 못하는 것이다.[29]

---

25 Cyprian, *De Ecclesiae Catholicae Unitate* 6.
26 Cyprian, *Ep.* 55. 24. 1.
   "Christianus non est qui in Christi ecclesia non est"
27 Cyprian, *Ep.* 55. 8. 5.
28 Ibid., 70. 3. 1.
29 Ibid., 69. 11. 3.

키프리아누스의 관점에서는 교회 밖에는 성령이 계시지 않기 때문에 교회 밖에서는 성령의 세례가 베풀어지지 못한다.[30] 오로지 성령은 교회 안에서만 활동하는 분이시기 때문이다.[31] 또한 배교자들은 반드시 합당한 참회를 통해 교회에서 공적 고백을 해야 하며, 단 중병에 걸린 배교자는 주교의 안수를 받아 성찬에 참여하도록 하였다.[32] 그러나 배교자의 경우는 재세례 없이 참회의 과정만으로 교회로 돌아올 수 있게 하였다. 반면에 이단이나 분열주의자들 경우 교회 바깥으로 나가 성령을 소멸했기에 세례가 유효할 수 없으므로 그들은 교회 안에서 온전한 세례를 다시 받아야 한다고 주장하였다. 그들이 교회로 들어올 수 있는 유일한 길은 구원의 세례를 받는 것밖에 없었다.[33]

키프리아누스는 교회 밖에는 유효한 세례도 성령도 없기에 교회 밖에는 구원이 없다[34]라고 선언하였다. 그는 교회만이 유일한 구원의 통로이기에 "교회를 어머니로 모시지 않는 자는 하나님을 아버지로 모실 수 없다"[35]라고 선언하며, 우리에게 주신 생명을 유지하며 구원에 이르는 유일한 길은 교회 안에 있는 것[36]이라고 주장하였다. 이러한 키프리아누스의 교회론에 비해 아우구스티누스는 확장된 교회론을 세워 갔다. 키프리아누스의 일치와 아우구스티누스의 일치가 가지는 의미에서

---

30 Ibid., 69. 11. 1-2.
31 Ibid., 73. 10. 1.
32 Ibid., 15. 1. 2.
33 Ibid., 75. 15. 1.
34 Ibid., 73. 21. 2.
  "quod si haeretico nec baptisma publicae confessionis et sanguinis proficere ad salutem potest, quia salus extra ecclesiam non est"
35 Cyprian, *De Ecclesiae Catholicae Unitate*, 6.
36 Cyprian, *Ep.* 74. 7. 2.

도 차이가 드러난다. 아우구스티누스는 교회가 무엇인지, 어떤 특징을 갖고 있는지에 관한 더 본질적인 차원을 다루었다. 키프리아누스는 가시적 교회의 일치를 추구하였다. 이에 반해 아우구스티누스는 궁극적으로 불가시적 교회의 일치를 목표하였다. 이 목표에 도달하기 위해 그는 예비적 단계이자 필수적인 사항으로 가시적인 일치를 언급하는 것이다.

아우구스티누스는 교회 밖에는 구원이 없다는 키프리아누스의 명제에서 '교회 안'과 '교회 밖'이라는 경계의 개념을 수용하였다. 그러면서도 교회의 일치에 관하여 엄숙성이 아닌 관용적 입장에서 가시적 교회의 일치를 말하였다. 그리고 가시적 일치를 통해 종말에 이루어지는 비가시적 교회의 일치를 언급하였다. 이러한 관점을 아우구스티누스는 세례의 정당성을 들어 인효론적 입장을 반대하고 사효론적 견해를 명확히 하였다. 그렇다고 완전히 스테파누스 1세의 사효론을 수용한 것도 아니었다. 그의 견해는 스테파누스 1세의 사효론적 입장을 수정 보완하였다.

도나투스파 교회론의 혁신

이미 앞에서 살폈듯이 배교자에 의해 안수를 받은 카이실리아누스가 카르타고의 주교로 선임되는 문제로 도나투스파는 가톨릭교회로부터 분리하였다. 도나투스파 교회는 자신들의 교회가 거룩하고 순결한 순교자들의 교회라고 주장하며, 가톨릭교회는 배교자들의 교회이자 죄인들의 교회라 칭하였다. 그들은 성례에 대하여 엄숙주의를 취하였다.

그들은 성례의 유효성은 집례자의 거룩에 달려 있기에 비자격자가 거행한 성례는 무효이며, 거룩한 교회가 죄인들에 의해 훼손되지 않도록 교회 안에서 죄인들을 배제해야 한다고 주장하였다.

그들은 북아프리카의 가장 사랑받는 교부이자 순교자인 키프리아누스를 자신의 스승으로 삼았는데, 키프리아누스의 오류[37]까지도 그대로 답습하였다. 그래서 거룩한 도나투스파 교회 바깥에서 베푼 세례는 무효이므로 재세례를 베풀었다. 그들은 또한 자신들의 잘못된 교회론을 합리화하기 위해 레위기 22장의 거룩함에 관한 규정을 지속적으로 인용하였으며, 또한 에베소서 5장 22절에서 27절[38]도 자주 사용하였다.

에베소서의 말씀에서 언급하는 거룩한 교회를 자신들의 교회와 동일시하여 이미 거룩하여진 교회라고 보았다. 그러나 이는 잘못된 해석이다. 바울이 말한 거룩한 교회는 "이미 그러나 아직"이라는 긴장 속에 이루어진 것임을 도나투스파 교회는 알지 못하엿다. 그래서 아우구스티누스는 『재고록』(Retractationes)에서 이 사실을 분명히 하였다.

교회가 거룩하고 영광스럽게 되기 위해 선택된 것은 의심의 여지가 없으나 그것은 골 3:4의 말씀같이 생명이신 그리스도가 나타나실 때 그렇게 되는 것입니다. 그때 교회도 그분과 함께 영광 속에 나타날 것입니다.

---

37 "가톨릭교회 밖에서 베푼 세례는 무효"라는 성례론적 오류에 대해 이미 앞에서 살펴보았다.

38 "아내들이여 자기 남편에게 복종하기를 주께 하듯 하라 이는 남편이 아내의 머리 됨이 그리스도께서 교회의 머리 됨과 같음이니 그가 바로 몸의 구주시니라 그러므로 교회가 그리스도에게 하듯 아내들도 범사에 자기 남편에게 복종할지니라 남편들아 아내 사랑하기를 그리스도께서 교회를 사랑하시고 그 교회를 위하여 자신을 주심 같이 하라 이는 곧 물로 씻어 말씀으로 깨끗하게 하사 거룩하게 하시고 자기 앞에 영광스러운 교회로 세우사 티나 주름 잡힌 것이나 이런 것들이 없이 거룩하고 흠이 없게 하려 하심이라"(엡 5:22-27)

바로 이 영광 때문에 교회는 영광스럽다고 불리는 것입니다.[39]

그러나 도나투스파 교회는 '교회의 거룩함'을 오해하였다. 그래서 그들은 교회의 본질을 'Collecta'라고 생각하였고, 교회 안에는 거룩한 자, 의로운 자, 순결한 자들만 들어올 수 있다고 주장하였다. 만일 죄인이 교회 안에 들어오면 다른 이들을 죄에 오염시킬 수 있기 때문에 죄로 오염된 가톨릭교회와 어떤 교제도 해서는 안 된다고 주장하였다.[40]

이러한 원리에 따라 그들은 끊임없이 교회 안의 죄인들을 쫓아내기 시작하였다. 더 이상 교회 안에 죄인과 배교자, 세리와 창녀는 설 자리가 없었다. 그들의 교회론에 따르면 배교자를 용납하면 교회의 정체성을 잃고, 더 이상 교회가 아니며 죄인들의 무리라고 보았다. 그들은 절대적으로 교회의 구성원들의 거룩함에 의해 교회의 거룩이 좌우되며, 흠 없는 거룩한 성직자들이 집례한 성례만이 유효하다는 엄숙주의 교회론과 성례론을 주장하였다.

아우구스티누스는 교회의 네 가지 특성 중 도나투스파와 논쟁하면서 거룩성과 보편성을 강조하였다. 이것을 통해 북아프리카에 한정된 도나투스파 교회의 보편적 교회론을 혁신하며 지리적 역사적 보편성을 강조하였다.

또한 거룩한 구성원들이 모여 있는 자신들이 참 교회라고 주장하는 도나투스파에 아우구스티누스는 교회의 거룩성을 설명하며 교회는 죄인과 의인이 섞인 몸이라고 주장하고, 교회의 거룩성은 구성원들의 거

---

39 Augustine, *Retractationes* 1. 19. 9.
40 Augustine, *Ep.* 129.

룩성이 아니라 교회 자체의 거룩, 그리스도의 거룩에 근거하여 거룩성을 말하였다.

도나투스파는 구성원들의 거룩성이 일치의 기초라고 이해했지만 아우구스티누스는 교회의 일치가 거룩한 교회를 위한 기초라고 이해하였다.

관용주의 교회로의 발전

앞에서도 살펴보았지만, 서방 기독교 사회에서 초기 교회 시대에 교회론이 굳건하게 세워질 수 있었던 것은 로마 제국의 지배하에 진행된 대박해와 그로 인해 발생한 도나투스파 논쟁이 매우 큰 역할을 하였다. 이 길고 치열한 논쟁으로 인해 더 이상 가감할 것이 없는 정통주의 교회론이 세워지게 된 것이다. 이러한 도나투스파 논쟁은 지역적으로 로마 제국 중에서 북아프리카에 제한되어 전개되었으나 밀레비스의 옵타투스와 히포의 아우구스티누스로 이어지면서 로마 제국 전체에 영향을 주는 훌륭한 교회론으로 열매를 맺었다. 이 또한 하나님의 섭리였다.

옵타투스의 교회론의 계승

옵타투스는 도나투스 논쟁에 가톨릭교회의 교부로서 처음 뛰어든 인물이었다. 그는 키프리아누스를 배경으로 한 도나투스파 교회의 교회론과 성례론을 뒤집는 개념을 제시하였다. 키프리아누스 사후 백 년 만의 일이었다. 그는 파르메니아누스를 논박하며 『도나투스파에 관하여』(*De Schismate Donatistarum*)을 저술하였는데 여기에 그의 교회론이 잘 드

러나고 있다. 그는 마태복음 13장 23절에서 30절에 나타난 곡식과 가라
지의 비유를 가지고 자신의 교회론을 펼치는데 칼리투스와 마찬가지로
교회의 본질을 설명하였다. 즉 교회를 죄인과 의인이 섞여 사는 공동체
로 이해하고, 교회에 대해 "그리스도께서는 하나인 교회가 자리 잡고
있는 온 세상이라는 당신의 밭에 좋은 씨와 다른 이가 뿌린 씨도 함께
자라게 하셨다"[41]라고 말하였다. 옵타투스는 교회가 있는 세상이 밭이며
씨 뿌리는 분은 그리스도이지만 그 밭에 사탄이 나쁜 씨도 함께 뿌려 자
라게 했다는 것이다.[42] 그러나 인간의 창조주도 밭의 주인도 하나님이시
기에 가라지를 솎아 내실 수 있는 분도 하나님뿐이다.[43] 인간은 하나님
의 권한을 넘볼 수 없다는 것이 그의 견해였다.[44]

또한 성례의 유효성은 집례자가 누구이든지 삼위일체 하나님의 이
름으로 시행된 성례는 유효하다고 하였다. 이러한 관점에서 그는 도나
투스파 교회도 한 형제로 인정하였다. 왜냐하면 한 하나님을 모시고 똑
같이 세례를 받았기 때문에 유효성을 인정하고 있다.[45] 이 지점에서 아
우구스티누스와 차이점을 찾을 수 있다.

아우구스티누스도 도나투스파 교회의 세례의 정당성은 인정하지
만, 그 유효성은 그리스도의 은혜 아래 거하지 아니하므로 인정하지 않
았다. 이 점에서 아우구스티누스의 신학이 한 단계 더 발전한 수준임
을 알 수 있다. 다시 돌아가서 옵타투스는 하나님만이 완전한 거룩함을

---

41 Optatus, *De Schismate Donatistarum* 7. 2. 6.
42 Ibid., 7. 2. 4.
43 Ibid., 7. 2. 5.
44 Ibid., 7. 2. 7.
45 Ibid., 2. 1. 2.

누리며 인간은 불완전하기에 오직 하나님만 거룩함의 원천이라고 보았다.[46] 또한 교회의 일치가 인간의 거룩함보다 우선하는 더 소중한 가치라고 생각하였다.[47] 그러하기에 사랑으로 죄를 덮어주면서 교회의 하나됨을 깨서는 안 된다고 주장하였다.

아우구스티누스 교회론의 발전

혼합적 교회론

옵타투스의 교회론과 성례론을 한층 더 심화시켜 이후 정통신학으로 우뚝 세운 인물이 아우구스티누스이다. 그는 옵타투스보다 더 발전된 교회론과 성례론을 세워 갔는데, 그의 교회론을 보면 단지 옵타투스의 영향만 받은 것이 아니고 북아프리카의 자양분이 모두 담겨 있다고 해도 과언이 아니다. 오랜 시간 도나투스파와의 논쟁에서도 그는 풍성한 영감을 얻으며 한층 성숙한 교회론을 세워 갈 수 있었다.

아우구스티누스가 활동할 당시 도나투스파 교회의 신학을 주도하는 이는 파르메니아누스와 페틸리아누스 그리고 티코니우스였다. 그런데 아이러니하게도 아우구스티누스가 두 도성 이론에 근거하여 신국론을 저술하는 데 강한 영감을 준 인물이 바로 티코니우스였다. 그는 평신도 신학자로서 도나투스파 교회의 성경 해석을 비판한 인물이기도 하다. 그는 도나투스파 교회에 소속된 학자이면서도 그들이 인용했던 곡식과 가라지 비유에 대한 해석이 잘못되었다고 비판하였다. 즉 선인과 악인

---

46 Ibid., 2. 20. 2.
47 Ibid., 7. 3. 4.

이 추수 때까지 함께 자라야 하는 교회의 본질을 설명하였다.[48]

이러한 해석은 당시 칼리투스와 옵타투스 등 가톨릭교회의 신학자들과 맥을 같이 한다. 이에 대해 아우구스티누스는 "평화를 위해 선인이 악인을 일치 안에서 참아 주어야 하고, 하나님의 심판 때 분리된다고 티코니우스가 말했다"[49]라고 전하였다.

결국 티코니우스는 도나투스파 교회의 신학을 충실히 따랐지만 그의 교회론은 도나투스파 교회의 반발을 사게 되고, 결국 380년경 도나투스파 교회에서 파문을 당한다. 그의 교회론의 핵심은 아가서 1장 5절[50]을 해석하면서 절반은 죄인이고 절반은 의인으로 나누어진 몸(Corpus Bipartitum)이라고 교회를 정의한다.[51]

이러한 티코니우스의 전향적 해석을 인정하면서도 아우구스티누스는 나누어진 몸이 아니라 섞여져 혼합된 몸(Corpus Permixtum)이 정확하다고 말하였다.[52]

앞에서 살펴보았지만 아우구스티누스는 현존하는 교회는 가시적 교회로 죄인과 의인이 섞여 있는 불완전한 상태인 것을 강조하고 있다. 그리고 이 불완전한 교회는 종말의 때에 완전해진다고 하였다. 그러므로 종말의 때까지 서로 사랑하며 참고 기다리면서 함께 살아야 한다는 것이 그의 교회론의 핵심이다.

모든 교회는 현재 보이는 교회 안에 머무르는 것만으로 충분치 않

---

48 Tyconius, *Liber Regularum*, 3. 29.
49 Augustine, *Contra Epistolam Parmeniani*, 3. 3. 17.
50 "예루살렘 딸들아 내가 비록 검으나 아름다우니 게달의 장막 같을지라도 솔로몬의 휘장과
도 같구나"(아 1:5)
51 Tyconius, *Liber Regularum*, 2. 10.
52 Augustine, *De Doctrina Christiana*, 3. 32. 45.

고 보이지 않는 교회에 머물러야 하는데 세례로 현재의 교회에 소속되고, 사랑으로 영적인 교회에 소속되어야 한다고 주장하였다. 또한 성례론에 있어서 성례의 집례자는 성직자가 아니라 예수 그리스도이기 때문에 성례의 유효성은 그리스도에게 달려 있다고 강조하면서 하나님의 주도적 권한과 인간의 도구적 직무를 구분하였다. 그러면서도 아우구스티누스는 가톨릭교회와 성례를 통한 친교를 이루고 있어도 사랑이 없으면 효력을 누릴 수 없다고 하였다. 왜냐하면 성례의 열매는 사랑과 일치 안에서만 맺어지기 때문이라고 주장했다.

키프리아누스가 가시적 교회의 일치를 위해 안과 바깥을 강조했다면, 그는 그 개념을 넘어서서 영적이고 불가시적인 교회의 차원을 이야기하였다. 그는 교회의 본성에 대한 논의를 전혀 다른 차원으로 끌어올렸다.[53]

인효론(*Ex Opere Operantis*)에서 사효론(*Ex Opere Operato*)으로

다음으로 살펴볼 것이 성례의 효력에 관한 논쟁이다. 이 문제에서 아우구스티누스는 말씀에 따라 전통의 한계를 넘어서 정통을 계승하여 참 교회론을 세워 나갔다.

노바티아누스도, 키프리아누스도, 도나투스도 이 한계를 넘지 못하고 결국은 한계를 지닌 정통의 길을 가든지 아니면 아예 분파주의로 가는 결과를 낳고 말았다. 특별히 초대 교회 시대에 대박해와 노바티아누스파 및 도나투스파 논쟁으로 인해 교회 안에 쟁점으로 떠오른 것이 바

---

53 Kelly, *Early Christian Doctrines,* 402.

로 성례의 유효성 문제였다. 이 문제와 관련하여 초대 교회에는 두 가지 개념이 나타났다.

그 첫 번째가 노바티아누스파에 대한 처리 문제로 카르타고의 감독 키프리아누스와 로마의 스테파누스 1세 사이에 일어난 논쟁이다.

키프리아누스는 인효론의 입장에서 분파주의자들이 교회로 다시 돌아올 때는 재세례를 시행해야 한다고 주장하였다. 그러나 스테파누스 1세는 사효론의 입장에서 재세례는 안 된다고 하였다.

당시 이 논쟁은 로마와 카르타고가 분리되는 것이 아닌가 할 정도로 매우 치열하게 진행되었다. 그러나 키프리아누스가 순교하고 그의 제자들이 스테파누스 1세와 화해하면서 논쟁은 일단락되었다. 그런데 다시 아우구스티누스의 시대에 키프리아누스의 성례론을 따르는 도나투스파와의 논쟁에서 성례는 집례하는 사람에 의해 거룩하게 된다는 인효론과 그리스도로 말미암아 거룩하게 된다는 사효론에 입각한 가톨릭교회의 성례론이 대립하였다.

도나투스파 교회는 가톨릭교회에서 자신들의 교회로 개종할 때 키프리아누스의 인효론에 근거하여 재세례를 시행하였다. 그러나 아우구스티누스는 스테파누스 1세와 같은 견해에서 사효론을 주장하며 도나투스파가 가톨릭교회로 되돌아올 때 재세례를 시행하지 않았다.

키프리아누스와 도나투스파는 성례전과 관련하여 아우구스티누스와 궤를 달리하였다. 물론 키프리아누스와 도나투스파 교회가 주장하는 참 교회는 달랐지만, 그들은 교회 밖에서는 구원이 없다는 주장에 동의하면서 구원이 없기 때문에 구원을 견인하는 세례도 효력이 없다고 보았다. 그래서 교회 밖에서 베풀어지는 세례는 무효이기 때문에 참 교회인 자신들에게 들어올 때는 진정한 세례를 다시 받아야 한다고 주장하였다. 반대로 아우구스티누스는 기독론에 근거하여 세례의 시행자는 그리스도이고, 집례자에 의해 거룩성이 훼손되지 않으므로 분파주의자나 이단일지라도 온전한 수세자의 신앙 고백과 삼위일체 형식으로 시행된 세례라고 한다면 그 성례는 정당하다고 보았다.

아우구스티누스는 교회에 있어서 불완전한 가시적 교회와 종말에 완성될 구원받은 진정한 그리스도인들이 모이는 완전한 불가시적 교회를 나누어 가시적 교회에 세례로 속하고, 사랑으로 영적인 교회인 불가시적 교회에 거해야 온전한 구원을 얻을 수 있다고 보았다. 키프리아누스는 교회 밖에서 행해지는 성례를 인정하지 않았고, 교회 밖에서는 구원을 받을 수 없다고 주장하였다. 반면 아우구스티누스는 수세자의 신앙 고백과 삼위일체 형식으로 시행된 성례라면 그 정당성은 인정하였다. 하지만 그 성례의 유효성에 있어서 그리스도의 은혜로 말미암아 구원받는 것이기에 그리스도의 몸인 교회를 떠나면 그리스도의 은혜 아래 거할 수 없고 은혜를 받지 못하면 구원을 얻을 수 없다고 보았다. 그러므로 아무리 정당한 성례라고 할지라도 구원의 효력을 발생하지 못한다고 보았다.[54]

여기서 알 수 있는 것은 키프리아누스의 교회론적 관점에서 보면 교회 밖에는 성령이 존재하지 않기 때문에 구원도 없고, 베풀어진 성례도 무효이다. 그러나 아우구스티누스는 수세자의 신앙 고백과 삼위일체 형식으로 시행된 것이라면 그 정당성은 인정된다고 보았다. 심지어

---

54 Augustine, *De Baptismo contra Donatistas* 5. 21. 29.

는 도둑이나 살인자에 의해 시행될지라도 정당하다며 극단적인 표현까지도 서슴지 않았다. 왜냐하면 세례를 통한 구원의 근거는 집례자에게 있는 것이 아니라 그리스도에게 있기 때문이며, 세례를 통해 성령을 부어 주시는 분도 하나님이시기 때문이다. 따라서 성례의 집례자의 결점으로 그리스도의 세례가 무효화될 수 없는 것이다. 그러므로 아우구스티누스는 재세례를 하지 않았다. 그는 페틸리아누스에게 보낸 편지에서 "나의 기원과 뿌리 그리고 나의 머리는 그리스도이다. 나를 태어나게 한 것은 하나님의 말씀이고, 그리고 성직자는 집례 시 그의 성품과 지위를 떠나 주님으로부터 지워지지 않는 표를 받았기 때문이다"라며 재세례의 관한 견해를 분명히 표명하였다. 그리고 이 표는 개인의 거룩성과 무관하게 그리스도로부터 오는 것이라고 보았다.[55] 이러한 차이는 성례의 기원, 곧 교회에서 집례하는 성례의 거룩성은 어디에서부터 오느냐 하는 문제에서 비롯되었다.

키프리아누스는 교회의 거룩성을 안수를 받은 거룩한 사제로부터 온다는 엄숙주의적 입장을 가졌다. 그래서 배교한 감독이 베푼 세례나 안수는 무효라고 본 것이다. 반대로 아우구스티누스는 도나투스파 교회와의 논쟁에서 성례는 그리스도의 몸인 교회에서 구원을 주시는 그리스도의 사역이므로 성직자의 거룩함이 아니라 그리스도의 완전한 거룩함에 기원한다고 보았다. 이 점에서는 과거 키프리아누스와 논쟁하던 스테파누스 1세와 같은 입장이나 아우구스티누스는 여기에서 한 걸음 더 나아가 정당성과 효용성을 구분하였다. 삼위일체 형식과 수세자의

---

55 Dillistone, "The Anti-Donatist Writings,"*A Companion to the of St. Augustine*, 189-195.

믿음에 기초한 세례의 정당성은 인정하지만 구원의 효용성에 대해서는 인정할 수 없다고 주장한다. 그것은 교회 밖에서 베푼 세례의 정당성은 인정되나 효용성은 담지 않고 있기에 온전한 세례를 받은 자들은 구원받기 위해 가톨릭교회로 돌아와야 한다고 주장하였다. 이는 정당한 세례와 그 세례의 효용성을 별개의 것으로 생각하였기 때문이다.[56] 이와 같은 사효론은 스테파누스 1세의 사효론을 보완하여 보다 발전적 형태를 취한 것이다.

키프리아누스와 아우구스티누스가 교회에 대한 본질적 입장을 밝히는 것은 교회 안에서 교회를 나누는 분파주의자들에 대항하기 위한 것이었다. 키프리아누스는 분파주의자들이 스스로 자신들의 교회 안에서 베푸는 세례를 반박하기 위해 인효론에 근거한 세례의 유효성을 주장하였다. 그러나 너무도 경직되고 엄숙한 인효론이다 보니 성령을 제한하고 그리스도의 사역을 인위적으로 무효화하는 오류가 있었다. 아우구스티누스는 이러한 키프리아누스의 인효론을 따르지 않고 그와 대척점에 섰던 스테파누스 1세의 사효론을 따라 교회론을 세워 갔다. 또한 세부적인 항목에서 더 보완해야 할 점을 인식하고 세례의 정당성과 효용성을 나누어 설명함으로써 은총의 수단으로 교회 안에서 온전한 성례론을 논증할 수 있었다.

아우구스티누스의 강조점

도나투스파 논쟁으로 촉발된 교회론에 관한 논쟁은 아우구스티누스

---

56 Ibid., 189-195.

에게 교회론을 확립하게 만든 좋은 동기 부여가 되었다.

아우구스티누스는 이러한 논쟁을 통하여 교회론과 세례론을 확립해 갔는데 그것은 키프리아누스보다 완성된 형태였다.

아우구스티누스는 교회의 정의가 무엇인지 그리고 교회의 본질은 무엇인지를 아우를 수 있는 교회론을 펼쳐 나갔다. 그는 현존하는 불완전한 가시적 교회들의 연합을 통해 종말에 완성되는 온전한 불가시적 교회의 완성을 위해 궁극적 연합을 이루고자 하였다. 현존하는 가시적 교회에 소속되고 사랑을 실천함으로 불가시적 교회에 거해야 한다는 것이다. 물론 아우구스티누스도 교회의 연합을 강조하였다. 그러나 키프리아누스처럼 가시적 교회의 일치를 위해 분파주의 교회나 잘못된 교회를 주장하는 기독교 분파들의 성례를 무조건 부인하지는 않았다. 그는 불완전한 가시적 교회와 완전한 불가시적 교회라는 확장된 개념과 성례의 정당성과 유효성이라는 측면을 가지고 키프리아누스의 교회론에 기초해서 더욱더 독창적이고 발전적인 교회론을 펼쳐 나갔다.

우리가 지금까지 살펴본 것처럼 키프리아누스의 교회론을 엄숙주의 교회론, 가시적 교회의 일치, 인효론이라는 특징적인 단어로 개념화하였다면, 아우구스티누스의 교회론은 관용주의 교회론, 불가시적 교회론, 사효론이라는 특징적인 단어로 개념화할 수 있다. 그렇다고 키프리아누스의 교회론적 요소들이 아우구스티누스의 교회론에서 완전히 배제된 것은 아니다.

아우구스티누스는 키프리아누스의 교회론을 기반으로 해서 엄숙주의 교회론에서 관용주의 교회론으로 완성해 갔고, 가시적 교회의 일치를 추구하던 교회론에 가시적 교회와 불가시적 교회의 개념을 도입하여 더욱 완성시켜 나갔다. 인효론 중심의 교회론으로 도나투스파 교회가 자신들의 정당성을 주장하자 더 발전적 측면에서 사효론을 펼치면서 도나투스파를 논박하였다. 다시 말하지만, 아우구스티누스는 어느 날 갑자기 하늘에서 뚝 떨어진 인물이 아니었다. 그는 북아프리카의 정통 신학이라는 자양분으로 신학적 성숙을 키워 갔던 인물이다. 그러기에 그의 신학이 터툴리아누스, 키프리아누스라는 위대한 교부들의 신학과 단절보다는 그들에 기초하여 스테파누스 1세, 옵타투스, 심지어 도나투스파 신학자였던 티코니우스의 견해까지 수용하고 자기화함으로써 정통에서 벗어나지 않으면서 더욱 성경적이고 보편적이며 독창적인 교회론을 펼쳐 나갈 수 있었다. 실제로 아우구스티누스는 키프리아누스의 "교회 밖에는 구원이 없다"[57]라는 입장을 수용하였다. 그러나 키프리아누스의 엄숙성이 아니라 관용을 보여 주었고, 가시적 교회의 외형적 일치에 머물지 않고 가시적 교회와 불가시적 교회 사이의 긴장을 보여 주었다.

또한 아우구스티누스는 키프리아누스의 인효론을 찬성하지 않으면서도 전적으로 스테파누스 1세의 견해를 답습한 것도 아니었다. 앞에서도 살펴보았듯이 아우구스티누스는 수세자의 온전한 신앙 고백 위에 삼위일체 하나님의 이름으로 부어진 세례는 그리스도께서 시행하시는 것이며, 그리스도에 근거하여 그 자체로 정당성을 갖는다고 하였다. 그것이 집례자의 삶과 인격으로 인하여 훼손되지 않는다는 것이 아우구스티

---

57 Cyprian, *Ep.* 73. 21. 2.
"quod si haeretico nec baptisma publicae confessionis et sanguinis proficere ad salutem potest, quia salus extra ecclesiam non est"

누스의 생각이었다. 그러나 그렇게 정당성을 가진다고 해서 모두가 구원받는 것은 아니라는 것이 또한 그의 생각이었다. 삼위일체의 형식으로 집례한 세례는 그 자체로 정당성을 가지나 그것으로 인해 구원을 발생하는 효력이 존재하는 것은 아니라고 하였다. 왜냐하면 그리스도의 몸에서 분리되었기에 지속적인 그리스도의 은혜가 머물 수 없고, 무엇보다도 그리스도의 몸에서 분리되었다는 것은 그리스도의 사랑이 그 안에 없기 때문에 구원에 합당한 효력이 존재하지 않는다는 것이다. 따라서 그들이 교회 밖에 있는 한 구원받을 수 없고 그들의 세례가 효력을 발생하기 위해서는 교회로 돌아와야 한다고 강조하였다. 그러므로 교회 밖에는 구원이 없다는 키프리아누스의 교회론에 기초하여 스테파누스 1세의 사효론을 보완하여 발전시킨 온전한 교회론을 세워 갔다.

아우구스티누스가 교회의 네 가지 표지에 근거하여 교회론을 펼쳐 가고 있음을 앞에서 살펴보았다. 그런데 그가 도나투스파와의 논쟁을 벌이는 가운데 교회론을 확립하였다는 역사적 배경은 네 가지 표지 중에서도 교회의 거룩성과 보편성을 더 강조한 이유를 알려 준다. 왜냐하면 도나투스파 교회가 자신들의 신학적 정당성을 내세우기 위해 거룩성과 보편성을 즐겨 사용했기 때문이었다. 아우구스티누스가 그런 그들의 교회론을 논박하면서 자연스럽게 교회의 거룩성과 보편성에 관한 본질적 개념을 더 확고하게 세워 가고 있음을 볼 수 있다.

북아프리카 지역에만 한정된 자신들의 교회를 보편 교회라고 주장하는 도나투스파 교회를 향하여 아우구스티누스는 역사적 시간 속에서 지리적으로 보편적인 교회들의 연합을 보편성의 근거로 삼은 보편적 교회론을 주장하였다. 또 자신들만이 거룩한 참 교회라고 주장하는 도나투스파 교회의 주장에 마태복음의 천국에 관한 비유를 통해 곡식과 가라지가 혼합된 교회라는 점을 밝혔으며, 노아의 방주를 교회로 비유하며 방주 안에 정결한 짐승과 부정한 짐승이 섞여 있듯이 의인과 죄인이 섞여 있는 불완전한 상태가 현존하는 가시적 교회의 상태임을 주장하였다. 그러면서 아우구스티누스는 교회의 거룩성은 그 구성원의 거룩성에 근거하지 않고 교회 자체의 거룩, 곧 그리스도의 거룩성에 근거하고 있다고 주장하였다. 또한 도나투스파는 교회의 거룩성을 교회 일치의 근거로 보았으나 아우구스티누스는 성령이 부으시는 사랑의 띠로 하나 됨을 거룩성의 기초로 이해하였다.

또한 아우구스티누스는 교회의 하나 됨은 보편적 교회와 친교로서의 하나 됨이라고 주장한다. 이처럼 아우구스티누스는 박해 속에서 교회의 일치만을 바라보았던 키프리아누스의 한계를 넘어서 보다 궁극적이고 포괄적인 교회론을 펼쳤다. 도나투스파의 지엽적이고 독선적 교회론에 대하여 더 관용적이며 폭넓은 교회론을 확립하였다. 그는 언제든지 도나투스파를 수용할 준비가 되어 있었다. 그럼에도 끝까지 자신들의 견해를 굽히지 않는 도나투스파를 돌이키기 위해 치료를 위한 수술 방법으로 로마의 공권력을 동원한 박해까지 수용하는 점을 보면 그가 얼마나 과단성 있는 신학자였는지도 엿볼 수 있다.

요약

지금까지 아우구스티누스가 무엇을 혁신하였는지를 논하였다. 특별히 교회론에 있어서 초대 교회부터 흐르던 엄숙주의 교회론을 관용주의 교회론으로 바꿔 놓은 것은 엄청난 혁신이었다. 북아프리카의 정서상 순교자 키프리아누스의 전통이 바뀌기가 쉽지 않았기 때문이다. 위의 내용을 다음과 같이 정리해 볼 수 있을 것이다.

첫째, 아우구스티누스는 히폴리투스와 터툴리아누스, 키프리아누스 등을 통해 북아프리카에 흐르는 신학적 전통인 엄숙주의 교회론을 따르지 않고 혁신을 통해 관용적이면서도 포괄적 정통 교회론을 세웠다.

둘째, 아우구스티누스는 교회를 혼합체로 보며, 불완전한 가시적 교회와 완전한 비가시적 교회의 긴장으로 이해하여 관용주의 교회론을 세워 갔다. 특별히 스테파누스 1세의 사효론적 견해에 근거하여 세례의 정당성을 말하며 재세례를 금하였다. 더불어 도나투스파가 키프리아누스의 엄숙주의 교회론을 계승하여 재세례를 시행하며 자신들만이 거룩한 보편적 교회라고 주장할 때, 아우구스티누스는 보편성과 거룩성 개념을 재정립하여 그들의 주장을 반박하며 정통 교회론을 세워 갔다.

셋째, 아우구스티누스는 칼리투스와 밀레비스의 옵타투스의 견해를 계승 발전시켜 북아프리카의 주요 종교인 도나투스파의 교회론을 논박하고, 혼합주의 교회론을 세워 엄숙주의 교회론을 논박하였으며, 인효론적 세례관을 스테파누스 1세 견해를 수정 보완한 사효론적 세례관으로 논박하였다.

06

/

결론 :
평가 및 제언

06
결론 : 평가 및 제언

평가

지금까지 참 교회에 관한 고민에서 시작하여 교회론의 기준인 아우구스티누스의 교회론을 살펴보았다. 지금까지 살펴본 바에 의하면 아우구스티누스는 정통의 계승과 전통의 혁신을 통해 참 교회의 기준을 세워 갔다. 그러한 과정을 아우구스티누스의 신학적 배경이 되는 북아프리카의 지리적 문화적 요소와 북아프리카 교회를 살펴보았다. 또한 아우구스티누스의 교회론 확립에 동인이 되는 도나투스파 논쟁을 도나투스파와 함께 살펴보고 그 결과물로서 정통 교회론으로서의 아우구스티누스의 교회론을 살펴보았다. 그리고 그가 정통 교회론을 어떤 과정을 통해 확립하였고, 어떤 기여가 있었는지도 함께 살펴보았다. 이제 본론에서 검토하고 논의한 내용을 정리하면서 평가를 곁들이고자 한다.

첫째, 아우구스티누스의 정통 교회론을 연구하면서 그 배경으로 북아프리카의 본래적 배경을 검토하였다. 이를 통해 북아프리카인들이 분파적 성향을 가질 수밖에 없는 정황도 살펴보았다. 북아프리카는 로마 제국 시대에 아프리카 속주로서 로마화가 진행된 곳이다. 그럼에도 불구하고 북아프리카에 거주하는 북아프리카인들은 본질적으로 폐쇄적이며 독립적 성향을 가지고 있었다. 또한 로마 제국에 과도한 피해 의식을 가지고 있었기 때문에 북아프리카인들은 본래적으로 반로마적 성향을 띄게 되었다.

둘째, 반로마적 정서를 기초한 북아프리카인들에게 종교적 변혁이 일어나게 되었다. 북아프리카의 토착 종교인 새턴 종교가 급속하게 로마화 되면서 북아프리카인들은 새턴 종교와 유사하게 유일신 신앙과 반로마적 성향을 지닌 기독교로 집단 개종을 하였다. 또한 북아프리카의 기독교는 박해를 거치면서 순교자 제의와 엄숙한 순결주의 신앙을 전통으로 확립하면서 북아프리카 전역에 급속히 확산되었다. 그리고 이러한 전통의 확립에 터툴리아누스와 키프리아누스가 중요한 역할을 하였다.

셋째, 북아프리카 교회에 순교자 제의에 토양을 제공하며 엄숙주의 기독교 형성에 깊은 영향력을 끼친 두 사람이 바로 터툴리아누스와 키프리아누스이다. 엄숙주의 교회론을 지녔던 터툴리아누스는 삼위일체론을 확립하였고, 완전주의적인 교회론을 확립하였다. 터툴리아누스의 교회론을 계승한 것이 바로 키프리아누스이다. 키프리아누스는 터툴리아누스의 엄숙주의 교회론을 받아들여 교회 밖에는 구원이 없고, 배교자가 다시금 교회로 들어오기 위해서는 재세례를 받아야 한다고 주장하였다. 그러면서도 키프리아누스는 감독의 권위와 교회의 질서를 강조한 감독 중심의 교회론을 주장하였다. 그러나 키프리아누스는 순교로 인하여 북아프리카 순교자 제의의 상징이 되었으며, 그의 신학은 중요한 전통으로 북아프리카에 자리 잡는다.

넷째, 아우구스티누스의 교회론을 이해하기 위해서는 도나투스 논쟁을 바로 이해하여야 한다. 도나투스파는 디오클레티아누스 황제의 대박해로 인해 촉발된 대규모의 배교자들로 인하여 발생하였다. 즉 북아프리카의 신앙 전통인 고백주의적인 신앙과 엄숙주의 교회관을 가지고 있었던 북아프리카의 교회 중 일부가 가톨릭교회로부터 분열을 일으켰다. 이들은 도나투스파라고 불리는데, 아우구스티누스는 그들과 논박하면서 정통 교회론을 확립하였다.

다섯째, 도나투스파와 아우구스티누스의 교회론에 있어서 본질적인 차이는 성경 해석의 문제였다. 물론 도나투스파에도 페틸리아누스나 파르메니아누스 그리고 티코니우스 같은 걸출한 신학자들이 있었다. 그러나 그럼에도 그들은 교조주의에 사로잡혀 자신들만이 순결한 공동체로 부름을 받은 자들로서 Collecta로 여기며 자신들의 교회만이 참 교회라는 오류에 빠졌다. 여기서 그들의 근본적 문제는 성경 해석에 있어서 본질적 해석보다는 자신들의 교리에 근거한 해석학적 도구를 가지고 성경을 보았다는 것이다. 결국 성경이 말씀하시는 본질로부터 멀어진 것임을 알 수 있다.

여섯째, 아우구스티누스는 도나투스 논쟁을 통해 정통을 계승하고 전통을 혁신하여 정통 교회론을 확립하였다. 그는 교회를 그리스도의 몸(*Corpus Christi*), 성령의 친교(*Communio Spiritus Sancti*), 어머니 교회(*Ecclesia mater*)로 이해하였다. 그리고 그 교회는 보편성, 거룩성, 사도성, 단일성을 가진 하나의 교회로 인식하였다. 또한 그의 교회론은 당시 전통적 교회론에 혁신적인 기여를 하였는데 그는 완전한 불가시적 교회와 불완전한 가시적 교회의 혼합체로서 교회를 말하며 교회의 거룩과 일치를 혁신하여 또한 세례에 정당성과 효용성의 개념을 도입하였다.

일곱째, 아우구스티누스는 당시 니케아–콘스탄티노플 신경에서 고백한 교회의 본질을 계승하였다. 그는 보편적이며 사도적 교회를 계승하므로 권위의 계승을 강조하였다. 모든 권위의 정점은 그리스도의 몸인 가톨릭교회라는 것이다. 또한 아우구스티누스는 하나인 거룩한 교회를 계승함으로써 그리스도의 몸인 교회는 나눌 수 없다고 하였다.

여덟째, 아우구스티누스는 권위의 계승과 일치의 강조를 통해 정통을 계승하였다. 또한 북아프리카에서 강력한 영향력을 발휘하는 교회의 전통을 혁신하였다. 먼저 교회론적 측면에서 키프리아누스의 교회론과 도나투스파의 교회론을 혁신하였다. 이때 전면에 나타나는 것이 혼합적 교회론이었다. 그리고 성례 특별히 세례에 있어서 사효론에 근거하여 세례의 정당성과 효용성을 주장하며 북아프리카 교회의 전통이 된 재세례의 전통을 혁신하였다.

아홉째, 그렇다면 오늘날 교회들은 어떤 기준에서 교회를 바라보아야 하는가를 질문할 수 있는데 결론은 분명하다. 올바른 성경 해석에 근거하여 정통적 교회론 위에서 정통을 잘 계승하고, 전통의 혁신을 통해 정통의 교회론을 근간으로 한 참 교회관을 세워 현대적으로 적용하며 굳건하게 세워 가야 한다.

열째, 오늘 한국 교회에는 실용적 개념의 교회론들이 등장하여 자신들이 정통에 근거한 교회라 주장한다. 또한 수많은 이단들마저 난립하면서 저마다 자신들이 정통이라고 주장한다. 그러나 실상은 잘못된 전통과 섞여질 구습을 쫓는 것이 대다수이며, 또한 성경을 자의적으로 풀어 자신들의 주장에 끼워 맞추는 일이 많다. 그러다 보니 정통 교회에서 이탈하여 자신들만의 교회를 세우려는 일이 많아지고 있다.

지금까지 "어떤 교회가 정통교회인가", "어떤 교회가 하나님이 원하시는 교회인가" 라는 질문에 답을 찾기 위해 아우구스티누스의 교회론을 탐구하였다. 결론적으로 아우구스티누스와 같이 성경에 귀 기울이고 성경이 말씀하시는 것이 참 교회를 세우는 척도임을 다시금 확인하였다. 만일 이러한 본질적 원리를 외면하고 합리성과 효율성을 추구하거나 자신들의 목적을 위해 형식 논리에 치우쳐 성경을 도구로 사용한다면, 인위적인 성경 해석과 자의적인 교회론에 치우쳐 잘못된 길로 갈 수밖에 없음을 아우구스티누스의 교회론은 우리에게 여실히 보여 주고 있다.

그의 교회론이 1700년 전에 있었던 골동품이 아니라 그의 원리와 기준에 따라 말씀을 기준으로 오늘날 일어나는 다양한 상황과 기구에 적용할 수 있는 교회론인지를 상세하고 깊이 있게 살펴보았고, 오늘날 교회적 상황에도 타당한 참 교회론임을 확인하였다. 이러한 기준을 가지고 아우구스티누스의 성경적인 교회관과 그 정립 기준이 오늘 우리 한국 교회를 건강하게 세워 가는 데 도움이 되기를 바란다. 그래서 부족하지만 이 기회를 통해 한국 교회에 조그마한 제언을 하고자 한다.

제언

아우구스티누스의 교회론을 연구하면서 다종교 사회이자 다문화 사회인 한국 사회에서 참 교회를 어떻게 실현해 갈 수 있는가를 생각해 보았다.

첫째, 그리스도의 몸인 교회는 어떤 단체나 조직보다도 성경을 우선하고, 그 성경의 올바른 해석에 근거하여 교회를 세워 가야 한다.

오늘날 이렇게 많은 신학교와 수많은 성경 교사들이 있음에도 불구하고 왜 한국 교회에 이렇게 많은 이단이 난립하고, 교회마다 이단들로 인하여 몸살을 앓고 있는 것일까? 이에 대한 답을 우리는 앞선 역사를 통하여 발견할 수 있다.

이미 4세기 아우구스티누스의 시대에도, 그 이전에 키프리아누스의 시대에도, 그 이전인 터툴리아누스의 시대에도, 교회가 시작된 이후부터 오늘까지 계속해서 이단은 존재해 왔다. 그리고 그들 모두는 하나같이 성경을 근간으로 자신의 정통성을 주장하였다. 몬타누스파도, 노바티아누스파도 그리고 도나투스파도 그랬다. 그런데 그러한 그들을 논박했던 아우구스티누스도 똑같이 성경을 가지고 그들에 대항하였다.

차이는 무엇일까? 자기 생각에 성경을 끼워 맞추는 자와 성경이 말하는 것을 전하는 자의 차이이다. 성령이 성경을 통해 말하는 것을 듣고 올바른 성경 해석에 근거하여 체계적인 교리를 세워 가는 자와 자신의 논리와 주장에 근거를 대기 위하여 성경을 이용하는 자들의 차이이다. 수많은 이단이 자신을 보혜사 또는 하나님이라고 주장하며 성경을 있는 그대로 해석하지 않고, 비유로 풀이하며 교묘하게 신자들을 꾀고 있다. 이러한 때에 우리는 더욱 말씀에 집중해야 한다. 성경이 말하는 것을 잘 가르쳐야 한다. 기득권을 위해서가 아니라 교회를 위해서 신자들의 신앙을 위해서 말씀을 옳게 분별할 수 있도록 가르치고 또 가르쳐야 한다. 그리고 그렇게 세워진 진리 위에서 바른 교리를 세워 가야 한다. 특별히 자신들의 주장과 이익을 위해 성경을 가감하는 일은 없어야 한다. 눈감아서도 안 된다. 성경이 말씀하시는 것은 옳다, 성경이 말씀하지 않는 것은 틀렸다라고 말해야 한다.

둘째, 상황에 따라 유연한 대처가 필요한 것이 아니라 진리 안에서 바른 대처를 하는 한국 교회가 되어야 한다.

앞에서 무분별한 연합 운동과 관련하여 한국 교회에 혼란이 있음을 언급하였다. 실제적으로 교회를 연합하자는 것이 혼돈을 가져올 만한 일인지 우리는 생각해 보아야 한다. 외형적인 면에서는 전혀 문제 될 것이 없다. 그런데 왜 문제인가? 일치라는 형식 논리에 사로잡혀 진실을 묵과하거나 외면하였기 때문이다.

유연한 대처를 요구하는 자들의 논리이다. 상황이 바뀌었다는 것이다. 시대가 바뀌었다는 것이다. 연합하여 일하자는데 왜 반대하느냐 하는 것이다. 그런데 내면적으로 들어가 보면 전혀 내적 일치를 이룰 수 없는 자들끼리 손을 맞잡는다고 일치가 이루어질 수 있는가!

성경이 말하는 그리스도의 몸으로 교회의 하나 됨은 유기체적인 하나 됨인데, 서로 분리되어서 있으면서 겉옷만 같은 것을 입혀 놓는다고 해서 하나 될 수 있는가? 이런 물음을 심각하게 던지지 않을 수 없다. 교리적으로 내적 일치를 이룰 수 없는데 억지로 틀에 끼워 맞추지 말자는 것이다. 그러면 연합 운동을 할 수 없는가라는 질문에 필자는 얼마든지 연합은 할 수 있다고 본다. 그러나 먼저 내적인 차이를 해결하지 않는 상태에서 일치가 중요한지, 그리고 그렇게 일치를 이루었을 때 오히려 또 다른 문제가 발생하지는 않는지를 생각해야 한다. 일치를 위해 자기의 신학과 교리를 포기하고 인위적으로 끼워 맞추는 것은 것은 옳지 않다. 오히려 그러한 시간과 노력으로 자신들의 교리와 신학적 체계를 견고히 하는 것이 유익할 것이다. 또한 자신들의 교회가 건강하게 세워져 가기 위해서 노력해야 한다. 특별히 견고한 교리적 토대에서 하나님이 원하시는 교회를 세우고자 하는 모든 목회자의 노력이 필요하다. 그렇게 건강한 교회를 세워 간다면 한국 교회에 희망이 있다고 본다. 물론 그렇다고 해서 교단과 교파 간에 연합을 거부하는 것은 아니다.

셋째, 일치를 무리하게 이루려고 하기보다는 연합을 위해 노력하는 한국 교회가 되기를 바란다.

교파 간 대립을 종식하고 서로의 다양성과 차이를 인정하므로 서로 공동의 목적을 위한 연합은 가능하다. 그렇다고 해서 어떤 기준을 세워 놓고 그 조건에 동의하는 방식으로의 연합을 말하는 것이 아니다. 칼뱅은 교회의 연합 조건으로 동일한 신앙 고백을 말한다. 믿음의 일치라는 조건이 붙는 것이다. "지성이 그리스도 안에서 연합해야 의지도 … 결합된다."[58] 이는 신앙이 다르면 교제가 될 수 없다는 것이다. 그러므로 같은 믿음의 고백이 있는 사람들이 서로 간에 공동의 목적을 위하여, 교회적 현안을 위하여 연합하는 일은 얼마든지 가능하다. 고교회 운동이나 단일 교회를 만들고자 하는 정치적 의도를 배제하고 공동의 목적, 곧 성경이 교회에 맡긴 사명을 위해 선교와 구제와 봉사로 얼마든지 연대하여 함께 힘을 합칠 수 있다. 그런 연합 운동이 많이 일어나야 한다고 본다. 그리고 그러한 운동을 통해 서로의 차이와 장점을 알아 갈 수

58 John Calvin, *Institues of the Christian Religion*, Ⅳ. 1. 2.

있고, 또 이해할 수 있다고 본다. 그러면서 보편성과 통일성을 이루어 갈 수 있을 것이라고 본다.

문제는 본질적인 요소를 포기하거나 놓쳐서는 안 된다. 목적이 과정을 선하게 만들 수 없다. 하지만 많은 이들이 본질과 비본질을 구분하지 못하고 있다. 그로 인하여 상황 윤리나 종교다원주의 같은 본말이 전도되는 현상들을 만들 뿐 아니라 자신들의 주장만이 옳다는 독선에 빠지기도 한다. 그러하기에 우리는 본질을 분별하고 비본질에서는 차이와 다양성을 인정하는 차원에서 서로를 있는 그대로 인정하고, 성경적으로 우리에게 부여하신 사명을 감당하고자 하는 하나의 목적을 위해 힘을 합쳐 나가야 한다. 단지 외형적 일치만을 위해 자신의 독특성과 다양성을 포기할 수 없다. 그러나 사회적인 사업에 있어서 공동의 목적에 부합하는 선한 일을 위하여 기독교 신앙을 공유하는 여러 교회가 힘을 합칠 수 있을 것이다. 그리고 한국 교회는 그러한 일에 많은 노력을 기울여야 한다. 그래서 사회적인 신뢰를 구축할 필요가 있다. 그로 인하여 장차 민족 복음화와 세계 선교에 많은 시너지 효과를 거둘 수 있을 것이다.

오늘날의 교회 모습도 초대 교회 시대만큼 많은 이단과 분파가 등장하여 교회를 혼란하게 하고, 신자를 미혹하는 일이 많은 것이 사실이다. 그러므로 아우구스티누스가 정통 교회론을 세워 갔던 원리를 기준 삼아 오늘날의 수많은 잘못된 교회들을 분별하고, 이 시대에 맞는 성경적이고 보편적인 바른 교회를 세워 가는 데 이 논의가 일조하기를 기대한다.

Bibliography
참고문헌

1. 아우구스티누스 1차 자료

Augustine. Aurelius. *Ad Catholicos Epistola*.
    http://www.augustinus.it/latino/lettera_cattolici/index.htm.
_____. *Breviculus Collationis cum Donatistis*. CSEL 53 Augustine, Scripta contra
    Donatistas 3 (translation),
    http://www.earlymedievalmonasticism.org/Corpus−Scriptorum−
    Ecclesiasticorum−Latinorum.html
_____. *Contra Cresconium*. CSEL 52 Augustine, Scripta contra Donatistas 2
    (translation),
    http://www.earlymedievalmonasticism.org/Corpus−Scriptorum−
    Ecclesiasticorum−Latinorum.html
_____. *Contra Epistolam Parmeniani* [trans. *Against the Letter of Parmenian*]. Ed. M
    Petschenig. CSEL 51. Vienna : F. Tempsky, Leipzig : G. Freytag, 1908.
_____. *Contra Faustum Manichaeum* [trans. *Reply to Faustus the Manichaean*]. Ed. J.
    Zycha. CSEL 25. Vienna : F. Tempsky, Leipzig : G. Freytag, 1891 / 92.
_____. *Contra Litteras Petiliani Donatistae Cortensis, Episcopi* (c. *Contra Litteras
    Petiliani*) [trans. *The Letters of Petilian, Donatist*]. Ed. M. Petschenig. CSEL 52.
    Vienna : F. Tempsky, Leipzig : G. Freytag, 1909.
_____. *De Baptismo Contra Donatistas* [trnas. *On Baptism, against the Donatists*]. Ed.
    M Petschenig. CSEL 51. Vienna : F. Tempsky, Leipzig : G. Freytag, 1908.
_____. *De Civitate Dei* [trans. *City of God*]. Ed. B. Dombart and A. Kalb. CCL
    47−48. Turnhout : Brepols, 1955
_____. *De Doctrina Christiana* [trans. *On Christian Doctrine*]. Ed. J. Martin.
    CCL32. Turnhout : Brepols, 1982.

https://archive.org/details/dedoctrinachrist00augu

_____. *De vera religione* [trnas. *On True Religion*]. Ed. J. Martin. CCL 32. Turnhout : Brepols, 1969.

_____. *Epistulae* (Ep.) [trans. *Letters*]. Ed. A. Goldbache. CSEL 34.1-2 ; 44 ; 57-58.

_____. *Homilies on 1 John, 7-8 : The Library of Chritian Classics*. Vol. VIII. tr. and ed. by John Burnaby, London : SCM Press, 1955.

_____. *Retractationes* [trans. *Retractations*]. Ed. P. Knoll. CSEL 36. Vienna : F. Tempsky, Leipzig : G. Freytag, 1902. Also Ed. A. Mutzenbecher. CCL 57. Turnhout : Brepols, 1984.

_____. *Sermones* [trans. *Sermons*]. Ed. J.-P. Migne. PL 38. Paris, 1865. Also Ed. C. Lambot. CCL 41. Turnhout : Brepols, 1961.

_____. *Sermons : Sermons 341-400, on various subjects*, Vol. 10, ed. by Gerald Bonner, N.Y. : new city press, 1990.

_____. *The works of Saint Augustine. 3. Sermons. (230-272B) on the Liturgical Seasons*, Vol. 7, ed. by Gerald Bonner, N.Y. : new city press, 1993.

_____. *Tractates on the Gospel of John : A Select Library of the Nicene and Post-Nicene Fathers of the Christian Church* Vol.IV. ed. by Phillip Schaff and tr. by Richard Stothert, Michigan : W.B. Eerdmans Publishing. 1974.

2. 터툴리아누스 1차 자료

Tertullian. *De Pudicitia*. Ed. Dekkers. CCL 2. Turnout : Brepols, 1954.

_____. *De Poenitentia*. Ed. J. G. Ph. Borleffs. CCL 1. Turnhout : Brepols, 1954.

_____. *De Praescriptione haereticorum*,
http://www.tertullian.org/latin/de_praescriptione_haereticorum.htm

_____. *De Baptismo*. Ed. J. G. Ph. Borleffs. CCL 1. Turnhout : Brepols, 1954.

_____. *Apologeticum*. Ed. E. Dekkers. CCL 1. Turnhout : Brepols, 1954.

_____. *Scorpiace contra Gnosticos*. CSEL 20 Tertullian, Opera.
http://www.earlymedievalmonasticism.org/Corpus-Scriptorum-Ecclesiasticorum- Latinorum.html.

_____. *Ad martyres*. ed. by Alexander Roberts, James Donaldson. Kessinger Publishing, 2004

3. 키프리아누스 1차 자료

Cyprian. *Episcopi Epistularium* (Ep.). Ed. G. F. Diercks. CCL 3B and 3C. Turnhout
    : Brepols, 1994 and 1996.

_____. *The Baptismal Controversy, Letter 69.7 : The Library of Chritian Classics* Vol.V,
    tr. and ed. by Greenslade, London : SCM Press, 1956.

_____. *De Ecclesiae Catholicae Unitate* (*De Unitate.*) Turnhout : Brepols, 1972.
    http://archive.org/stream/corpusscriptoru16wissgoog#page/n365/mode/2up

4. 그 외 라틴어 1차 자료

Acta Martyrum Saturnini. Felicis, Dativi, Ampelii et aliorum [*Acts of the Abitinian
    Martyrs*]. MPL. 8.689 - 715.

The Acts of the Christian Martyrs. Trans. and ed. Herbert Musurillo. Oxford :
    Clarendon Press, 1972.

Codex Thedosianus. Ed. Mommsen and Meyer. Berlin, 1905.

Codex Canonum Ecclesiae Africanae.
    http://www.bible-researcher.com/carthage.html.

Gesta Collationis Carthaginensis. Ed. Migne. PL. xi, cols. 1223 ff.

Arnobius. CSEL 4, *Adversus Nationes* (translation).
    http://www.earlymedievalmonasticism.org/Corpus-Scriptorum-
    Ecclesiasticorum- Latinorum.html

Eusebius. *Historia Ecclesiastica* [trans. *Ecclesiastical History*]. Trans. Kirsopp Lake.
    2 vols. Loeb Classical Library. Cambridge : Harvard ; London : William
    Heinemann, 1980.

_____. *Vita Constantini.*
    http://www.documentacatholicaomnia.eu/03d/0265-0339,_Eusebius_
    Caesariensis,_Vita_Constantini_[Schaff],_EN.pdf

Optatus. *De Schismate Donatistarum.* [trans. *The Work of St. Optatus Bishop of Milevis
    against the Donatists*]. Lib. VII, CSEL. xxvi, Tans. O. Vassall-Philipps.
    Longmans, 1917.

Possidius. *Vita Augustinin.* PL. xxxii, or Ed. Weisskotten. Princeton, 1919.

Gennadius. *De Scriptoribus Ecclesiasticis.*
    http://www.bvh.univ-tours.fr/Consult/index.asp?numfiche=1168.

Tyconius. *Liber Regularum Tyconius* (*Liber Regularum*) [trans. *Tyconius : The Book of*

Rules]. Trans. W. S. Babcock. Atlanta, Georgia : Scholars Press, 1989.

Calvin, John. *Institues of the Christian Religion.* tr. by Fore Lewis Battles. Philadelphia
: The Westminster Press, 1965.

_____. *Commentary on Corinthians* Vol.1, Grand Rapids, MI : Christian Classics
Ethereal Library, http://www.ccel.org/ccel/calvin/calcom39.html.

_____. *Commentary on Galatians and Ephesians*, Grand Rapids, MI: Christian Classics
Ethereal Library, http://www.ccel.org/ccel/calvin/calcom41.html.

5. 외국 서적 및 연구 논문

Baynes, N. H. *Constantine the Great and the Christian Church.* London : Oxford
University Press, 1972.

Berkhof, L. *The History of Christian Doctrine,* London : Billing & Sons Ltd, 1969.

Bettenson, H. *Document of the Christian Church.* New York and London : Oxord
University Press, 1947.

Boer, H. R. *A Short History of the Early Church.* Michigan : Eerdmans Pub, 1976.

Bonner, Gerald. *St. Augustine of Hippo : Life and Controversies,* Philadelphia :
Westminster Press, 1963.

Bright, P. " 'The Preponderating Influence of Augustine': A Study of the Epitomes of
the Book of Rules of the Donatist Tyconius," in *Augustine and the Bible.* ed. P.
Bright, Notre Dame, Indiana : University of Notre Dame Press, 1999.

Brown, Harold O. J. *Heresies: Heresy and Orthodoxy in the History of the Church,*
Grand Rapids : Baker Book House, 1988.

Brown, P. R. L. *Augustine of Hippo : A Biography,* Berkeley and Los Angeles :
Unversity of California, 2000.

Bruce, F. F. *The Spreading Flame.* Grand Rapids : Wm. B. Eerdmans, 1961.

Burns, J. P. "The Role of Social Structures in Cyprians Response to the Decian
Persecution", *Studia Patristica.* vol. 31. ed., Elizabeth A. Livingstone, Leuven
: Peeters, 1997.

Burnell, P. "The Problem of Service to Unjust Regimes in Augustin's City of God",
Journal of the History of Ideas 54. Philadelphia : Pennsylvania University Press,
1993.

Clark, Mary T. *Augustine.* London : Geoffrey Chaman, 1994.

Cochrane, Charles Norris. *Christianity and Classical Culture.* New York : Oxford

University Press, 1957.

Corcoran, J. A. *Augustus Contra Donatistas.* Donaldson, IN: Graduate Theological Foundation, 1997.

Daly, Cahal B. *Tertullian the Puritan and His Influence : An Essay in Historical Theology.* Dublin, Ireland : Four Courts Press, 1993.

Dassmann, Ernst. *Kirchengeschichte.* Stuttgart : Kohlhammer, 2000.

Dilliston, Frederick W. "The Anti-Donatist Writings", *A Companion to the of St. Augustine*, by Roy W Battenhouse. New York : Oxford University Press, 1955.

Dolbeau, F. *Sermons : Newly Discovered Sermons.* New York: New York Press, 1998.

Drobner, H. R. body *The Father of The Church : A Comprehensive Introduction.* Peabody : Hendrickson Publishers, 2007, 2007.

Eno, R. B. "Saint Augustine, Letters VI (1*-29*)," in *Fathers of the Church.* vol.81, Washington, D. C.: Catholic University of America Press, 1989.

Evans, G. R. *A Brief History of Heresy*, Malden: Blackwell publishing, 2003.

Father Hugh Pope. O.P. *Saint Augustine of Hippo*, Westminster, Maryland : The New man Press, 1949.

Franzen, A. *A History of The Church*, Dorval-Montreal : Palm Publishers, 1968.

Frederic van Meer, *Augustine the Bishop.* tr. by B. Battershaw and G. R. Lamb, London : Sheed and Ward, 1961.

Frend, W. H. C. "Donatus 'paene totam Africam decepit'. How?", *Journal of Ecclesiastical History.* 48:4. October 1997.

_____. *Saint and sinners in the Early Church*, Wilminton : Michael Glazier, 1985

_____. "The Failure of the Persecution in the Roman Empire", *Journal of Past and Present.* No.16. London : Oxford University Press, 1959.

Gonzalez, Justo L. *A History of Christian Thought* Vol. II. Nashville : Abingdon, 1971.

Grabowski, S. L. *The Church : An Introduction to the Theology of St. Augustine.* London : Herder Book, 1957.

Gsell, S. *Histoire ancienne de l' Afrique du Nord* vol. 4. Paris : Librairie Hachette Et, 1913-28.
http://gallica.bnf.fr/ark:/12148/bpt6k555117/f9.image

Haywood, R. M. "Roman Africa," in *The Economic Survey of Ancient Rome.* vol.4, ed. by T. Frank, Jones Hopkins Press, 1975.

Hägglund, Bengt. *History of Theology.* trans. by Gene J. Lund, Saint louis :

Concordia Publishing House, 1966.

Jay, Eric G. *The Church*, Atlanta : John Knox Press, 1978.

Jones, A. H. M. "Were Ancient Heresies National or Social Movements in Disguise?", *Journal of Theological Studies*, n.s. x. 1959.

Jules Lebreton, S. J. and Jacques Zeiller, *The Triumph of Christianity*. vol.1, N.Y. : Collier books, 1962.

Kelly, J. N. D. *Early Christian Doctrines*, London : Adam & Charles Black, 1977.

Ladd, G. E. *A Theology of The New Testament*. ed. by Donald A. Hagner, Grand Rapids : Wm. B. Eerdmans, 1974.

Lancel, Serge. *St Augustine*. trans, Antonia Nevill, London : S.C.M, 2002.

Levick, Barbara. *Roman Colonies in Southern Asia Minor*. Oxford : Oxford University Press, 1967.

McGrath, A. E. *Christian History : An Introduction*, Oxford : Wiley— Blackwell, 2013.

McKim, Donald K. *Theological Turning Points : Major Issues in Christian Thought*. Atlanta : John Knox Press, 1988.

Markus, R. A. *History and Society in the Theology of St. Augustine*. London : Cambridge Univ. Press, 1970.

Martin Brinkman. *Progress in Unity*, Grand Rapids : Eerdmand, 1995.

Michael Horton. *People and Place*, Louisville : Westminster John Knox, 2008.

Millar, Fergus. *The Roman Empire and its Neighbors*. London : Weidenfeld and Nicolson, 1970.

Monceaux, Paul. *Historire letterraire de l'Afrique chretienne depuis les origines jusqu'a l'invasion arabe*. 7 vols. 재판 Brussels : Culture et civilisation, 1963.

Neve, J. L. *A History of Christian Thought*, Philadelphia : The Muhlenberg Press, 1946.

Oort, J. "John Calvin and the Church Father," in *The Reception of the Church Fathers in the West: From the Carolingians to the Maurists*, (ed.) I. Backus, New York: E. J. Brill, 1997, vol. 2.

Rankin, David. *Tertullian and the Church*. Cambridge : Cambridge University Press, 1995.

Ridderbos, H. *Paul : An Outline of His Theology*. tr. by John Richard De Witt, Grand Rapids : Wm. B. Eerdmans, 1975.

Roldanus, J. "No Easy Reconciliation: St. Cyprian on conditions for reintegration of the lapsed", *Journal of Theology for Southern Africa*. no. 92, Summer 1995.

Rostovtzeff, M. *Rome*. trans. J. D. Duff, A Galxy Book, 1960.

Schaff, Philip. *The Creeds of Christendom*, Vol. I. Michigan : Baker Books. 1998.

_____. *History of The Christian Church* Vol. II. Grand Rapids : Wm. B. Eerdmans, 1992.

_____. *History of The Christan Church* Vol. III. Grand Rapids : Wm. B. Eerdmans, 1957.

Schmaus, Michael. *Dogma: The Church as Sacrament*. Lanham : Rowman & Littlefield Pub. 2004.

Smith, George D. *The Teaching of the Catholic Church*, vol. 2. New York : Macmillan, 1952.

Tilley, Maureen A. "Sustaining Donatist Self—Idendity : From the Church of the Martyrs to the Collecta of the Desert", *Journal of Early Christian Studies* 5:1, 1997.

Tilley, Maureen A. *The Bible in Christian North Africa : The Donatist World*, Minneapolis, MN : Fortress Press, 1997.

_____. "The Use of Scripture in Christian North Africa : An Examination of Donatist hermeneutics," *Dissertation*. Duke University, 1989.

Tillich, Paul. *A History of Christian Thought*. ed. by Carl E. Branten, New York : Harper & Row, 1968.

Tony Rane, *Christian Thought*, New York : T & T Clack, 2006.

Walker, W. *A History of the Christian Church*. New York : Charles Scribner's Sons, 1918.

Walter Simonis. *Ecclesia visibilis et invisibilis*. Frankfrut : Josef Knecht Verlag, 1970.

Willis, G. G. *Saint Augustine and the Donatists Controversy* (Eugene, OR : S.P.C.K, 1950.

6. 한국 서적 및 연구 논문

제2차 바티칸 공의회 문헌. 『교회에 관한 교의 헌장』 1장 8항.
   http://info.catholic.or.kr/concil/view.asp?kid=2&seq=2443.

구본식. "박해", 『한국가톨릭대사전 제5권』, 서울: 한국교회사연구소, 2004.

김영도. "도나투스주의 논쟁에 나타난 어거스틴의 은총의 수단(교회) 이해", 「신학과 목회」, 영남신학대학교, 제24집, 2005. 11.

김요셉, "그리스도의 몸인 교회: 칼빈의 교회 제도 제안의 신학적 기초", 「개혁논총」.

제 15권, 2010. 9.

김요셉. "모든 신자들의 어머니로서의 교회", 「성경과 신학」 52권, 2009년.

김의환. 『초대교회사』. 서울: 총신대학출판부, 2001.

김태원. "도나투스주의", 『한국가톨릭대사전 제3권』 서울: 한국교회사연구소, 2003.

김희중. "로마 제국의 그리스도교 최후 박해의 배경과 동기", 「신학전망」 광주 : 가톨
　　　릭대학교출판부, 1993.

노성기. "3세기까지의 개별 '참회(poenitentia)'의 증거", 「가톨릭신학」 제7호. 서울: 한
　　　국가톨릭신학학회, 2005.

배승록. "호교가", 『한국가톨릭대사전 제12권』 서울 : 한국교회사연구소, 2006.

서춘웅. 『교회와 이단』 서울 : 크리스찬서적, 2010.

안인섭. "어거스틴의 교회론", 『성경과 개혁신학 : 서철원 박사 은퇴 기념 논총』 서철
　　　원 박사 은퇴기념 논총위원회 편. 서울 : 쿰란출판사, 2007.

안인섭. 『칼빈과 어거스틴』 서울: 그리심, 2009.

이신건. "코이노니아 교회론", 「기독교 사상」 1993. 8.

이장식. 『현대교회학』 서울 : 대한기독교서회, 1990.

이형기. "고대 교부들의 교회론에 대한 평가", 『기독교 사상사 I』 서울 : 대한기독교서
　　　회, 2015.

이형우. "몬타누스주의", 『한국가톨릭대사전 제5권』 서울 : 한국교회사연구소, 2004.

지동식 외 편저. 『서양중세사상론』 서울 : 한국신학연구소, 1981.

최원오. "교부들의 교회론 : 엄격주의와 관용주의의 대결," 「가톨릭신학과 사상」 제
　　　50호. 2004.

최원오. "치프리아누스 바로보기-치프리아누스의 교회론과 성사론에 대한 비판적 연
　　　구", 『神 · 世界 · 人間-정달용 교수 신부 은퇴기념논총』 왜관 : 분도출판사,
　　　2004.

한철하. 『고대 기독교사상』 서울 : 대한기독교서회, 1988.

황대우. "그리스도의 신비한 몸: 부써와 칼빈의 교회론 비교 연구", 「칼빈연구」 3,
　　　2005.